CLÉMENTINE BAUDET ET CAROLINE LALOUX

Clémentine Baudet est née en 1991. Avant de partir faire le tour du monde pour son voyage de noces, elle a été expatriée aux États-Unis et en Angleterre. Elle vit maintenant dans l'Oise, au nord de Paris, et entraîne sa famille grandissante dans ses aventures. Elle partage ses expériences de voyage sur son blog : voyagedemiel.com.

Caroline Laloux est née en 1991. Expatriée au Mexique, au Canada, puis en Espagne, elle a également voyagé pendant huit mois en Amérique latine. Elle raconte les découvertes de ce périple sur son blog : searchingeldorado.eu. Désormais installée dans les Alpes-Maritimes, elle prépare son prochain grand voyage en Asie.

VOYAGE
VOYAGES

UN LIVRE-JEU

DE CLÉMENTINE BAUDET
& CAROLINE LALOUX

VOYAGE VOYAGES

Prenez-vous
au jeu de l'aventure !

ÉDITIONS DU TRÉSOR

Cet ouvrage a précédemment paru sous le titre :
Voyage, voyages : Le tour du monde dont vous êtes les héros

Illustrations : Margaux Chevet

ISBN : 978-2-266-35134-8
Dépôt légal : mai 2025

À Blandine, qui aurait été fière de voir
ses nièces suivre ses pas à la découverte du monde.
Rien de mieux qu'un modèle pour oser
partir à l'aventure.

POINT DE DÉPART

Enfin fini de rêver : le tour du monde que tu prépares depuis si longtemps est sur le point de commencer ! Ton objectif ? Visiter toutes les destinations que tu as listées dans ton itinéraire idéal… ou au moins découvrir un pays de chaque continent avant de rentrer chez toi.

Pour voyager, il te suffira d'évoluer entre les différents paragraphes du livre en commençant par le numéro 1. À la fin de chaque section, plusieurs options te seront proposées. Pour déterminer vers quelle étape tu souhaites te diriger, écoute ton cœur et ta logique, puis rejoins le numéro correspondant à ton choix. Mais attention, comme dans la vraie vie, tu devras assumer les conséquences de tes actes : il te sera donc impossible de revenir en arrière. Et puisque tu ne peux pas non plus prédire l'avenir, pas question d'aller lire les différents scénarios pour prendre tes décisions… Enfin, pour des questions de budget et par souci écologique, tu ne passeras pas deux fois par le même endroit et tu limiteras tes trajets en avion.

Avant de partir, choisis bien le sac à dos que tu emporteras avec toi. Dans tous les bagages se trouvent des vêtements, ton passeport, de l'argent, un téléphone et un appareil photo. Pour le reste, le contenu de chaque sac varie et aura de l'influence sur le déroulement de ton périple. Alors retiens le numéro de celui que tu vas choisir et rappelle-toi que tu ne pourras pas en changer en cours de route…

Bon voyage !

ITINÉRAIRE

Afrique
Égypte
Tanzanie

Amérique du Nord
États-Unis
Mexique

Amérique du Sud
Argentine
Colombie
Pérou

Asie
Cambodge
Inde
Indonésie
Thaïlande

Europe
Roumanie
Royaume-Uni

Océanie
Australie
Nouvelle-Zélande
Polynésie française

Royaume-Uni
États-Unis
Mexique
Colombie
Pérou
Polynésie française
Argentine

Roumanie
Inde
Thaïlande
Égypte
Cambodge
Tanzanie
Indonésie
Australie
Nouvelle-Zélande

SACS À DOS

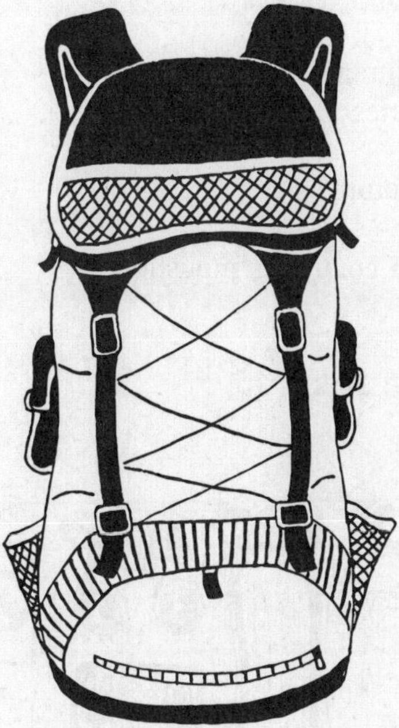

SAC NUMÉRO 1

Cadenas
Gourde filtrante
Jeu de cartes
Jumelles
Kit de couture
Montre
Protection contre les moustiques
Savon

→ **Poids : 16 kg**

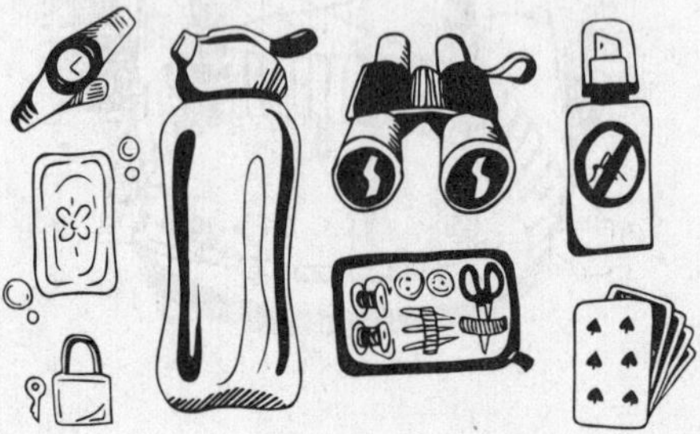

SAC NUMÉRO 2

Allumettes
Cadenas
Gourde filtrante
Lampe
Protection solaire
Snacks

→ **Poids : 8 kg**

SAC NUMÉRO 3

Boussole
Kit de couture
Kit de premiers secours
Poche secrète
Protection contre les moustiques
Protection solaire
Savon
Tongs

→ **Poids : 14 kg**

SAC NUMÉRO 4

Corde à linge
Couverture
Gourde filtrante
Jeu de cartes
Kit de couture
Kit de premiers secours
Livre
Poche secrète
Protection solaire
Snacks
Tongs

→ **Poids : 20 kg**

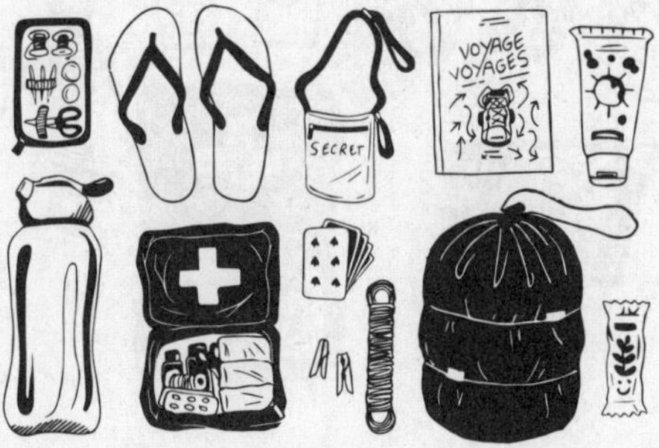

SAC NUMÉRO 5

Cadenas
Corde à linge
Jumelles
Kit de premiers secours
Lampe
Livre
Protection contre les moustiques
Snacks

→ **Poids : 15 kg**

1.

Félicitations, te voilà sur le point de te lancer dans une aventure hors du commun : partir, seul•e, faire le tour du monde ! Jusqu'ici, tu n'as pas beaucoup voyagé et tu ne connais aucune des destinations de l'itinéraire que tu as ébauché. Tu espères bien avoir l'occasion de toutes les découvrir, même si tu sais qu'il faudra te montrer flexible en fonction des aléas de ton parcours. Avant ton départ, tu as passé de longs mois à faire des économies car tu veux profiter de cette expérience le plus longtemps possible. Il te faudra donc faire attention à tes dépenses sans pour autant t'empêcher de te faire plaisir ni rogner sur ta sécurité. Bien sûr, tu t'es aussi occupé•e des aspects administratifs inhérents à un long périple. Tu as pris tes dispositions par rapport à ton activité professionnelle, trouvé un endroit où stocker tes affaires, vérifié que ton passeport ne serait pas bientôt périmé et négocié avec ta banque d'avoir accès à ton argent partout dans le monde. Tu es fin prêt•e !

En ce premier jour de voyage, tu te sens stressé•e, mais c'est du bon stress, celui de l'excitation de l'inconnu.

Ton cœur tambourine, tu n'en reviens pas d'avoir eu le courage de partir vraiment. La première destination de ton tour du monde est le Royaume-Uni, où tu te rends pour le mariage de ton cousin. Tu vas donc très vite avoir l'occasion de revoir des têtes connues. Cela te fera une mini-étape avant de te lancer véritablement dans l'inconnu et de dire adieu à tous tes proches !

Ton cousin habite dans la banlieue de Londres. Le mariage n'aura lieu que demain, tu décides donc d'en profiter pour passer la journée et la soirée dans le centre de la capitale britannique. Tu t'y rends seul•e, car tout le monde est occupé par les préparatifs de la cérémonie.

Il est midi quand tu arrives à la gare de King's Cross. Si tu as envie de te lancer dans une visite touristique, rendez-vous en **90**. Si tu préfères déguster un fameux *afternoon tea*, rends-toi en **4**. Si tu souhaites plutôt aller boire une pinte de bière et manger dans un pub, c'est en **48** que ça se passe.

2.

Le bus te dépose à Santa Marta. C'est une des villes les plus proches du parc Tayrona et l'endroit idéal pour planifier ton expédition là-bas. Tu passes la journée à préparer ton excursion en repérant où prendre le bus et en achetant des provisions au marché. Tu vérifies également que tu peux laisser une partie de tes affaires à l'hôtel pour une nuit, et te voilà prêt•e pour deux jours de randonnée.

Le lendemain matin, tu demandes au bus de te déposer à l'entrée d'El Calabazo. Cet accès au parc étant peu connu, tu es seul•e à descendre à cet arrêt. Plus tu t'enfonces dans la végétation, plus le chemin se rétrécit et, bientôt, des cailloux et des racines viennent ralentir ta progression tandis que tu entres dans la jungle. Les bruits d'une multitude d'oiseaux accompagnent ta randonnée, et, par moments, quelques singes pointent même le bout de leur nez entre les arbres.

Le sentier te fait passer le long d'un site archéologique. Non loin de là, tu discernes quelques maisons en bois et en paille que tu as très envie d'aller voir de plus près, mais un panneau indique qu'il s'agit d'un site sacré pour les populations locales et qu'il n'est pas autorisé à la visite. Un peu déçu•e mais respectueux•se de ceux qui vivent là, tu continues ton chemin.

Au bout de quelques heures de marche, la piste devient de plus en plus accidentée, au point que tu es maintenant obligé•e de t'aider de tes mains pour ne pas tomber dans la descente. Mais, une fois en bas, quelle arrivée ! La jungle s'ouvre soudainement sur une plage magnifique, avec une mer d'un bleu éclatant. Tu t'allonges un moment pour te remettre de cette belle randonnée, mais attention, le soleil tape fort par ici.
Si tu es parti•e avec le sac 2, 3 ou 4, rends-toi en **277**.
Si tu es parti•e avec le sac 1 ou 5, rends-toi en **20**.

3.

En arrivant à l'auberge, tu réserves un tour gratuit du quartier de la Comuna 13 (qui se prononce « trécé ») pour le jour suivant. En attendant, tu vas faire un tour au musée d'Antioquia, où sont exposées les peintures et les sculptures des personnages bien en chair de Botero, l'un des artistes colombiens les plus connus au monde.

Le soir, tu trouves une rue dans laquelle sont installés plein de stands de nourriture, et tu te laisses tenter par des *buñuelos*. Il s'agit de petits beignets ronds farcis au fromage. Un peu gras, mais délicieux !

Le lendemain, tu retrouves la guide pour visiter la Comuna 13. Le point de rendez-vous se situe en bas d'une colline, et, tout en commençant à la gravir, elle explique au groupe que cette zone a longtemps été aux mains des FARC (les Forces armées révolutionnaires de Colombie) en raison de son emplacement stratégique pour le trafic de drogue. Le gouvernement a durement combattu les narcotrafiquants pour essayer de sécuriser le quartier et, à la suite d'une opération particulièrement sanglante en 2002, il est parvenu à en reprendre les rênes. Des infrastructures publiques ont alors été développées, notamment l'installation d'escaliers mécaniques et d'une ligne de métro, afin de le rendre plus accessible et de permettre à ses habitants de sortir de l'isolement. La guide insiste toutefois sur le fait que des gangs sont toujours présents dans la favela et qu'elle doit d'ailleurs leur payer une taxe pour pouvoir amener des groupes de touristes sur ce qu'ils considèrent encore comme leur territoire. Malgré cela, de nombreuses initiatives communautaires se mettent en place, en recourant au street art et au hip-hop comme moyens d'écarter les jeunes de la criminalité. Tu découvres un lieu très vivant et coloré, qui a visiblement su renaître de ses cendres.

Cette visite intense vient clore ton séjour en Colombie. Il est temps pour toi de te rendre à l'aéroport pour prendre ton avion à destination du Mexique, en **50**. À moins que tu ne sois déjà passé•e par ce pays ; dans ce cas, pars en **25**.

4.

Pour patienter jusqu'à l'heure du thé, tu te promènes dans la ville. Tu pars observer les écureuils et chercher la statue de Peter Pan dans Hyde Park, puis tu flânes devant les imposants lions de pierre de Trafalgar Square et les boutiques de Regent Street.

L'*afternoon tea* est une véritable institution anglaise. C'est un rituel qui date du XIXe siècle et qui, de nos jours, marque souvent la célébration d'un événement comme un anniversaire ou des retrouvailles entre amis. En plus du thé (bien évidemment), on a coutume de servir des mini-sandwichs, des pâtisseries et des scones – des petits pains d'origine écossaise, habituellement servis avec de la confiture et de la crème. Certains établissements proposent même des *afternoon tea* accompagnés de champagne à des prix absolument exorbitants. Tu te décides pour une option bien plus intéressante et pars déguster ton thé à bord d'un ancien *double decker bus* (un bus rouge à étage) qui t'emmène faire un tour des lieux touristiques en prime.

C'est une super expérience, tu profites de la vue et des gourmandises. Cependant, tu es assis•e à côté d'un groupe d'Anglais et d'Anglaises bien habillés qui te lancent des regards dubitatifs. En effet, avec ton sac à dos et ta tenue de baroudeur•euse, tu ne te fonds pas dans le décor. Pire, en plus de t'étouffer dès ta première bouchée de scone – qui n'est pas aussi léger qu'il en a l'air, tu comprends maintenant qu'on le sert avec de la crème pour l'aider à descendre –, tu as eu l'outrecuidance de commander ton thé sans lait ! *Shocking!* Heureusement, tu repères derrière eux trois touristes écossais qui te font de grands sourires amusés. Tu meurs d'envie de te joindre à eux ! Si tu possèdes un jeu de cartes (sac 1 ou 4), va leur dire bonjour en **201**. Si tu n'en as pas (sac 2, 3 ou 5), continue tout•e seul•e jusqu'en **36**.

5.

Les Américains sont terriblement inquiets à l'idée que les touristes dépassent la durée de validité de leur visa et, généralement, refoulent à la frontière ceux qui n'ont ni date ni billet de retour. Ta réponse te vaut un refus d'entrée sur le territoire. C'est rageant : te voilà renvoyé•e en Angleterre, d'où tu arrivais ! Tu ne vas tout de même pas rentrer chez toi après avoir visité un seul pays, c'est inconcevable ! De retour à Londres, après un gros coup de stress, tu te rends aux comptoirs des agences de voyages de l'aéroport. Tu trouves une offre vraiment bon marché pour l'Argentine. L'avion décolle dans trois heures : tu ne te fais pas prier et tu sautes dedans, en **27**.

6.

Tu regrettes immédiatement d'avoir accepté de monter dans la calèche. Sous le soleil de plomb, les chevaux tout maigres peinent à vous tracter, toi et le cocher. Dès qu'ils ralentissent leur allure, celui-ci les frappe avec acharnement. Tu arrives le cœur gros au temple d'Horus et ne profites pas vraiment de la visite de ce monument pourtant majestueux. Alors que tu te rends en **269**, tu te promets d'être plus vigilant•e avant de prendre part à des activités impliquant des animaux.

7.

Tu t'arrêtes dans un camping près de Palm Beach. Une jolie surprise t'attend à ton arrivée : des kangourous sauvages sont en train de manger tranquillement l'herbe à côté du terrain que tu vas occuper ! Tu en avais déjà aperçu, mais c'est la première fois que tu parviens à les observer d'aussi près. Tu les regardes longuement sauter sur leurs pattes arrière et leur queue, et tu guettes même leur ventre en espérant apercevoir un bébé sortir de la poche de sa mère. Le propriétaire du camping, Tim, est passionné par ces marsupiaux qu'on ne trouve à l'état sauvage que sur le continent australien. Tu ne savais pas qu'ils pouvaient mesurer plus de 1,80 mètre et peser plus de 85 kg, ni qu'ils se déplaçaient à une vitesse de 40 kilomètres/heure. Tim t'apprend aussi qu'il y a plus de kangourous sur le sol australien que d'humains : ils sont des dizaines de millions ! Tu lui racontes une conversation que tu as entendue à Sydney entre deux Australiens qui avaient l'air de les considérer comme des nuisibles qui abîment les cultures et causent des accidents de la route. Mais Tim te rassure : tout le monde ne perçoit pas les kangourous comme ça, et beaucoup de gens sont conscients qu'ils contribuent aussi au maintien de l'équilibre écologique du continent sur lequel ils vivent depuis plus de quatre millions d'années.

Après une bonne première nuit dans ton van, tu visites Palm Beach, où tu as la joie d'apercevoir, depuis la plage, des dauphins qui jouent avec les surfeurs.

Décidément, la faune australienne est fascinante et tu as envie de profiter de ton road-trip pour observer d'autres animaux. Est-ce que tu pars à la rencontre des koalas, en **181**, ou à la découverte des ornithorynques, en **224** ?

8.

Ton guide, Raju, t'attend devant ton logement avec vos deux vélos. Après de sympathiques présentations, vous vous mettez en route, et tu le suis de très près dans la circulation chaotique de Jaipur. Vous commencez par visiter le *stepwell* d'Amber, un immense puits carré aux allures de palais, encadré de centaines de marches. Une telle prouesse architecturale t'ébahit.

Raju t'invite ensuite à déjeuner chez lui. Devant sa maison, il y a de nombreuses vaches. Il t'explique qu'elles appartiennent à ses voisins, qui les rentrent chez eux pour la nuit et les laissent se promener librement dans les rues alentour la journée. Raju, lui, possède des buffles, qu'il garde dans sa maison car c'est un animal précieux dont le lait a de la valeur. Cela te laisse perplexe car ton guide vient juste de te faire visiter ladite maison de haut en bas, et tu n'as pas vu le moindre buffle, alors que c'est tout de même un animal très imposant ! Devant ton air dubitatif, Raju ouvre une petite porte entre le canapé et la télévision derrière laquelle se trouvent les bêtes. Tu n'aurais jamais pu imaginer que tu étais assis•e à quelques dizaines de centimètres d'une étable abritant trois énormes buffles et leurs deux petits. Tu as à peine le temps de te remettre de ta surprise que la mère de Raju vous apporte un plat de *palak paneer* (épinards au fromage). Vous le dégustez sans couverts, en saisissant les aliments à l'aide d'un *naan*, un pain plat réalisé à partir de farine et d'eau.

L'après-midi, tu poursuis ta découverte des demeures princières en visitant le fort d'Amber, qui domine la ville de Jaipur. L'architecture spectaculaire du palais et de ses longs remparts t'en met plein la vue. Raju t'emmène ensuite sur le fort Jaigarh, qui surplombe le fort d'Amber et permet de l'observer du dessus. Tu finis la journée avec les cuisses en feu car tu as beaucoup pédalé en montée pour visiter les deux forts. Tu dois maintenant décider de ce que tu vas faire ce soir. Est-ce que tu veux prendre ton premier train de nuit en Inde, en **214**, ou est-ce que tu préfères passer une dernière nuit dans le confort de ton très bel hôtel à Jaipur, en **267** ?

9.

Le 1er novembre, toute la famille de Ximena s'est donc rassemblée pour célébrer le jour des Morts. Tu arrives de bonne heure dans sa maison décorée de créatures féeriques, appelées *alebrijes*, et de têtes de mort colorées. Dans l'entrée, tu repères immédiatement l'autel dressé sur une table recouverte d'une nappe, et ornée de fleurs et de bougies. Ton amie t'explique qu'y sont exposés des photos et des objets de toutes les personnes décédées de la famille. Par exemple, sous la photo de l'oncle Gerardo, ont été posés un cigare et du chocolat, ses deux péchés mignons. Tu proposes de participer aux préparatifs et te retrouves à faire équipe avec Lucero. Votre mission de la matinée est de cuisiner des *tamales* (un plat à base de maïs, cuit à la vapeur dans des feuilles de maïs) et des *panes de muerto* (des pains briochés préparés spécialement à l'occasion du jour des Morts). Ximena te prête ensuite des vêtements traditionnels pour que vous soyez tous accordés : robes à volants pour les filles et sombreros pour les garçons. Enfin, toute la famille se maquille le visage d'une tête de squelette colorée.

Une fois le soleil couché, tout le monde se met en route pour le cimetière avec, dans des sacs, une grande partie de la nourriture que tu as cuisinée ce matin. Les tombes sont couvertes de pétales orange de *cempasuchil* (œillet d'Inde) et de bougies. Vous y déposez également une partie de la nourriture avant de manger le reste ensemble, au son des mariachis (groupes de musique typiques du Mexique). Pour toi, ce pique-nique aux chandelles au milieu d'un cimetière est aussi étonnant qu'émouvant. Angel t'explique que, selon la tradition, pendant le *Día de Muertos* les personnes décédées reviennent parmi les vivants. C'est pourquoi tous les Mexicains vont dans les cimetières partager un repas et un peu de musique avec les êtres qui leur étaient chers. Cette célébration est pour eux un moment de réjouissance et la fête la plus importante de l'année.

Plus tard dans la soirée, tu pars en compagnie des plus jeunes te promener dans les rues de Oaxaca pour profiter de l'ambiance festive qui flotte sur la ville. Tu admires les incroyables costumes et maquillages que portent les Mexicains tout en dégustant des sucreries. Tu croises aussi plusieurs groupes de touristes qui suivent leur guide et qui ont l'air un peu en décalage à côté des familles mexicaines. Tu te réjouis vraiment d'avoir annulé tes plans pour passer cette fête si spéciale avec ta nouvelle famille mexicaine ! Ces gens t'ont non seulement ouvert leur porte avec beaucoup de bienveillance, mais ils t'ont aussi appris à commémorer les défunts dans la joie.

Le moment de partir arrive et tu redoutes de ne jamais parvenir à ta prochaine destination, tellement il est difficile de faire tes adieux à tes amis. D'autant plus que vous venez d'entamer une conversation animée sur un sujet qui divise : la coriandre (*cilantro*)… Cette plante aromatique utilisée en abondance au Mexique, on l'adore ou on la déteste ! Qu'en est-il pour toi ? Si tu aimes ça, rends-toi en **26**. Si tu n'aimes pas ça, va en **186**.

10.

Avec Mei et Klaus, vous essayez d'entrer dans le temple en esquivant les loueurs de sarongs, mais ces derniers vous rattrapent et s'énervent. Des touristes qui sortent d'une visite guidée à l'intérieur du site interviennent et vous expliquent que votre attitude est très irrespectueuse car tout le monde doit porter un sarong pour entrer dans un temple, quels que soient son genre et sa tenue. Ils vous suggèrent de vous en acheter un plutôt que d'en louer, cela vous servira aussi pour visiter d'autres lieux religieux ailleurs en Asie. Vous les remerciez et vous excusez auprès des loueurs, puis vous pénétrez un peu penauds dans le temple, où vous vous faites discrets le temps de votre visite. L'architecture et les statues à l'intérieur du temple sont intéressantes, mais très vite vous êtes assaillis par une horde de moustiques.

Si tu voyages avec le sac à dos 1, 3 ou 5, rends-toi en **142**. Si c'est avec le sac à dos 2 ou 4 que tu es parti•e, rends-toi en **319**. Si tu n'as plus de sac à dos, va en **263**.

11.

La *señora* (dame) était sur le point de fermer, mais elle ne rechigne pas devant un dernier client. Tu salives en la regardant préparer les tacos : ils ont l'air délicieux. Quand elle te les tend, tu attrapes la bouteille de sauce piquante posée devant toi pour te servir. Mais, malheur, tu fais un faux mouvement et une tonne de sauce se renverse sur ton repas ! Tu en goûtes quand même une bouchée. Ça pique horriblement ! Tu as la langue en feu. C'est sûr, tu ne vas pas pouvoir manger ça… La *señora* s'exclame : « *¡Dios mío!* » (« Mon Dieu ! ») ; elle semble vraiment désolée, mais comme elle vient d'éteindre son feu, elle ne peut rien te préparer d'autre.

Comme tu as encore très faim, souhaites-tu rentrer à l'auberge et grignoter un paquet de chips acheté au distributeur que tu as repéré dans le lobby, en **228** ? Ou as-tu encore un peu d'énergie pour aller manger un burger au restaurant, en **17** ?

12.

Te voici dans l'avion pour l'Inde ! Tu as toujours rêvé de découvrir ce pays mythique, mais tu as aussi beaucoup de craintes car tu as eu des retours d'expériences négatives ou difficiles de la part de certains voyageurs. Pour te détendre, tu décides d'engager la conversation en anglais avec ton voisin. Vous vous entendez extrêmement bien, vous avez beaucoup de passions communes et discutez pendant toute la durée du vol. Tahir, qui vient d'Abu Dhabi, a l'habitude d'aller en Inde pour des voyages d'affaires. Il te rassure et te donne de bons conseils, notamment sur Delhi, la ville où vous atterrissez. Alors que l'avion entame sa descente, vous êtes déçus d'interrompre votre conversation si agréable. Tahir t'invite à lui rendre visite à Abu Dhabi et te laisse son numéro de téléphone et son adresse là-bas. Il ajoute même qu'il prendra des jours de congé pour être ton guide et t'emmener en excursion dans le désert si tu le souhaites. Tu es touché•e qu'il te fasse cette proposition alors que vous venez de vous rencontrer et tu aimerais savoir comment le remercier dans sa langue maternelle, l'arabe. Il t'apprend donc à dire « merci », *choukran*, et te l'écrit sur un bout de papier : شكرا.

Vous vous quittez après avoir récupéré vos bagages et tu lui promets de venir le voir si l'occasion se présente. Souhaites-tu rester une journée pour découvrir Delhi, en **237**, ou prendre directement le train pour aller visiter le Taj Mahal, en **301** ?

13.

Ça te fait quelque chose de découvrir de tes propres yeux le fameux Golden Gate Bridge. Tu connais par cœur la silhouette de cet immense pont suspendu rouge orangé qui symbolise San Francisco dans bien des œuvres cinématographiques. Les panneaux à l'entrée précisent que depuis sa construction, en 1937, et jusqu'en 1964, il a été le plus grand pont du monde, avec ses 2 737 mètres de long et ses 75 000 tonnes d'acier. Par contre, tu n'as pas de chance, il est en partie caché par le brouillard, aujourd'hui. C'est frustrant, mais tu avais lu dans ton guide que cela pouvait arriver à San Francisco, une ville brumeuse qui contraste avec le reste de la Californie, très ensoleillé. Tu braves le vent pour marcher quelques centaines de mètres jusqu'à la première de ses deux tours, que tu as envie d'observer de plus près. Ensuite, tu te promènes dans le très grand parc qui se trouve au pied du pont, le Presidio. Tu découvres les jolies plages qui le bordent, admires le Palace of Fine Arts (un bâtiment inspiré de l'architecture romaine) et passes devant les studios George Lucas, où tu fais un selfie à côté de la statue de Maître Yoda… si tu as encore ton appareil photo ! Tu finis ta balade dans le parc en visitant un petit musée consacré à Walt Disney.

Pour le déjeuner, tu décides d'essayer la chaîne de fast-food californienne In-N-Out. Tout en dévorant tes frites, tu réfléchis à la suite de ton programme. Si tu aimes les histoires vraies, va en **164**. Si c'est plutôt le glamour d'Hollywood qui te fait rêver, pars en **284**.

14.

New York est réputé pour ses immenses gratte-ciel. En levant la tête quand tu marches dans la rue, tu as effectivement l'impression que les sommets des immeubles touchent le ciel. Le plus connu de tous est celui dans lequel tu entres aujourd'hui : l'Empire State Building. Ce gratte-ciel de style Art déco de 381 mètres (soit 102 étages !) a été inauguré en 1931. Il est présent dans de nombreux films et séries télévisées, c'est notamment lui que le gorille géant King Kong escalade pour tenter d'échapper à ses poursuivants. Tu prends l'ascenseur et montes jusqu'au 86e étage, où se trouve la plateforme extérieure de l'immeuble. Tu te retrouves bouche bée devant un panorama exceptionnel à 360° sur la ville de New York, mais aussi sur l'océan Atlantique et le New Jersey. Tu as pris soin de venir un peu avant le coucher du soleil pour admirer le spectacle de la nuit qui tombe sur Central Park. Tu peux maintenant observer les lumières qui s'allument. C'est encore plus magique de nuit, c'est si beau de voir la ville d'en haut ! Tu décides que ton gratte-ciel favori est le Chrysler Building avec sa flèche illuminée. Ton seul regret est de ne pas avoir une vue sur l'Empire State Building lui-même.

Pour les prochaines étapes de ton épopée américaine, tu hésites entre deux itinéraires complètement différents. Tu peux poursuivre ton séjour sur la côte est des États-Unis, en **141**, ou partir vers la côte ouest, en **306**.

15.

Tu as réservé une chambre dans une auberge de jeunesse aux abords de Salento. Le cadre est idyllique au milieu de la nature verdoyante. Tu vas pouvoir profiter d'un repos bien mérité. Avant de t'affaler sur ton lit, tu commences par aller prendre une bonne douche. Tu traverses le jardin et entres dans l'une des cabines des sanitaires communs, mais, à peine le rideau fermé, une énorme mygale tombe à tes pieds ! Tu hurles de terreur ! Tu ne peux même pas sortir de là car elle te bloque le passage. Tu essaies d'appeler quelqu'un pour t'aider à te tirer de cette situation. Est-ce que tu cries :

— *¡Ahora! ¡Ahora!* en **297** ?
— *¡Arepa! ¡Arepa!* en **250** ?
— *¡Ayuda! ¡Ayuda!* en **79** ?

16.

Les temples que tu visites dans l'après-midi sont tout aussi fantastiques que ceux que tu as découverts ce matin. Tu rentres à l'hôtel avec des étoiles plein les yeux, mais après cette très longue journée à marcher sous un soleil de plomb, tu n'as qu'une envie : te jeter dans ton lit.

Tu te réveilles au milieu de la nuit avec de fortes crampes d'estomac. Tu commences à te demander si manger au bord de la route un plat composé en majeure partie d'aliments crus par 35 °C à l'ombre était une bonne idée… Tu n'as pas le temps de poursuivre ta réflexion car tu dois courir aux toilettes, où tu restes coincé plusieurs heures d'affilée. Tu sais qu'en cas de diarrhée aiguë il est important de s'hydrater, mais, ici, tu ne peux pas boire l'eau du robinet, qui n'est pas potable. Quand tu retrouves un peu de force, tu descends à la réception pour acheter une bouteille, mais à cette heure avancée, il n'y a qu'un seul employé sur place, qui ne parle ni anglais ni français. Malheureusement, tu n'arrives pas à te faire comprendre et, avant d'avoir eu le temps de lui faire un dessin, tu dois repartir en courant aux toilettes. Rends-toi en **136** si tu voyages avec le sac 1, 2 ou 4, ou en **198** si c'est avec le sac 3 ou 5. Si tu n'as plus de sac, va en **327**.

17.

À peine as-tu mis un pied dans le restaurant que tu sens une forte odeur de friture, pas très appétissante. Mais ton ventre gargouille et tu t'empresses d'aller commander quelque chose. Sans surprise, le burger que tu dévores n'est pas bon, mais il a le mérite de te rassasier. La dernière bouchée avalée, tu files à ton auberge pour te coucher. Sauf que, très vite, tu te réveilles avec d'horribles crampes d'estomac.

Au petit matin, la douleur a empiré et t'oblige à courir aux toilettes, où tu vas passer la majeure partie de la journée. Il est quasiment impossible d'échapper à un épisode de tourista au cours d'un voyage aussi long que le tien. Mais, rétrospectivement, tu te dis que ce restaurant de burgers ne devait pas être désert seulement à cause de l'heure tardive et que tu aurais dû te fier à ton odorat… Si tu voyages avec le sac 1 ou 2, précipite-toi en **107**. Si tu as le sac 3, 4 ou 5, va souffrir en **172**.

18.

En plus de votre chauffeur et de votre guide, qui s'appelle Nader, ton groupe est rejoint par une escorte de police (obligatoire pour certains passages dans le désert) afin de vous permettre de faire une excursion dans l'oasis du Fayoum. Sur la route, vous faites un premier arrêt dans le joli village coloré de Tunis, connu pour ses poteries. Vous en profitez pour visiter un petit atelier dans lequel vous pouvez observer le travail des artisans.

Ensuite, vous vous rendez dans la vallée Wadi Al-Hitan. Sur place, vous découvrez de gigantesques fossiles de baleines et de requins vieux de plusieurs millions d'années. Ils vivaient là à l'époque où ce désert était recouvert par la mer ! L'Égypte n'en finit pas de t'étonner.

Pour le déjeuner, Nader vous emmène dans un petit restaurant complètement ouvert sur l'extérieur et tenu par des Bédouins (des nomades arabes). Tu y manges un *kochari*, un mélange de nouilles, de riz, de lentilles, d'oignons frits et de sauce tomate. Après le repas, vous roulez tout l'après-midi en direction du Caire et tu admires les beaux paysages qui défilent devant toi. Quelle est ta priorité pour la suite du séjour ? Si c'est la découverte de la cuisine égyptienne, va en **176**. Si tu veux rapporter des souvenirs, file en **104**.

19.

Vous vous rendez au traditionnel match de *lucha libre* (catch mexicain) du vendredi soir à l'Arena Mexico. Tu te réjouis intérieurement d'être avec Angel et son groupe d'amis car les alentours de l'Arena ne sont pas très rassurants. Par contre, une fois dans la salle, l'ambiance est folle ! Angel t'explique les règles. Tu n'as jamais vu une telle mise en scène dans un combat. Les *luchadores* (les catcheurs) portent tous un masque pour conserver leur identité secrète. En plus de battre son adversaire, l'objectif est de lui enlever son masque, ce qui représente l'humiliation ultime. Évidemment, pour le plus grand plaisir du public, les *luchadores* parviennent toujours à reprendre la situation en main au dernier moment et à ne jamais montrer leur visage.

À ta grande surprise, tu apprends qu'il y a également des règles pour le public, mettant en opposition les rangs « riches », en bas (les places proches du ring qui coûtent plus cher), et les rangs « pauvres », en haut. De chaque côté, les insultes fusent. Il ne te faut pas plus de quelques minutes pour les apprendre et pouvoir participer. Tout le monde s'amuse autant de hurler des jurons que de regarder le match.

À la fin du spectacle, Angel t'invite à poursuivre la soirée dans un bar. Tu acceptes avec joie et profites de l'occasion pour faire plus ample connaissance avec ses amis : Pablo, Lucero, Pamela et Ximena. Entre deux verres de tequila, la boisson emblématique du Mexique, ils te racontent qu'ils rentrent demain en voiture à Oaxaca et te proposent de venir avec eux. Décides-tu de faire le trajet avec tes cinq nouveaux amis, en **110**, ou préfères-tu prendre le bus, comme prévu, en **60** ?

20.

Tu t'endors sur le sable et te réveilles quelques heures plus tard avec la peau brûlante. Tu voudrais bien te rafraîchir dans la mer, mais ici les courants sont si forts que la baignade est interdite. Tu te remets donc en marche, mais le frottement du sac devient vite intolérable. Tu as pris un sacré coup de soleil ! Et pour couronner le tout, tu t'es réveillé•e de ta sieste assoiffé•e, et tu as malheureusement déjà bu toute l'eau que tu avais emportée avec toi ce matin… Tu estimes qu'il te reste encore une demi-heure de marche avant d'arriver au camping, ce qui te semble une éternité car tu as horriblement chaud et une migraine tenace. Tu trouves alors une flaque. Si tu es parti•e avec le sac à dos 1, 2 ou 4, rends-toi en **85**. Si tu es parti•e avec le sac à dos 3 ou 5, rends-toi en **69**.

21.

Mie goreng est le nom d'un plat typique indonésien à base de nouilles frites. Ton interlocuteur est pris d'un fou rire incontrôlable lorsque tu lui déclares cela avec le plus grand sérieux. Il demande à faire un selfie avec toi, ce que tu acceptes de bon cœur et en riant aussi. Sauf qu'en quelques secondes, une dizaine d'adolescents s'attroupent autour de vous en réclamant eux aussi des photos en ta compagnie. Voyant à quel point ça leur fait plaisir, tu leur dis oui mais perds de vue l'homme qui parlait anglais au milieu de la cohue que cela engendre. Personne d'autre que lui ne semble te comprendre et tu finis par te réfugier dans un magasin pour échapper aux selfies. Tu ne sais toujours pas comment rejoindre le village où tu avais prévu de te rendre, quand tu repères un bus touristique qui part en direction d'un volcan. C'est une activité de groupe bien loin de l'expérience hors des sentiers battus que tu recherchais, mais pour ne pas rester perdu•e, tu montes dans le bus en **202**.

22.

Ton voyage se termine et tu as vécu une aventure riche en rebondissements. En arrivant jusqu'ici, tu as démontré que tu étais une personne pleine de ressources. Mais as-tu parcouru tous les pays de ta liste initiale (tu peux vérifier page 11) ? Si c'est le cas, félicitations, tu es l'un•e des rares joueur•euses à avoir réussi cet exploit ! Quoi qu'il en soit, n'hésite pas à partager ton itinéraire sur les réseaux sociaux en utilisant le hashtag #tourdumondehéros.

Une dernière chose : si tu as visité la Tanzanie au cours de ton voyage, ne ferme pas ce livre trop vite, car nous avons une question pour toi ! Avec quel sac es-tu parti•e ? Si tu avais le sac 2, rends-toi en **166**. Si tu avais le sac 5, rends-toi en **219**. Si tu avais le sac 1, 3 ou 4, tu n'aurais pas dû arriver jusque-là. Ton voyage s'arrête donc ici, c'est perdu pour toi ! Mais tu peux retenter ta chance en repartant du point de départ avec un autre sac à dos et en faisant un peu plus attention.

23.

Tu as repéré en ligne une plage paradisiaque sur laquelle garer ton van pour la nuit. Tu n'auras qu'à ouvrir la fenêtre pour admirer le lever de soleil depuis ton lit demain matin. En plus, tu viens de voir qu'un barbecue est mis à la disposition de tous. Tu vas donc pouvoir te cuisiner un festin (ce qui n'est pas toujours évident dans ton van). En t'installant, tu remarques aussi un bidon de vinaigre en libre-service. C'est justement l'ingrédient qu'il te manquait pour assaisonner la salade qui accompagne tes grillades. Est-ce que tu te sers, en **248**, ou est-ce que tu considères que de l'huile d'olive suffira à ta préparation, en **46** ?

24.

Ta croisière touche à sa fin quand tu te rends compte avec horreur que tu as été victime d'une arnaque. À ton arrivée à Assouan, tu as été emmené•e par un rabatteur sur le *Ramsès II*, alors que le séjour que tu avais réservé et payé à l'avance devait se dérouler sur le *Princesse du Nil* ! Tu dois maintenant régler la croisière que tu viens de faire sur le mauvais bateau ainsi que tout ce que tu as consommé en pensant que c'était inclus dans le prix : la nourriture, mais aussi le ménage, les guides et les excursions. Bien sûr, l'homme qui t'a fait embarquer est introuvable et tu ne peux pas prouver que le propriétaire du bateau est de mèche avec lui. Alors que tu essaies d'argumenter, il menace d'appeler la police. Tu n'as pas d'autre choix que d'utiliser tout l'argent qui te reste pour te sortir de cette situation avant qu'elle ne tourne mal.

Dépité•e que ton voyage s'achève ainsi, tu rentres chez toi avec tes dernières économies. Rends-toi en **163**.

25.

Il n'y a pas de vol direct te permettant de continuer ton voyage en rejoignant d'une traite le prochain continent. Pour poursuivre l'aventure, il te faudrait revenir sur tes pas et faire une étape aux États-Unis, ce qui est contraire aux règles que tu t'es fixées ! Un tour du monde en sac à dos, ça demande quand même un peu de préparation : tu aurais dû avoir une idée de l'ordre dans lequel tu voulais visiter les pays de ton itinéraire. Tu rentres donc chez toi, mais tout n'est pas perdu. Rien ne t'empêche de te lancer dans une nouvelle aventure en repartant du point de départ. Petit conseil : la prochaine fois, fais bien attention au choix du pays que tu rejoindras en quittant l'Angleterre et tente un itinéraire différent.

26.

Tu pars pour le Chiapas, la région la plus au sud du Mexique. Le trajet en bus est long et tu commences à avoir mal aux fesses. À Tuxtla, où tu dois faire un changement, tu te dis que, quitte à voyager sans confort, autant essayer un mode de transport local. Tu décides donc de prendre un *colectivo*, une sorte de minibus sans horaires fixes (il part quand il est plein) et au tarif très bon marché. Une fois en route, le chauffeur appuie à fond sur l'accélérateur et ne s'arrête pas pour faire des pauses. Résultat : c'est épuisé•e et affamé•e que tu arrives à San Cristóbal de Las Casas.

Il est tard et, entre la gare routière et ton auberge, tu ne trouves que deux endroits encore ouverts pour manger : un stand de tacos tenu par une femme à l'air sympathique qui pourrait être ta grand-mère et un restaurant touristique qui sert des burgers. Les deux sont déserts, ce qui n'est pas étonnant, vu l'heure avancée. Quel repas te tente le plus ? Si ce sont les tacos, rends-toi en **11**. Si tu préfères les burgers, rends-toi en **17**.

27.

Après un vol sans encombre au-dessus de l'Atlantique, te voilà arrivé•e à Buenos Aires, la capitale de l'Argentine. La ville a l'air immense ! Tu te demandes par quels moyens tu vas pouvoir te rendre à ton auberge de jeunesse. Alors que tu es en pleine réflexion devant les panneaux d'indication à la sortie de l'aéroport, quelqu'un remarque ton indécision et te demande : « *¿Necesitas ayuda?* » Tu cherches dans tes souvenirs les quelques mots d'espagnol que tu connais, mais *ayuda* n'en fait pas partie. Avant même que tu n'arrives à baragouiner quoi que ce soit, il répète sa question en anglais : « *Do you need help?* » Tu comprends alors qu'il veut seulement savoir si tu as besoin d'aide. *Ayuda* signifie donc « aide » !

Tu lui montres sur un plan l'auberge où tu veux te rendre et il t'indique que tu dois prendre le même bus que lui. Vous vous asseyez côte à côte et commencez à faire connaissance en anglais. Daniel est originaire de Buenos Aires mais vit à Rome. En effet, comme près de la moitié des Argentins, l'un de ses grands-parents est italien, ce qui lui a permis d'avoir accès au très convoité passeport européen. Il t'explique que, à la suite de l'industrialisation rapide de l'Italie, à la fin du XIXe siècle, beaucoup d'ouvriers se sont retrouvés sans emploi et ont décidé d'émigrer vers l'Argentine, pays qui manquait alors cruellement de main-d'œuvre. Tu comprends mieux pourquoi, depuis que tu es sorti•e de l'avion, tout le monde a un accent inhabituel en espagnol, assez chantant…

Après une bonne nuit de repos pour te remettre du voyage, tu as hâte d'explorer Buenos Aires. Tu te trouves dans la ville où est né le tango et, justement, ton auberge propose ce jour-là une initiation à cette danse. Tu hésites à y participer car ta voisine de chambre t'a recommandé d'aller voir les maisons colorées du quartier de la Boca. Souhaites-tu profiter du cours de tango, en **65**, ou te rendre dans le quartier qu'elle te conseille, en **49** ?

28.

Sur l'assiette, il y a des morceaux d'ananas, de noix de coco, de mangue et de papaye ainsi que des fruits de la passion, des goyaves et des bananes. Tout à l'heure, dans son jardin, Aiata t'a aussi montré comment reconnaître le mape et le noni. Ta gourmandise l'emporte et tu goûtes un morceau de chaque fruit… Ton grignotage terminé, tu jettes soigneusement les noyaux et la peau dans la poubelle de ta chambre avant de t'apercevoir que tout cela n'a fait que t'ouvrir l'appétit ! Pour le dîner, tu as le choix entre aller dans un restaurant qu'on t'a recommandé, en **205**, ou partir à la recherche de roulottes, ces stands tenus par des Polynésiens, souvent au fond de leur jardin, en **126**.

29.

Tu attrapes ta gourde (ou, si tu n'en as pas, une bouteille vide de la veille) et vas la remplir au bidon. Cela te prend à peine quelques secondes et permet d'économiser de l'argent et du plastique ! Tu ne comprends pas trop pourquoi tout le monde ne fait pas la même chose. En plus, l'eau du bidon est de la même marque que celle des petites bouteilles vendues à l'accueil… À ton arrivée au centre de plongée, le moniteur, Chuy, te donne ton équipement. Vous faites les premiers exercices dans la mer en restant proches du rivage, là où vous avez pied. Il te faut un peu de temps pour t'habituer à respirer avec le détendeur. Tu observes déjà de jolis poissons et, tristement, un grand nombre de déchets, dont les fameuses bouteilles en plastique des touristes…

Pour la plongée suivante, vous embarquez sur un petit bateau. Arrivé•e à destination, tu enfiles ta combinaison, ton masque, tes palmes et ta ceinture de plomb. Tu demandes de l'aide à Chuy pour mettre ton gilet avec ta bouteille d'oxygène. Une fois dans l'eau, il te fait signe de commencer à descendre. Très vite, tu distingues des coraux entourés d'une multitude de petits poissons. C'est magique ! Tu ne vois pas le temps passer, et le moment de remonter à la surface arrive bien trop rapidement. Les jours suivants sont partagés entre des exercices sous l'eau et l'apprentissage théorique. Au fur et à mesure des plongées, tu deviens plus à l'aise et parviens même à repérer des poissons-anges et des tortues. À la fin de la semaine, tu passes le test avec succès. Tu es maintenant certifié•e. Félicitations !

Pour continuer ta découverte du Mexique, si tu as envie de te baigner dans un cénote, rends-toi en **223**. Si, au contraire, tu estimes que tu as assez fait trempette pour le moment, rendez-vous en **26**.

30.

Tu vas tout de suite au commissariat pour faire une déclaration de vol. Le policier qui prend ta déposition fait l'effort de te parler en anglais pour que tu le comprennes plus facilement et te propose de passer quelques appels pour que tu puisses prévenir ta banque et parler à un proche. C'est très gentil de sa part, mais ce qui te préoccupe le plus pour le moment, c'est de ne plus avoir aucun moyen de paiement. Devant ton air inquiet, il t'explique comment fonctionnent les transferts d'argent internationaux : il suffit de faire un virement sur le site d'une entreprise spécialisée, puis d'aller retirer la somme en liquide dans l'agence de son choix. Il y en a justement une à quelques pas. Le policier te recommande de téléphoner à quelqu'un de ton entourage pour lui demander de t'envoyer de l'argent de cette façon. Il a beau être tard dans la nuit, tu acceptes sa proposition car, grâce au décalage horaire, tu ne devrais réveiller personne à l'autre bout du fil. Après avoir appelé ta famille et en attendant l'ouverture de la succursale pour pouvoir t'acheter quelque chose à manger, tu vérifies que tu as bien noté toutes les autres informations importantes dont tu pourrais avoir besoin : numéro de l'assurance, numéro de ta banque, etc.

Tu t'en sors plutôt bien finalement. Mais, après cette belle frayeur, tu comptes redoubler de vigilance pour le reste du voyage. Tu viens de perdre plus d'une journée à régler les conséquences du vol de tes affaires. Tu n'as plus vraiment le temps ni l'envie de visiter le reste de la péninsule du Yucatán et tu pars directement pour le Chiapas en **26**.

31.

Tu n'as rien à manger dans ton sac et tu manques malheureusement de forces pour monter cette énorme côte et refaire ensuite tout le chemin en sens inverse. Tu fais donc demi-tour sans avoir vu de près le mont Fitz Roy. Suite à cette petite déconvenue, tu continues à explorer la région à pied pendant quelques jours en n'oubliant jamais d'emporter un sandwich avec toi. Après avoir aperçu des piverts et des aigles, et admiré des plaines à perte de vue ainsi que de grandes forêts, tu commences à réfléchir à ta prochaine étape.

Si tu es du genre à te remettre d'une semaine de marche intensive en sirotant un verre de vin, rends-toi en **252**. Si, en revanche, tu es plutôt adepte des boissons chaudes, rends-toi en **147**.

32.

Pour maximiser tes chances de rencontrer des éléphants, tu as décidé de te rendre dans un centre de sauvetage. Avant de le choisir, tu as fait beaucoup de recherches car Emma, ton amie de l'auberge, t'a mis•e en garde. De nos jours, il existe de nombreux prétendus sanctuaires qui présentent des éléphants simplement dans le but de profiter de l'argent des touristes et dont les pensionnaires sont en réalité enchaînés en dehors des heures d'ouverture.

Le centre dans lequel tu te rends vient au secours de tous types d'animaux victimes des activités humaines. Certains étaient exploités pour le tourisme, d'autres ont été victimes du braconnage, de trafics illégaux ou de maltraitance. Le centre fait son possible pour réintroduire ces animaux dans la nature ; malheureusement, certains d'entre eux ont perdu leur instinct et ne sont plus capables d'y survivre. Ils doivent alors rester toute leur vie pensionnaires du centre, et ce sont les seuls qui sont présentés aux visiteurs. Le prix de ton billet d'entrée contribue aux soins coûteux des animaux et à l'entretien du centre, où la plupart des employés sont bénévoles.

Parmi des ours, des singes et des félins, tu as la chance de pouvoir voir des éléphants de près. C'est une expérience dont tu te souviendras toute ta vie ! L'histoire de chacun des animaux te touche. Tu as l'occasion d'aider à nourrir une éléphante âgée qui se prénomme Pin. Elle est au centre depuis six ans. Sa triste carrière a commencé dans la forêt, où elle charriait des troncs d'arbres pour les exploitations forestières. Ensuite, elle s'est retrouvée dans les rues bruyantes de

Bangkok, où elle devait marcher toute la journée sous le soleil et sur le mortier qui lui brûlait les pieds pour transporter des touristes sur son dos. En t'approchant doucement d'elle, tu peux voir ses multiples cicatrices et la déformation de sa colonne vertébrale.

Après cette expérience émouvante, tu comptes te rendre au Cambodge. Deux compagnies proposent des bus directs au départ de Bangkok, et elles ont toutes les deux de mauvais commentaires en ligne… La première, Thai Bus, est moins chère mais encore plus mal notée que la deuxième, Angkor Company. Si tu choisis Thai Bus, rends-toi en **206**. Si tu choisis Angkor Company, rends-toi en **300**.

33.

Tu es impressionné•e en voyant arriver l'assortiment de plats qui composent le *mezzé*. Il y a du houmous (purée de pois chiches), du *baba ganoush* (purée d'aubergines), du tahini (purée de sésame), des *wara ainabs* (feuilles de vigne fourrées de riz et d'herbes) et des samosas (beignets au fromage ou à la viande hachée), ainsi que des pains plats pour accompagner le tout. Tu te régales et apprécies cette soirée dans l'ambiance de ce joli restaurant. Nader te fait rêver en te détaillant les différents circuits que vous pourriez effectuer demain. Si bien que tu as envie de tout faire alors que c'est impossible. Devant ton indécision, il te propose en rigolant de trancher en jouant contre lui à pierre-feuille-ciseaux. Est-ce que tu joues « pierre », en **270**, « feuille », en **104**, ou « ciseaux », en **231** ?

34.

Il y a plusieurs siècles, les Incas ont développé un important réseau routier à travers tout leur empire. Cela leur a permis de se déplacer plus facilement et plus rapidement dans les montagnes. Certains de ces chemins existent encore aujourd'hui et un trek très connu permet de les parcourir pour arriver à pied au Machu Picchu, un imposant site religieux inca perché au milieu des montagnes. Comme ce lieu est resté inconnu des conquistadors pendant plusieurs siècles, il n'a pas été détruit et il est encore possible d'en visiter les ruines. Pour assurer la conservation des chemins et du site, le gouvernement a imposé un nombre maximum de personnes par jour sur ce fameux itinéraire, et la demande est devenue tellement forte qu'il faut maintenant réserver au moins six mois à l'avance. Mais comme tu es une personne prévoyante, tu avais fait ta réservation il y a déjà un an.

Le grand jour est arrivé ! Avec ton guide et vos porteurs (qui transportent le matériel de camping pour vous), vous vous mettez en route sur ce chemin mythique, alternant escaliers escarpés et ruines précolombiennes. Les paysages montagneux et les temples incas sont magnifiques, mais il y a définitivement trop de marches à monter à ton goût ! À la fin du quatrième jour, tu arrives harassé•e à la dernière auberge, les genoux en compote, mais demain, tout sera oublié car tu visiteras enfin le fameux Machu Picchu ! Pour cette dernière soirée ensemble, le guide laisse le choix à ton groupe : vous pouvez venir manger du *cuy* avec lui, en **225**, suivre les porteurs qui vont boire de la *chicha*, en **57**, ou aller vous coucher tôt, histoire d'être en forme pour le réveil aux aurores du lendemain, en **93**.

35.

C'est une mauvaise réponse… Retente ta chance : va en **94** si tu penses que les chauves-souris boivent du sang ou en **278** si tu penses qu'elles font la taille d'un renard.

36.

En fin d'après-midi, tu te rends à l'auberge que tu as réservée en ligne en optant pour le résultat le moins cher suggéré par ton moteur de recherche. Tu n'as même pas pris la peine de lire un seul des commentaires, malgré la mauvaise note globale… Après cette journée fatigante, tu te jettes sur ton lit de dortoir pour faire une sieste. Tu te réveilles avec de gros boutons sur tout le corps qui te démangent terriblement. Ton regard est alors attiré par des petits points noirs et rouges sur les draps : ce sont les traces laissées par les punaises de lit qui viennent de se nourrir de ton sang ! Ces insectes nuisibles sont sans danger, mais leurs piqûres sont extrêmement désagréables et il est presque impossible de s'en débarrasser.

Tu n'ouvres pas ton sac à dos et vas tout de suite en parler à la réception, où on te propose de te déplacer dans une chambre individuelle, sans frais supplémentaires. Accepte cette offre, qui te mène en **323**, ou file dans la rue te trouver un autre hôtel, au risque de payer plus cher, en **101**.

37.

Le bus te dépose à Salento, la principale ville de la région du café. Elle est perchée au milieu des collines, avec ses maisons colorées et ses cafés à chaque coin de rue, et tu t'y sens tout de suite bien. Après ton interminable voyage, tu t'empresses de réserver une excursion à VTT dans la vallée del Cocora.

Le lendemain matin, tu retrouves le groupe avec lequel tu vas passer la journée. Après vous être salués, chacun enfile un casque et une veste bien chaude, et tout le monde grimpe dans des jeeps, avec les vélos. Le guide vous emmène sur les hauteurs, dans une exploitation de café qui bénéficie de la présence de nombreux palmiers de cire. Il vous explique que ces plantes gigantesques sont endémiques de cette région mais en danger d'extinction. En effet, ces palmiers ont besoin d'être à l'ombre pour pousser, mais ce n'est plus possible à cause de la déforestation massive que le développement de l'élevage intensif a engendrée. Aujourd'hui, 80 % des palmiers de cire qui restent dans le monde se trouvent sur le site de la Carbonera que tu visites actuellement. Tu prends alors conscience avec émotion que tu es en train d'observer les derniers représentants d'une espèce qui aura peut-être disparu d'ici à quelques années…

Après cette présentation vient le moment de monter sur les vélos pour descendre les collines jusqu'à Salento. Un rapide rappel sur la façon dont on utilise les freins, et vous voilà tous partis sur les routes de montagne. Tu prends rapidement de la vitesse, la sensation est grisante… Mais il y a beaucoup de lacets et, malgré ta vigilance, un virage plus serré que les autres te surprend. Voilà que tu tombes sur le bas-côté ! Les membres du groupe qui roulaient derrière toi s'arrêtent immédiatement pour t'aider et tu vois bien que le sang qui coule le long de ta jambe les inquiète. Cependant, tu arrives à te relever, signe que tu n'as rien de cassé, juste une belle plaie à la cuisse. Si tu es parti•e avec le sac à dos 3, 4 ou 5, rends-toi en **111**. Si tu es parti•e avec le sac à dos 1 ou 2, rends-toi en **87**.

38.

Vous choisissez de tenter votre chance au casino Golden Nugget, dans la rue piétonne Fremont Street. Comme Diego et toi êtes tous les deux novices, vous n'osez pas essayer le poker ou le black jack. Vous commencez par la roulette, un jeu dont l'objectif est de parier sur le bon numéro ou sur la bonne couleur, et vous perdez 20 dollars. Vous vous rabattez ensuite sur les machines à sous, où les 2 dollars que vous misez vous en rapportent 150 ! Incroyable ! Vous n'en revenez pas de votre chance et décidez de fêter ça dans un bon restaurant, plutôt que de rejouer vos gains. Une soirée mémorable !

Vous ne prévoyez pas de rester plus longtemps dans la ville, car Diego, qui est déjà venu ici, t'assure que, de jour, Las Vegas a un air triste de lendemain de soirée. Pour choisir où vous irez ensuite, il te demande si tu souffres du vertige. Si oui, rends-toi en **286**. Sinon va en **183**.

39.

Le chien renifleur passe son chemin, et toi, tu traverses la frontière sans encombre malgré ce contrôle musclé ! Tu peux maintenant continuer ton périple aux États-Unis. As-tu le permis ? Si oui, va conduire en **310**. Sinon poursuis ta route en **132**.

40.

Auckland est situé sur l'île du Nord de la Nouvelle-Zélande, qui est plus volcanique que l'île du Sud. C'est l'occasion pour toi de découvrir des phénomènes naturels que tu n'avais encore jamais observés. Tu pars visiter la région de Rotorua, une ville qui se trouve en plein sur la ceinture de feu du Pacifique, l'un des sites géothermiques les plus actifs au monde ! Sur place, l'odeur de soufre t'incommode et te donne l'impression d'avoir en permanence des œufs pourris sous le nez. Néanmoins, tu te réjouis de voir de tes propres yeux les bassins de boue en ébullition, les geysers, les mares de soufre et les lacs turquoise des alentours. Cette région est aussi chargée d'histoire car c'est la terre ancestrale des Te Arawa, l'un des peuples maoris arrivés il y a plus de mille ans en Nouvelle-Zélande. Tu découvres non seulement leurs mythes, mais surtout la diversité de leurs pratiques artistiques à travers leurs sculptures, leurs tissages, leurs chants traditionnels et leurs tatouages rituels.

Est-ce que tu souhaites poursuivre ton périple en visitant le lieu de tournage d'un succès cinématographique mondial, en **209**, ou en profitant un peu plus longtemps de la nature néo-zélandaise, en **275** ?

41.

Ton voyage s'arrête ici pour cette fois, mais tu as l'air d'être une personne pleine de ressources. Aucun doute que tu ne sois rentré•e que pour mieux repartir ! Si tu souhaites retenter l'aventure, retourne au point de départ pour commencer un nouveau tour du monde.

42.

Il est très difficile de courir avec un sac de 20 kg sur le dos et tu ne réussis pas à tenir le rythme. Lorsque tu arrives devant la porte, il est trop tard, l'embarquement est terminé et tu rates ton avion ! Tout n'est pas perdu, tu parviens quand même à acheter un autre billet, dont le prix entre dans ton budget, afin de continuer l'aventure. En revanche, tu n'as clairement plus le choix de la destination et tu dois te résigner à prendre un vol avec de multiples escales pour rejoindre la Thaïlande, en **318**.

43.

Maintenant que tu as un nouveau sac, tu te mets en route pour El Calafate, la ville située à côté du glacier Perito Moreno. Dans l'agence qui propose de l'explorer, le vendeur te convainc de réserver l'excursion Big Ice. C'est la plus chère mais la plus complète, d'après lui.

Le lendemain matin, le bus te récupère à 7 h 30. Pendant le trajet, tu assistes à un magnifique lever de soleil sur le lac Argentino. Une fois que toi et ton groupe êtes arrivés à destination, le guide vous aide à mettre vos crampons et vous montre comment marcher avec. Tu es bien content•e d'avoir mis tes chaussures de randonnée en voyant les pieds meurtris de la personne en chaussures de ville à côté de toi. Une fois tout le monde équipé, vous voilà partis vers le sommet.

Pendant plus de trois heures, tu suis le guide en écoutant ses explications sur les crevasses et les différentes couleurs de la glace, c'est passionnant ! Mais le plus surprenant arrive à la fin du tour, quand un autre guide vous rejoint avec une bouteille et des verres, pour profiter d'un whisky *on the rocks* préparé avec la glace du glacier !

De retour à El Calafate, tu proposes à tes compagnons de randonnée d'aller manger ensemble. L'un d'eux connaît justement un super restaurant de *carne asada*, la spécialité argentine de bonne viande cuite au feu de bois. Le repas est effectivement délicieux, mais l'addition est salée. Tout en digérant, tu fais un rapide point sur tes finances et te rends compte que tu ne vas pas pouvoir visiter autant de lieux sur le continent américain que tu l'aurais souhaité… En fait, entre le sac, le trek sur le glacier et le restaurant hors de prix, tu vas même devoir sauter quelques pays de ta liste et te rendre directement en Australie, en **157**, pour ne pas complètement vider ton compte en banque.

44.

Gabi ne vient pas de Nouvelle-Zélande, tu aurais dû faire plus attention à vos conversations qu'à ses beaux yeux. Rentre chez toi, en **163**.

45.

Alors que ton ami muletier et toi cherchez le lieu idéal pour passer la nuit, vous longez un enclos plein d'alpagas. Ils ressemblent à des lamas, mais en plus touffus et avec de plus petites oreilles. On dirait de grosses peluches ! Alors que tu les regardes en te disant que tu irais bien les caresser, le muletier te tend la gourde qu'il a remplie tout à l'heure dans un ruisseau. Tu as soif, mais cela ne te paraît pas très prudent d'y boire, vu l'aspect boueux qu'avait le cours d'eau…

En parlant de prudence : avant ton départ, tu avais hésité à souscrire une assurance voyage car ce genre de garanties sont coûteuses et tu sais d'expérience qu'elles ne couvrent jamais toutes les situations. Si tu as pris le risque de partir sans, en te disant qu'il valait mieux conserver la plus grosse enveloppe possible pour ton tour du monde, rends-toi en **130**. Si tu as joué la sécurité et payé une assurance malgré son prix élevé, rends-toi en **276**.

46.

Tu utilises le barbecue de la plage mais, comme presque partout depuis le début de ton road-trip, tu préfères ne pas te baigner. Tu viens d'ailleurs de voir un panneau d'avertissement indiquant de prendre garde aux crocodiles et aux méduses venimeuses. Le vinaigre sert donc à se rincer en cas de piqûre de méduse ! Bien que cela soit frustrant de ne pas pouvoir profiter de l'eau turquoise, tu ne t'approches même pas du bord car tu sais qu'un crocodile pourrait en sortir et t'attaquer en l'espace de quelques secondes ! Après une bonne soirée et une magnifique matinée sur la plage, tu repars en direction de Cairns, d'où tu comptes te rendre sur la Grande Barrière de corail. As-tu passé ta certification de plongée au Mexique ? Si oui, rends-toi en **220**. Sinon rends-toi en **312**.

47.

Tu cases comme tu peux tes trois litres d'eau dans ton sac en plastique. Rapidement, les autres voyageurs de ton groupe ont pitié de toi et se répartissent tes bouteilles dans leurs sacs à dos, ce qui te permet de gambader jusqu'en **261**.

48.

Après une longue balade à pied de la gare de King's Cross jusqu'à Covent Garden, tu entres dans un pub qui se nomme The White Swan. L'atmosphère est sombre mais joviale, et tu te réjouis devant le large choix de bières *on tap* (à la pression). Sans même un regard pour le menu, tu commandes une pinte et un *fish and chips.* Le poisson pané qu'on te sert a l'air gras à souhait, et tu n'hésites pas à verser du vinaigre sur tes frites, comme les Anglais, et à goûter la purée de petits pois servie avec. Après tout, tu es parti•e pour vivre l'aventure !

Tu repères un groupe de trois touristes écossais assis à la table à côté de toi, qui dégustent une *pie*, une tourte à la viande typique de l'Angleterre. Leur accent est très difficile à comprendre, mais tu penses avoir entendu qu'ils visitent Londres pour la première fois et qu'ils ont prévu un super programme pour la fin de la journée. Tu meurs d'envie de te joindre à eux ! Si tu possèdes un jeu de cartes (sac 1 ou 4), va leur dire bonjour en **201**. Si tu n'en as pas (sac 2, 3 ou 5), continue tout•e seul•e jusqu'en **36**.

49.

En arrivant dans le quartier de la Boca, tu te rends au Caminito. Il s'agit d'une rue aux maisons très colorées et à l'atmosphère vibrante. Afin de t'imprégner de l'ambiance, tu t'assois à la terrasse d'un café et commandes un rafraîchissement. Lorsque la serveuse t'apporte ta boisson, tu en profites pour lui demander pourquoi les maisons sont peintes de toutes les couleurs. Elle t'explique dans un anglais approximatif qu'à l'origine, le quartier était très pauvre. Un jour, un peintre eut l'idée de rafraîchir les murs de l'école, qui en avaient bien besoin, et tous les habitants vinrent l'aider avec les restes de peinture qu'ils avaient sous la main ; voilà pourquoi le résultat fut multicolore ! À la fin, la façade bariolée leur plut tellement qu'ils décidèrent de repeindre aussi leurs maisons de toutes les couleurs. C'est maintenant un coin agréable, plein de magasins et de cafés, et où l'on peut admirer des danseurs de tango faire des démonstrations sur les trottoirs.

Pour rentrer à ton auberge, tu passes par la Plaza de Mayo, qui se trouve dans le centre-ville. Tu y aperçois quelques femmes âgées en train de manifester. Tu demandes la raison de leur protestation à quelqu'un qui est en train de les prendre en photo.

— Il s'agit des Mères de la place de Mai. Elles se réunissent ici toutes les semaines depuis le milieu des années 1970. Au début, leur but était de retrouver leurs enfants disparus pendant la dictature militaire. Désormais, c'est surtout pour que personne n'oublie les atrocités de la « guerre sale » qu'elles continuent de venir.

— La « guerre sale » ?

— Oui ! En espagnol, l'expression *guerra sucia* désigne la répression d'État menée par les dictateurs de nombreux pays d'Amérique latine arrivés au pouvoir entre 1960 et 1980 grâce au soutien des États-Unis, qui y voyaient un moyen de lutter contre le communisme. Énormément de morts et de disparitions ont eu lieu durant cette période où ceux qui ne rentraient pas dans le moule ou qui se faisaient dénoncer pouvaient disparaître du jour au lendemain.

Après cette première journée de visite des plus instructives, tu passes encore quelques jours dans la capitale avant de décider de te rendre dans le sud de l'Argentine. À ton avis, qu'est-ce qui te sera le plus utile là-bas ? Si tu penses que c'est un gros pull, va en **112**, et si tu optes pour un short, rends-toi en **207**.

50.

Te voilà au Mexique, et plus exactement à Mexico, la capitale du pays. En regardant comment te rendre à l'auberge que tu as réservée, tu t'aperçois qu'il va te falloir plus d'une heure : la ville est bien plus étendue que tu ne l'imaginais. Tu arrives finalement dans le joli quartier de Coyoacán. Un panneau explicatif t'indique qu'il s'agit d'un ancien village rural où les artistes venaient pour être au calme. Parmi eux, la peintre Frida Kahlo est l'une des plus connues à travers le monde. Très curieux•se d'en apprendre plus sur cette icône mexicaine féministe, tu commences tes visites par sa maison : la Casa Azul. Sur place, tu apprends qu'elle et son mari, le fresquiste Diego Rivera, ont joué un rôle important dans l'histoire du pays, grâce à leur art et à leur activisme politique. Tu poursuis ta journée en allant faire un tour dans l'un des marchés du quartier pour goûter aux fameux tacos mexicains. Ces petites galettes de maïs généralement garnies de viande et de condiments sont délicieuses et très bon marché, c'est le snack parfait. La coriandre fait ressortir toutes les saveurs !

Le lendemain, tu poursuis ta découverte de Mexico avec les ruines du Templo Mayor, un vestige de l'époque où la ville était la capitale de l'Empire aztèque. Ce peuple précolombien régnait sur le nord du Mexique, mais son hégémonie n'a pas résisté à la conquête espagnole. Au cours de ta balade, tu ne t'aventures pas trop loin des grands axes car tu as lu en préparant ton voyage que la ville avait la réputation d'être dangereuse en raison d'une forte criminalité. Finalement, tu n'as pas l'occasion de vérifier la véracité de ces rumeurs et c'est tant mieux !

Après ces quelques jours dans la capitale mexicaine, as-tu envie de passer un peu plus de temps aux alentours pour aller visiter les temples d'une civilisation ancienne, en **155**, ou préfères-tu changer de décor et rejoindre la région de Oaxaca, en **60** ?

51.

Heureusement, tu voyages toujours avec un kit de couture pour pouvoir rafistoler tes affaires. Tu sors du fil et une aiguille pour réparer ton sac. À la fin de ton intervention, le trou n'est plus qu'une vilaine cicatrice. Tu pries pour que ça tienne le coup jusqu'à la fin du voyage. Il est maintenant temps de préparer ton emploi du temps des prochains jours. Tu souhaites aller marcher en montagne. Est-ce que tu préfères partir seul•e avec une carte, en **128**, ou réserver une excursion guidée, en **91** ?

52.

Après encore cinq ou six chutes, tu réussis à te mettre debout sur ta planche. Tu finis le cours sur les rotules mais avec un diplôme bien mérité ! Tu récupères des photos de toi sur ta planche, que tu as hâte de montrer à tes proches. Ton dernier jour à Sydney s'achève sur cette réussite. Pour la suite de ton voyage en Australie, as-tu plutôt envie de découvrir la côte et les plages, en **144**, ou le désert au centre du pays, en **212** ?

53.

Tu rêves depuis longtemps de découvrir la plongée sous-marine, et tu as prévu un budget pour pouvoir pratiquer pendant ton voyage cette activité qui coûte cher. Playa del Carmen semble être l'endroit idéal pour te lancer, mais tu as tout de même quelques appréhensions ; tu décides donc de bien te renseigner avant de choisir ton centre de plongée. Tu n'hésites pas à te rendre sur place pour vérifier l'état des équipements, et tu choisis une infrastructure où l'ambiance et l'attention portée à la sécurité te mettent en confiance. Après avoir discuté avec l'équipe, tu décides même de passer une certification internationale pour pouvoir plonger plus facilement partout dans le monde.

Pour ton premier jour, tu prépares soigneusement ton sac. Hier, le moniteur de plongée a bien insisté sur le fait qu'il fallait rester hydraté. Dans ton auberge, il y a un bidon d'eau minérale en libre accès dans l'entrée, pourtant, tu vois tous les autres résidents acheter des petites bouteilles d'eau à la réception. Si tu penses, toi aussi, qu'il vaut mieux acheter des bouteilles à l'accueil, rends-toi en **98**. Si tu préfères te servir directement au bidon, rends-toi en **29**.

54.

Alors que tu montes dans le métro, tu te rends compte que tu as encore un long chemin à parcourir… Tu risques d'être en retard si tu as un souci en route ! Après avoir regardé défiler avec anxiété les nombreuses stations qui te séparent de l'aéroport, tu arrives finalement à l'heure !

Lorsque tu as réservé ton billet multidestination, il y a quelques mois, par quels pays d'Amérique as-tu décidé de commencer ton périple ? Si c'est par les États-Unis, tu décolles en **58**. Si c'est par l'Argentine, tu décolles en **27**.

55.

Une nouvelle nuit de bus, et te voilà à Carthagène des Indes. D'autres voyageurs croisés dans la région du café t'ont prévenu•e que les températures pouvaient y être très élevées, et effectivement, à peine sorti•e du bus, tu as l'impression d'entrer dans un four. La chaleur est étouffante et tu arrives à l'hôtel dégoulinant•e de transpiration. Heureusement que tu as réservé une chambre confortable avec la climatisation ! Comme tu as toute la journée devant toi, tu décides d'aller visiter la ville malgré la touffeur. Avant de sortir, laisses-tu ton passeport dans le coffre de l'hôtel, en **61**, ou préfères-tu le garder sur toi, en **328** ?

56.

Tu t'es inscrit•e pour une excursion en bateau, mais le guide n'a pas été suffisamment clair sur le fait que c'était pour observer le coucher du soleil. L'activité ne commencera donc pas avant plusieurs heures. D'abord agacé•e, tu en profites finalement pour te balader et déjeuner dans un petit restaurant de plage, les pieds dans le sable. Tu y croises par hasard Alex, qui fait partie de ton groupe, et vous partagez votre table. Le menu est incroyable : vous commandez des assiettes à des prix très abordables, composées de homard, de crevettes, de poisson délicieux, de calamars et de poulpes, le tout accompagné de riz pilaf aux épices. C'est tellement copieux que vous auriez pu prendre une assiette pour deux. Vous lézardez ensuite sur la plage pour digérer et en profitez pour faire plus ample connaissance.

Quand vient enfin l'heure du tour en bateau, tu n'es pas déçu•e. À bord d'un voilier traditionnel en bois, tu regardes un magnifique coucher de soleil tomber sur l'île. Pour ne rien gâcher, tu te vois offrir un cocktail et la musique d'ambiance est très sympa. Tu as adoré cette dernière soirée à Zanzibar.

Au fait, combien de langues parles-tu ? Si tu en parles une ou deux, rends-toi en **260**. Si tu en parles trois ou plus, va en **238**.

57.

Tu entres dans un petit bar qui ne paie pas de mine. À peine êtes-vous assis que le serveur vous apporte un verre de *chicha* chacun. Le breuvage a la couleur de la bière, et l'homme vous dit qu'il s'agit d'une boisson alcoolisée à base de maïs fermenté. Pourtant, il te semblait avoir entendu des enfants en réclamer… Le serveur t'explique alors qu'il existe en effet un autre type de *chicha*, non alcoolisée, la *chicha morada*, faite à base de maïs violet, mais ce n'est pas celle qu'on sert ici. Qu'à cela ne tienne, tu suis le mouvement et profites de la soirée en te faisant plein de nouveaux amis au comptoir. Mais tu n'avais pas réalisé à quel point le trek t'avait fatigué•e, et l'alcool te fait perdre la notion du temps. En allant te coucher, tu te rends compte que tu dois te lever vingt minutes plus tard pour faire la visite guidée du Machu Picchu que tu avais réservée. C'est donc encore bien alcoolisé•e que tu arrives à l'entrée du site archéologique. L'endroit est magnifique, mais les efforts que tu dois déployer juste pour tenir debout et te déplacer sont tels que tu ne profites ni des lieux ni des explications du guide. De retour à Cuzco, tu te souviens à peine de la visite. Quel dommage, toi qui l'attendais depuis si longtemps !

Plusieurs options sont possibles pour te rendre en Colombie, mais tu n'as pas envie de prendre l'avion alors que c'est un trajet réalisable en bus. Pour le mode de transport, c'est tout vu. Par contre, tu hésites encore un peu sur l'itinéraire que tu vas choisir. Si tu souhaites faire le changement à Lima, la capitale du Pérou, rends-toi en **143**. Si tu préfères passer par Quito, la capitale de l'Équateur, rends-toi en **152**.

58.

Après un vol long-courrier, pendant lequel tu as pu regarder les dernières sorties ciné, tu atterris aux États-Unis. La file d'attente à l'immigration paraît interminable, et quand vient enfin ton tour, un agent à l'air peu commode commence à te questionner. Il exige que tu lui présentes un billet d'avion au départ des États-Unis à destination de ton pays d'origine avant l'expiration de ton visa touristique. Sauf que, comme les États-Unis ne sont qu'une étape de ton voyage, tu n'en as pas. Visiblement, il trouve ton projet de tour du monde suspect et insiste pour savoir combien de jours tu comptes rester sur le territoire américain. Est-ce que tu réponds honnêtement que tu as l'intention de passer le plus de temps possible sur place, en fonction des opportunités qui se présenteront à toi, en **5**, ou est-ce que tu lui donnes avec aplomb une fausse date de départ, en **329** ?

59.

Une vieille jeep toute rouillée vient te chercher et te fait traverser la jungle pendant plusieurs heures. Elle finit par te déposer dans ce qui ressemble à un camp militaire, où un ranger t'informe que le dîner est servi. Tu te retrouves seul•e face à ton assiette dans un immense hall délabré, te demandant un peu ce que tu fais là… À ton grand soulagement, deux autres touristes, tout juste arrivés de Jakarta, te rejoignent ! Ils parlent parfaitement anglais et vous sympathisez. Après un repas des plus basiques, ils sortent leur réchaud et t'invitent devant leur chambre pour boire un café et manger des sucreries qui attirent tous les singes des environs.

Quand le soleil se couche, vous vous rendez tous les trois sur la plage protégée, avec le ranger qui vous a accueillis. Vous vous asseyez en silence et regardez la mer sous la pleine lune en attendant patiemment.

Après plusieurs heures, un autre ranger vous prévient qu'une tortue a été repérée ! Vous observez de loin et dans un silence complet l'animal qu'il vous désigne se mettre lentement et péniblement à l'œuvre. Après avoir creusé un trou, pondu ses œufs et rebouché son trou, la tortue en creuse un autre à côté pour leurrer les prédateurs. Les rangers la mesurent et marquent l'endroit du nid, avant de la laisser retourner majestueusement dans la mer. Ils déterrent ensuite les œufs et en comptent plus d'une centaine. Ces derniers vont être placés dans une nurserie, où ils seront mis à l'abri pour permettre au plus grand nombre d'éclore, car les tortues de mer sont des animaux menacés d'extinction. Il est déjà très tard lorsque tu vas t'allonger.

Tu te lèves à l'aube, et les rangers te confient des bébés tortues de quelques jours pour que tu ailles les relâcher à la mer. C'est un vrai privilège. Tu t'occupes de six petites tortues d'espèces différentes : cinq vertes et une olivâtre. Tu les regardes anxieusement se faire ramener sur la plage par les vagues à plusieurs reprises. Finalement, elles parviennent toutes à la mer, et certaines sortent leur tête et une petite patte, par-ci, par-là, comme pour te dire au revoir avant que tu ne les perdes de vue. Malheureusement, seulement une sur mille survivra jusqu'à l'âge adulte. Ce triste chiffre n'est pas seulement dû aux prédateurs naturels des tortues, mais aussi aux activités humaines telles que la surpêche et la pollution des océans.

Après ce moment émouvant, tu retraverses la jungle pour rejoindre l'hébergement que tu as réservé chez ton hôte, Poer. Tu somnoles car tu n'as dormi que quelques heures. Décides-tu d'aller te coucher directement avant de repartir demain pour ta prochaine destination internationale, en **307** ? Ou acceptes-tu l'invitation de Poer à passer la soirée avec sa famille, en **244** ?

60.

Le lendemain, tu te rends à la station de bus direction Oaxaca. Tu en as au moins pour sept heures de route. Peu de temps après être sorti de la ville, le bus stoppe net derrière une file de voitures à l'arrêt sur une route au milieu de nulle part. Tu regardes par la fenêtre et constates qu'une dizaine de personnes portant des banderoles vous empêchent de passer. Elles paraissent très remontées, mais tu ne sais pas pourquoi. Tu jettes un regard étonné à ton voisin, qui hausse les épaules et te dit d'un air blasé : « *Corrupción.* » C'est vrai qu'à Mexico, déjà, tu as entendu parler des importants problèmes de corruption qui minent le pays. Finalement, le bus repart sans encombre et traverse maintenant une région vallonnée avec des petites routes sinueuses. Le chauffeur, qui semble vouloir rattraper son retard à tout prix, donne l'impression de ne jamais freiner et fait ballotter tous les passagers à chaque virage. Tant et si bien que tu commences à avoir la nausée. Il reste encore trois bonnes heures à tenir dans ces conditions avant d'arriver à Oaxaca… Rends-toi en **89** si tu voyages avec le sac 1 ou 2, ou en **123** si tu voyages avec le sac 3, 4 ou 5.

61.

Tu pars faire un petit tour dans Getsemani, le quartier où tu loges, pour trouver à manger. C'est charmant, le coin a des allures de village, l'ambiance est relax et, au passage, tu découvres même des murs couverts de graffitis colorés aux motifs d'animaux. Quand tu reviens à l'hôtel, tu te félicites d'avoir laissé ton passeport sur place. Tu ne l'aurais pas fait n'importe où, mais là, le lieu t'a inspiré confiance, et c'est toujours mieux d'éviter de se balader avec ses papiers sur soi, surtout en ville, où les pickpockets peuvent être nombreux. Après tout, ton passeport est ton bien le plus précieux en voyage !

Le lendemain matin, au petit-déjeuner, tu fais la connaissance de Daniela, une baroudeuse originaire d'Espagne passionnée de piraterie. Vous décidez de passer la journée ensemble et commencez par aller au port prendre un bateau à destination des nombreuses îles au large de Carthagène. Son itinéraire n'est pas prédéfini, c'est à chaque passager de dire sur quelle plage il souhaite s'arrêter. Vous jetez votre dévolu sur une bande de sable déserte, avec quelques hamacs pour seul aménagement. Vous vous mettez d'accord avec le batelier sur votre horaire de retour avant de descendre, puis vous étendez vos serviettes face à la mer et tu profites de quelques heures de farniente.

En fin d'après-midi, de retour en ville, Daniela t'emmène dans le centre historique, où vous admirez de vieilles maisons coloniales colorées aux portes imposantes et aux balcons fleuris. Vous montez ensuite sur les remparts, juste à temps pour admirer un magnifique coucher de soleil, et Daniela te montre les canons qui servaient à repousser les attaques de pirates. Elle te raconte que, pendant plusieurs siècles, le port de Carthagène fut un point d'échange majeur par lequel transitaient l'or et les pierres précieuses à destination du Vieux Continent, et donc l'endroit parfait pour dérober tous ces trésors. Au XVIe siècle, la ville fut plusieurs fois attaquée et pillée par des flibustiers, tant et si bien qu'on décida de la fortifier. Daniela te montre également le mécanisme qui permettait de bloquer l'entrée de la baie aux navires suspects, à l'aide d'une chaîne tendue juste au-dessous du niveau de la mer. Ta guide amateure est tellement enthousiaste que tu as presque l'impression d'assister à un assaut de pirates !

Après cette folle journée, il est déjà temps pour toi de plier bagage. Pour ta prochaine étape en Colombie, est-ce que tu te sens d'humeur explosive, en **162**, ou solaire, en **2** ?

62.

Te souviens-tu de quel pays Gabi est originaire ? Si tu penses que c'est la Nouvelle-Zélande, rends-toi en **44**. Si tu penses que c'est la Roumanie, pars en **146**.

63.

C'est le jour de ton départ. Tu prends un taxi pour l'aéroport du Caire avec tes dernières économies. Ici, comme dans beaucoup de pays, faire un petit effort pour parler la langue locale permet souvent de diviser les prix par deux. Est-ce que tu as une bonne mémoire pour le vocabulaire ? Par exemple, est-ce que tu te souviens avoir appris comment dire « merci » en arabe, grâce à ton ami Tahir ? Si tu penses que le bon mot est *afouan*, pars en **163**. Si tu penses que c'est *choukran*, rends-toi en **279**.

64.

Tu acceptes de louer l'animal et paies le muletier à l'avance pour les jours à venir. Dès le lendemain matin, ce dernier charge ton sac sur sa mule et t'aide à monter dessus, puis il attrape la longe et fait avancer l'animal en marchant à côté de toi. Au départ, tu trouves la balade agréable, ainsi soulagé du poids de ton équipement. Mais, très vite, tu prends conscience que le chemin, qui ne fait que monter et descendre, est très fatigant pour la pauvre bête, qui transpire énormément et commence à buter sur les cailloux. Elle finit par s'arrêter complètement, mais, sans lui laisser de répit, le muletier la tire violemment pour la faire repartir. Tu lui suggères alors de faire une pause, mais il te répond : « *No te preocupes, está bien* » (« Ne t'en fais pas, tout va bien »). Tout va peut-être bien pour lui, mais toi, tu te sens terriblement coupable de voir la mule souffrir ainsi. Lorsque vous vous arrêtez enfin pour manger, son état est tellement pitoyable que tu décides que tu ne remonteras pas dessus. Tu préfères encore marcher avec ton sac sur les épaules et être essoufflé•e !

Malheureusement, le muletier n'a pas l'intention de te rendre ton argent. Après quelques tentatives infructueuses pour te faire rembourser, tu finis par faire un compromis avec lui : il te servira de guide, mais c'est toi qui décideras de votre cadence et, surtout, plus question de monter sur la mule ni de lui faire porter quoi que ce soit ! Le bonhomme a beau avoir accepté le marché, il n'est clairement pas content, et un étrange malaise s'installe entre vous. Finalement, une fois qu'il a compris qu'il n'allait pas perdre ses sous, il redevient plus loquace. Vous finissez même par sympathiser, et tu es heureux•se de faire le chemin avec lui. Le dernier jour, il propose de t'offrir un verre de *chicha*, une boisson typique du Pérou. Si tu le suis dans son bar préféré, rends-toi en **57**. Si tu es touché•e par son geste mais que tu préfères malgré tout que vous vous couchiez tôt, va en **45**.

65.

Le groupe d'apprentis danseurs que tu as rejoint se met en route. Valentina, votre professeure de tango, a décidé de dédier l'après-midi à la découverte du quartier de San Telmo. Elle veut vous laisser le temps de vous imprégner de son ambiance avant le cours, qui aura lieu en début de soirée. Tout en marchant, elle vous explique que c'est le berceau de Buenos Aires et qu'initialement, le secteur était habité par l'aristocratie locale, ce qui explique qu'on puisse encore y admirer de magnifiques façades. Mais à la suite d'une épidémie de fièvre jaune, les riches délaissèrent les lieux et des habitants plus modestes s'y installèrent, se partageant alors les logements immenses entre plusieurs familles. C'est en devenant plus populaire que le quartier vit l'émergence d'une nouvelle danse : le tango.

Vers 16 heures, tu as un petit creux et entres dans une boulangerie pour t'acheter un en-cas pendant que les autres boivent un café. Tu pointes du doigt au vendeur une espèce de beignet, et, pendant qu'il te sert, ce dernier te demande : « *¿Cuantas facturas?* » Non, non, pas besoin de faire une facture juste pour ça ! Il repose alors le gâteau sur l'étal. En voyant ton air déconfit, il éclate de rire. *Facturas*, c'est le mot qui désigne les viennoiseries ici. Bon, finalement, ce type de factures, tu en veux bien deux ou trois !

Le soir venu, Valentina emmène votre groupe à la Milonga de los Zucca. Il s'agit d'un lieu emblématique pour danser le tango. En découvrant les dorures sur les murs et le parquet ciré de la salle, tu as l'impression de faire un voyage dans le temps. Cependant, danser le tango est bien plus difficile qu'il n'y paraît ! Pendant l'heure et demie qui suit, tu as la sensation de ne faire que marcher en rond et en rythme. À la fin du cours, Valentina annonce l'ouverture de la milonga, c'est-à-dire de la soirée tango. L'occasion pour toi de mettre en pratique ce que tu viens d'apprendre avec les rares partenaires qui n'ont pas peur de se faire écraser les orteils. Finalement, fatigué•e mais ravi•e de cette expérience, tu prolonges le moment en regardant les danseurs experts faire des prouesses sur la piste de danse.

Tu te réveilles le lendemain matin avec les pieds en compote. Tu décides donc d'arrêter là ton exploration de la ville et de prendre le bus pour découvrir un endroit plus proche de la nature. Tes pieds auront ainsi le temps de se remettre de leur nuit endiablée. Et bonne nouvelle, le pays est tellement immense que tu peux même choisir ta destination en fonction de la météo ! Alors, préfères-tu la chaleur tropicale, en **88**, ou la fraîcheur et les boules de neige, en **112** ?

66.

Tu prends un bus qui part pour Nuevo Laredo, une ville du nord du Mexique, frontalière avec les États-Unis. Tu finis par t'endormir et ne te réveilles qu'au petit matin, lorsque le chauffeur annonce le terminus.

À peine descendus du bus, tous ceux qui, comme toi, veulent traverser la frontière sont dirigés vers une salle. Une fois à l'intérieur, vous êtes invités à vous mettre en ligne et chacun doit poser ses bagages 2 mètres devant lui. À ce poste-frontière, les tentatives de faire passer de la drogue sont fréquentes, alors tous les bagages sont inspectés, sans exception. Avec quel sac à dos voyages-tu ? Si tu as le sac 2, 4 ou 5, ton inspection aura lieu en **84**. Si tu as le sac 1 ou 3, le douanier te fait signe d'aller en **39**.

67.

Pris•e de panique, tu te découvres une endurance que tu n'aurais jamais soupçonnée ! Tu cours très longtemps avant de te retourner et de voir que les chiens continuent de te suivre à une distance raisonnable. Quand tu t'arrêtes enfin, épuisé•e, ils s'approchent gentiment de toi en remuant la queue. Finalement, ils n'ont pas l'air agressifs du tout ! Tu reprends tes esprits et regardes autour de toi. Tu es complètement perdu•e et il n'y a plus aucune trace de Gabi à l'horizon. Tu te sens ridicule d'avoir pris la fuite, comme ça ! À ta décharge, toutes les meutes de chiens que tu as rencontrées au cours de ton voyage n'étaient pas aussi sympathiques que celle-là.

Tu vas devoir demander ton chemin pour rentrer à l'hôtel, l'endroit le plus logique pour retrouver Gabi. Seulement, comme depuis ton arrivée vous étiez toujours ensemble et que tu n'as eu d'yeux et d'oreilles que pour Gabi, tu connais uniquement les salutations de base. Tu as cependant remarqué que le roumain est une langue latine qui a des similarités avec l'italien, l'espagnol, le français et le portugais. Es-tu capable de te débrouiller dans une autre langue latine que le français ? Si oui, rends-toi en **131**. Sinon en **125**.

68.

Tu n'as pas de kit de couture avec toi et il est impossible de continuer le voyage avec un tel trou dans ton sac. Il va falloir en acheter un nouveau. Tu passes donc ta première journée à El Chaltén à faire le tour des magasins de randonnée. La bonne nouvelle, c'est que c'est un endroit très réputé pour les treks, il y a donc un nombre hallucinant de boutiques de sport. La mauvaise, c'est que tout coûte très cher et qu'il n'y a pas la moindre promotion en vue. Après avoir vidé ton porte-monnaie pour remplacer ton sac à dos, que décides-tu de faire ? Si tu choisis de rentrer tout de suite à Buenos Aires pour compenser cette grosse dépense imprévue, rends-toi en **147**. Si tu gardes le moral et que tu as toujours envie d'aller marcher sur un glacier, rends-toi en **43**.

69.

Tu hésites beaucoup à boire cette eau qui n'est peut-être pas potable. Cependant, tu es bien incapable de faire un pas de plus dans ton état, tu te décides donc à en avaler quelques gorgées pour te désaltérer. Tu en profites aussi pour t'en asperger afin de faire baisser ta température corporelle, puis tu te remets en chemin vers le camping en te reprochant de ne pas avoir été plus prévoyant•e…

À propos d'imprévus, avant ton départ, tu avais hésité à prendre une couverture santé car cela coûte très cher et le plus souvent pour rien. Si tu es tout de même le genre de personne un peu anxieuse qui souscrit toutes les assurances possibles avant de partir en voyage, rends-toi en **240**. Si, au contraire, ce n'est vraiment pas ton style de te laisser arnaquer par les assureurs, rends-toi en **158**.

70.

Tu commences par traverser le Sydney Harbour Bridge, ce fameux pont des cartes postales, d'où tu as une superbe vue sur l'Opéra. Si tu as encore ton appareil photo, tu en profites pour prendre de beaux clichés. Une fois au pied du Sydney Opera House, tu te rends mieux compte de la complexité architecturale du bâtiment et de sa taille gigantesque. L'intérieur, par contre, te déçoit un peu, c'est noir de monde et tu ne vois pas grand-chose. Après cette visite et malgré ta journée bien remplie, tu as encore de l'énergie pour continuer à explorer la ville. Tu te rends à Hyde Park, puis à la St Mary's Cathedral. Il fait nuit lorsque tu sors de la cathédrale et, en levant les yeux, tu te rends compte que des dizaines d'énormes chauves-souris volent juste au-dessus de ta tête ! C'est très impressionnant et tu restes plusieurs minutes pétrifié•e devant cet étrange spectacle. Amusé par ton air hébété, un Australien s'approche de toi et t'apprend qu'ici, on surnomme ces bêtes des « renards volants » (*flying foxes*) ! Pourquoi, à ton avis ? Si tu penses que c'est parce qu'elles boivent le sang des renards, va en **94**. Si tu penses que c'est parce qu'elles font la taille d'un renard, va en **278**. Et si tu penses que c'est parce qu'elles ont les poils roux comme les renards, va en **35**.

71.

Tu commences ta visite par le petit parc d'Alamo Square, où tu te retrouves face aux « Painted Ladies », ces fameuses maisons colorées de style victorien. Tu fais ensuite un crochet par Le Castro, le quartier emblématique de la communauté LGBT (lesbiennes, gays, bisexuels, transgenres) de San Francisco. La ville dans son ensemble a d'ailleurs la réputation d'être historiquement *gay friendly*, c'est-à-dire bienveillante envers les personnes LGBT. Tu continues à te promener dans les rues adjacentes incroyablement escarpées (tes mollets chauffent !) pour te rendre à Haight-Ashbury, un quartier autrefois hippie devenu très touristique. Tu y admires des maisons peintes de toutes les couleurs, des fresques murales, des devantures de boutiques originales, des échoppes de tatoueurs, des disquaires, une librairie anarchiste, et énormément de friperies et de magasins d'objets vintage dont les articles paraissent tout droit sortis des années 1970. Dans un café, tu essaies d'en savoir plus en posant des questions au serveur, mais il semble trop pressé pour te répondre. Un groupe d'Américains assis à côté t'entend et t'invite à te joindre à eux pour discuter. Ils te racontent l'histoire de la ville, qui a profondément changé, notamment grâce au *Summer of Love* (« l'Été de l'amour ») de 1967, au cours duquel des centaines de milliers de jeunes ont débarqué pour passer l'été dans le quartier de Haight-Ashbury et à l'université de Berkeley, afin de découvrir la contre-culture hippie et de goûter à l'amour et aux drogues sans préjugés. La discussion est passionnante, et tes nouveaux amis adorables !

Tu finis ta journée en leur compagnie. Ils t'emmènent dans l'immense et magnifique Golden Gate Park, dont vous n'avez pas le temps d'explorer les nombreux musées et jardins botaniques car le soleil est sur le point de se coucher. Tu es euphorique lorsque vous croisez des ratons laveurs. Tu les trouves trop mignons avec leur masque noir autour des yeux, leur long museau et leur queue rayée. Tes trois compagnons, Phoebe, Charlie et Oliver, sont amusés par ta réaction parce que les ratons laveurs sont plutôt mal aimés des habitants de San Francisco. Peu farouches, ils s'aventurent dans les poubelles et les maisons avec une dextérité déroutante et sont considérés comme des animaux nuisibles.

Toujours aussi sympas, tes trois camarades t'invitent maintenant à dîner dans leur colocation, qui se trouve à côté du parc. Tu passes un excellent moment avec eux et le temps file sans que tu t'en rendes compte. Vu l'heure tardive, ils t'offrent de rester dormir sur leur canapé et, comble de l'hospitalité, le lendemain matin, ils te préparent des pancakes et du bacon grillé pour le petit-déjeuner ! Au moment de vous dire adieu, c'est tout naturellement qu'ils te proposent de te joindre à eux pour le road-trip qu'ils s'apprêtent à faire dans le sud de la Californie. Il leur reste justement de la place dans leur voiture. Ça tombe bien, tu allais toi-même te rendre à Los Angeles. Est-ce que tu acceptes leur proposition, en **150**, ou est-ce que tu la déclines après les avoir remerciés chaleureusement, en **284**, préférant voyager seul•e ?

72.

Après un délicieux repas et un sommeil court mais réparateur, tu te lèves tôt pour ton activité du jour. Tu t'es inscrit•e auprès d'une ONG qui propose des tours à vélo dans la campagne cambodgienne afin de découvrir la vie rurale locale.

Tu pars sur un vélo sans freins ni casque, avec Champei, une guide super sympa qui te met en confiance. Vous roulez jusqu'à un temple bouddhiste, puis vous visitez un marché, une ferme et un village. Au fil de vos arrêts, tu en apprends plus sur la culture et l'histoire du Cambodge, ainsi que sur les médecines et les massages traditionnels. Tu découvres aussi comment tisser un toit en herbes séchées. Pour le déjeuner, vous vous arrêtez dans une famille, et tu participes à la préparation du repas. Il s'agit d'un bouillon de porc servi avec des nouilles de riz, des légumes et des herbes aromatiques. Ce plat d'origine chinoise s'appelle *kuy teav*.

L'après-midi, après avoir quitté Champei, tu prends un bateau afin d'aller visiter le village de Kompong Phluk dans le cadre d'un tour organisé. Avec ton groupe, vous vous baladez au milieu de maisons sur pilotis, construites à plusieurs mètres au-dessus du sol. En effet, pendant la saison des pluies, le niveau de l'eau monte très haut dans ce village situé au bord d'un lac, et les bateaux remplacent alors les motos comme moyen de transport. C'était ton dernier jour au Cambodge. Tu quittes ce magnifique pays en regrettant de ne pas avoir eu le temps d'en découvrir plus (notamment ses îles qui ont l'air paradisiaques). Tu poursuis maintenant ton aventure en **12**.

73.

Tu éprouves pour Gabi des sentiments si forts que l'idée de vous séparer ne te semble pas envisageable. Tu avais peut-être quelqu'un dans ta vie avant de partir faire le tour du monde, mais aujourd'hui il n'y a plus que Gabi qui compte. Cela n'a aucun sens, tu ne sais pas si c'est le voyage qui t'a changé•e ou Gabi qui t'a ensorcelé•e, mais, lors de votre dernière soirée, tu lui fais ta demande en mariage… Pour ton plus grand bonheur, Gabi accepte, et vous partez annoncer la nouvelle à ton entourage en **22** !

74.

Tu n'aurais pas dû pouvoir arriver jusqu'ici en ayant perdu ton sac plus tôt dans le voyage ! Ce qui veut dire que tu t'es trompé•e quelque part sur ta route ou que tu as triché… C'est donc perdu pour toi ! Tu peux retenter ta chance en repartant du point de départ.

75.

Ton cœur chavire quand tu retrouves Gabi sous les guirlandes du toit-terrasse de son hôtel, face à une vue imprenable sur la ville de Jaipur. Gabi te parle de son pays d'origine, la Roumanie, et de son voyage de plusieurs mois en Asie. En retour, tu lui racontes toutes les péripéties que ton tour du monde t'a déjà fait traverser. Après cette magnifique soirée, vous passez finalement la nuit ensemble.

Dès le lendemain, Gabi te propose de partager sa chambre d'hôtel pour la suite de ton séjour à Jaipur. Tu acceptes avec joie et, lorsque tu arrives avec tes affaires à la réception, vous vous présentez comme les membres d'une même famille pour respecter les convenances. Tu n'as jamais ressenti un attachement aussi fort pour quelqu'un que tu connais si peu. C'est peut-être la magie du voyage… Vous apprenez à vous connaître tout en découvrant la ville. Vous vous émerveillez ensemble devant les instruments de l'observatoire astronomique en plein air de Yantra Mandir, construit il y a près de trois cents ans. Vous discutez à n'en plus finir en sirotant des *lassis*, la « boisson nationale » de l'Inde, dont l'ingrédient principal est le yaourt. Vous rigolez à en avoir mal au ventre devant un film de Bollywood que vous voyez dans l'emblématique cinéma Raj Mandir. Le film est en hindi, mais le jeu des acteurs vous permet malgré tout de comprendre l'intrigue de cette comédie romantique.

Pour votre dernier jour ensemble, vous vous offrez un massage ayurvédique et achevez la journée par un coucher de soleil sur la ville de Jaipur depuis le fort de Nahargarh. Le moment des adieux arrive bien trop tôt. Malheureusement, vos chemins se séparent puisqu'après l'Inde, tu as prévu d'aller en Afrique, alors que Gabi part faire le trek des Annapurnas au Népal. Vous vous promettez de faire votre possible pour vous retrouver en Europe à la fin de vos voyages respectifs. Peut-être que Gabi pourrait te faire visiter son pays, la Roumanie ? Cela serait une si jolie façon de terminer ton tour du monde !

Souhaites-tu rester quelques jours de plus à Jaipur, en **86** ? Ou préfères-tu partir, en **214**, car la ville t'évoque désormais trop de souvenirs avec Gabi ?

76.

Tu fouilles tes poches, qui sont définitivement vides. Sans rien à te mettre sous la dent, tu vas grogner, en **246**.

77.

Ton premier essai d'ascension sur la pyramide du Soleil t'a suffi. Cela fait déjà plusieurs heures que tu crapahutes au milieu des temples et des pyramides ; tu penses qu'il est plutôt l'heure de rentrer à Mexico.

De retour à ton auberge, tu prépares ton sac pour partir vers la ville de Oaxaca en fin de journée. Tout en rangeant tes affaires, tu discutes avec Angel, un sympathique Mexicain qui vient justement de Oaxaca. Il s'apprête à rejoindre son groupe d'amis pour assister à un match de *lucha libre* et te propose de te joindre à eux. Sachant que tu n'as pas encore réservé ton billet de bus, est-ce que tu reportes ton départ pour aller découvrir cette discipline, en **19**, ou est-ce que tu maintiens ton plan initial de partir ce soir pour Oaxaca, en **60** ?

78.

Le policier vous donne un simple avertissement. Tu as bien fait d'imiter Diego en levant immédiatement tes mains, il aurait été dangereux d'agir autrement. Diego, qui a remarqué ta confusion au moment de l'intervention, t'explique que le policier avait besoin de s'assurer que vous n'étiez pas armés avant de s'approcher de votre véhicule. En cas de doute, il n'aurait pas hésité à sortir sa propre arme. C'est vrai que le matin même, en vous arrêtant dans une station-service, tu as observé des panneaux à l'entrée des magasins représentant des pistolets barrés en rouge. Diego te confirme que cette signalétique est utilisée par les établissements dans lesquels les armes sont interdites. Tu as froid dans le dos en réalisant que, dans certaines parties du pays, il est réellement autorisé de se promener avec une arme à feu.

Diego s'étonne de la chance que vous avez eue de ne pas avoir été inquiétés… Il réfléchit un instant et te pose une question surprenante : aurais-tu, par hasard, déjà touché les testicules d'un taureau pour te porter bonheur ? Si oui, rends-toi en **210**, sinon, en **286**.

79.

« *¡Ayuda! ¡Ayuda!* » En entendant tes cris, le responsable de l'hôtel arrive en courant mais n'a pas l'air plus perturbé que ça par la présence de la mygale. Il se penche simplement, l'attrape du bout des doigts et part la relâcher dans la nature, le plus naturellement du monde. Il t'explique ensuite que, bien qu'elles soient impressionnantes, ces araignées sont sans danger, à moins qu'elles ne se sentent vraiment menacées. Moyennement rassuré•e, tu essaies de reprendre un peu d'aplomb avant de traverser le jardin et de passer devant les autres résidents, qui te regardent d'un air moqueur…

Pas très tenté•e à l'idée de rester plus longtemps dans cette auberge, tu réfléchis à la suite de ton voyage. Souhaites-tu continuer à explorer la nature colombienne malgré ta mésaventure ? Si oui, rends-toi en **2**. Sinon rends-toi en **55**.

80.

Maintenant que tu vadrouilles depuis un moment, tu ne fais plus beaucoup de recherches avant d'arriver dans un nouveau pays. Tu ne t'étais même pas rendu compte que la Nouvelle-Zélande n'est pas une île unique mais, en fait, un archipel constitué de deux îles principales et de quelques autres, plus petites. La capitale, où tu as atterri, Auckland, est située sur l'île du Nord, qui abrite la majeure partie de la population néo-zélandaise. Cette île est aussi plus volcanique que celle du Sud et te permet d'observer de nombreux phénomènes naturels nouveaux pour toi. Tu as notamment très envie de voir les vers luisants (*glowing worms*) qui vivent dans certaines grottes du pays. Tu étudies les propositions des agences pour participer à un tour organisé, mais elles sont hors de prix. Heureusement, tu as entendu parler d'une grotte dont l'accès est gratuit ! Tu te rends donc aux Waipu Caves. À l'entrée du souterrain, tu pataugès un peu dans l'eau à cause de la pénombre. Une fois à l'intérieur, c'est le noir complet, et, en levant les yeux, tu as l'impression d'être sous un véritable ciel étoilé. Le spectacle que t'offrent les vers luisants est incroyable et tu profites longuement de ce moment hors du temps. Pour la suite de ton voyage, est-ce que l'idée de faire un trek sur un volcan t'intimide ? Si oui, évite le volcan, en **275**. Si cela ne te fait pas peur, grimpe dessus, en **264**.

81.

En chemin pour aller prendre le ferry à Battery Park, tout au sud de l'île de Manhattan, tu visites le quartier de Wall Street. C'est ici que sont regroupées les grandes institutions financières et boursières du pays. Tu passes devant le Charging Bull, une statue de bronze qui représente un taureau. Tu as entendu dire que toucher ses testicules porterait chance et prospérité. Même si tu te sens tout à fait ridicule, tu ne peux pas t'empêcher de le faire discrètement, au cas où la légende serait vraie… Une fois embarqué•e, tu rejoins Liberty Island, sur laquelle est érigée la statue de la Liberté, l'un des monuments les plus célèbres d'Amérique du Nord ! Tout le monde sur le ferry mitraille de photos cette immense femme qui brandit une torche d'une main et tient une tablette dans l'autre. Des panneaux explicatifs t'apprennent que la statue, qui a été offerte par le peuple français aux États-Unis d'Amérique, fut dévoilée en 1886. Elle pèse 225 tonnes au total et sa hauteur s'élève à 92,9 mètres avec le piédestal.

Tu poursuis ta visite historique en te rendant sur l'île voisine d'Ellis Island, où des millions d'immigrés arrivaient avec l'espoir de vivre le rêve américain. À la fin du XIXe siècle, considérant que les migrants transformaient Manhattan en un quartier insalubre et dangereux, les autorités new-yorkaises décidèrent que tous les bateaux de passagers devraient accoster à Ellis Island. L'île devint alors la seule porte d'entrée légale pour les immigrés. Tu arpentes les salles où les arrivants étaient soumis à des examens physiques et psychologiques qui déterminaient s'ils étaient autorisés ou non à entrer sur le territoire. S'ils échouaient, ils étaient détenus sur l'île jusqu'à leur expulsion. Le centre de détention est resté actif jusqu'en 1954 et abrite maintenant le musée national de l'Immigration. C'est l'occasion pour toi de découvrir de nombreux témoignages très émouvants. Près d'un tiers des Américains d'aujourd'hui ont des ancêtres qui ont transité par Ellis Island !

Tu avais lu dans un guide qu'il était possible de passer, sans s'arrêter, assez près de la statue de la Liberté en prenant le ferry gratuit qui se rend à Staten Island. Mais tu ne regrettes vraiment pas ton choix. C'était une très bonne dernière journée à New York, que tu termines devant un stand de hot-dogs. Maintenant, deux options très différentes s'offrent à toi : continuer ta découverte des États-Unis par la côte est avant de te rendre au Mexique, en **141**, ou explorer la côte ouest et voler ensuite vers un autre continent, en **306**.

82.

Il n'a jamais été question d'*Hibiscus égyptien*, sauf dans le *karkadé*... Réfléchis bien : le nom de ton bateau est soit *Princesse du Nil*, en **315**, soit *Ramsès II*, en **24**.

83.

Ne voulant pas laisser tes affaires de valeur dans ta chambre qui ne ferme pas à clé, tu as pris avec toi tes cartes de crédit et ton passeport, rangés bien à l'abri dans ta poche secrète. Au final, tout ce que tu avais dans tes poches, c'étaient quelques pesos, un paquet de mouchoirs et un bout de papier sur lequel tu avais noté l'adresse d'un restau sympa. Tu pousses un gros soupir de soulagement ! Mais cette frayeur t'a tout de même coupé l'envie de faire la fête. En rentrant dans ton logement, tu te décides à partir le lendemain matin. Est-ce que ce qui pourrait se cacher dans les profondeurs marines t'inquiète ? Si oui, rends-toi en **26**. Sinon en **53**.

84.

Un agent de la douane circule avec un chien qui renifle longuement plusieurs sacs. Tu te détends quand il dépasse le tien sans s'arrêter, mais ton sang ne fait qu'un tour quand il fait brusquement volte-face ! Il reste une interminable minute la truffe collée à ton bagage, en grognant. Que fais-tu ? Si tu décides d'ouvrir calmement ton sac pour prouver qu'il ne contient rien d'illégal, avance-toi en **140**. Si tu préfères ne pas bouger, reste immobile en **39**.

85.

Tu remplis ta gourde filtrante dans la flaque et bois à grandes gorgées. Tu répètes l'opération plusieurs fois tout en t'aspergeant pour faire baisser ta température corporelle. Lorsque tu es enfin désaltéré•e, tu poursuis tout doucement ton chemin jusqu'au camping, en faisant plein de pauses. Une fois arrivé•e, tu ne profites pas vraiment de la plage. Tu passes ton temps entre le robinet pour t'approvisionner en eau et la tente pour te reposer. Tu n'envisages même pas de dormir dans un hamac, tellement tu as la nausée à cause de ton insolation.

Le lendemain, tu te lèves tôt, pour partir avant que le soleil ne commence à taper trop fort, et tu te remets en route cahin-caha… Il te tarde de finir la randonnée et d'arriver au bus qui te ramènera à Santa Marta, où tu as laissé tes affaires la veille. Le chemin du retour est magnifique, entre plages de sable blanc et jungle tropicale, mais tu ne prends pas le temps d'en profiter pour ne pas surexposer ta peau déjà brûlée. De retour à l'hôtel, tu mets deux jours entiers pour te remettre de cette insolation. Une fois sur pied, tu prends un bus de nuit, direction Medellín, la deuxième plus grande ville du pays. Si tu aimes jouer à la pétanque, rends-toi en **162**. Sinon rends-toi en **3**.

86.

La ville de Jaipur se situe dans la région du Rajasthan, dont le nom signifie « pays des rois ». Plusieurs royaumes constituaient en effet l'Inde avant sa prise de contrôle par l'Empire britannique de 1757 à 1947. L'Inde reste encore très marquée par son passé colonial et beaucoup d'Indiens parlent d'ailleurs parfaitement l'anglais, qui est aujourd'hui encore l'une des langues officielles du pays.

Ce matin, tu te rends au City Palace, dont la visite te transporte dans l'univers des maharajas et des maharanis. Après avoir admiré des salles aux sols de marbre et aux murs ornés de splendides mosaïques multicolores, tu te retrouves dans l'agitation de la ville, qui contraste avec le calme du palais. Pris•e d'assaut par les sollicitations des vendeurs de rue, et mal à l'aise en voyant que de gros singes arrachent la nourriture des mains des passants, tu te sens perdu•e et décides de demander les services d'un guide. Tu découvres une agence qui te plaît beaucoup et qui propose des excursions originales dans Jaïpur et ses environs. Tu as le choix entre une visite à vélo, en **8**, et une visite à pied, en **267**.

87.

Malheureusement, tu n'as rien avec toi pour soigner ta blessure et les tout petits pansements que le guide a emportés sont loin d'être suffisants, vu l'ampleur de ta plaie. Entre le sang qui continue de couler et la douleur qui s'intensifie, pas moyen de finir l'excursion sur ton vélo. Te voilà donc forcé•e de monter à l'arrière d'une des jeeps pour la seconde moitié du trajet. C'est bien dommage ! De retour à Salento, le conducteur te dépose devant une pharmacie, où on te fait un bandage. Pour te remettre de tes émotions, tu décides d'aller manger un *patacon* dans le restau d'à côté. Ce plat typiquement colombien est une galette de banane frite. Il est proposé avec de la truite ou des champignons. Le mariage des saveurs est inattendu et vraiment délicieux. Maintenant que tu vas mieux, tu réfléchis à ce que tu vas faire de ton après-midi. Souhaites-tu de nouveau partir en vadrouille, en **159**, ou préfères-tu rentrer à l'hôtel pour écrire des cartes postales, en **15** ?

88.

Le trajet pour Iguazú te semble interminable et te fait prendre conscience de ce que cela implique de traverser un pays qui fait onze fois la superficie du Royaume-Uni. Heureusement, les routes sont droites et les bus confortables. Tu finis par arriver à Iguazú après deux jours de voyage. Une bonne nuit de sommeil, et te voilà parti•e à la découverte des fameuses cascades.

Iguazú étant à cheval entre l'Argentine et le Brésil, tu décides de partir tôt pour visiter le parc côté brésilien sans faire la queue à la frontière. À peine sorti•e du bus, tu te retrouves face à une immense cascade qui se dévoile à mesure que tu avances. En fait, il n'y a pas une seule cascade, mais une multitude qui s'étend sur 2,7 kilomètres. C'est bien plus grand que tout ce que tu aurais pu imaginer ! Les chutes d'Iguazú sont d'ailleurs plus hautes et plus larges que les chutes du Niagara ! Plusieurs fois au cours de ta balade, tu croises un petit mammifère qui se déplace à quatre pattes. Tu le trouves très joli avec son long nez et sa queue rayée qui pointe en l'air. Des panneaux expliquent qu'il s'agit de coatis et qu'il est important de ne pas les nourrir ni les toucher pour éviter de les perturber.

Le lendemain, tu pars visiter le parc côté argentin. Il est bien plus grand, et des chemins te mènent tantôt au-dessus, tantôt au pied des chutes d'eau. Tu te retrouves trempé•e, mais la chaleur et le soleil te sèchent en quelques minutes. Tu croises de nouveau beaucoup de coatis, ainsi que des papillons. Dans un coin du parc où il y a moins de touristes, tu arrives même à apercevoir un toucan ! Est-ce que tu es le genre de personne à partager les photos de ton voyage sur les réseaux sociaux ? Si c'est le cas, rends-toi en **129**, sinon rendez-vous en **147**.

89.

Tu as beau avoir déjà fait pas mal de trajets en bus, tu n'étais pas préparé•e à une telle allure sur des routes de montagne. À l'aide de gestes, car il t'est impossible d'ouvrir la bouche, de peur de vomir, tu fais signe au chauffeur de s'arrêter et tu te précipites dehors. Prendre l'air te fait du bien mais, au bout de trente secondes, en voyant les regards noirs des autres voyageurs, tu comprends qu'il te faut déjà remonter.

Tu es donc condamné•e à passer la fin du voyage la tête au-dessus d'un sac plastique qu'un passager t'a gentiment tendu quand le bus s'est remis en marche. Tu ne sais pas trop s'il a eu pitié de toi ou s'il voulait juste éviter un nouvel arrêt… Si seulement tu avais emporté des médicaments dans ton sac de voyage ! Tu arrives encore malade à Oaxaca et vas tout de suite te reposer à l'auberge.

Le lendemain, en bien meilleure forme, et ta faim étant revenue, tu as envie de déguster des spécialités locales. Tu demandes à l'aubergiste où sont les coins sympas pour manger. Il pose une carte sur le comptoir et marque deux endroits avec son stylo. Le premier est un marché où tu pourras goûter des *tlayudas* et des *chapulines*, et le second, une rue connue pour ses restaurants qui servent du *pulque* et du *mole*. Préfères-tu manger au marché, en **133**, ou au restaurant, en **156** ?

90.

Heureusement que tu as mis tes chaussures de randonnée, car tu pars pour une immense balade à pied ! Tu as planifié un tour des choses à voir grâce à la lecture croisée de plusieurs blogs. Tu espères apercevoir le roi devant Buckingham Palace, mais c'est l'*Union Jack* (le drapeau britannique) qui est levé et non l'étendard royal, ce qui signifie que le souverain n'est pas sur place. Ce n'est pas grave, car tu arrives pile à l'heure pour assister à la relève de la Garde royale. Ensuite, tu t'émerveilles devant l'horloge de Big Ben, le parlement et l'abbaye de Westminster, avant de longer la Tamise. Depuis la rive du fleuve, tu observes la fameuse grande roue qui permet de surplomber la ville, le London Eye, et l'iconique pont Tower Bridge.

Tu finis cette journée de visite gratuite en faisant un tour au British Museum. Après avoir parcouru les collections égyptiennes et admiré le crâne de cristal d'Indiana Jones, tu décides de faire une pause bien méritée au café du musée. Tu remarques alors un groupe de trois touristes écossais assis à la table d'à côté. Leur accent est difficile à comprendre, mais tu penses avoir entendu qu'ils ont de super plans pour la soirée. Tu meurs d'envie de te joindre à eux ! Si tu possèdes un jeu de cartes (sac 1 ou 4), va leur dire bonjour en **201**. Si tu n'en as pas (sac 2, 3 ou 5), continue tout•e seul•e jusqu'en **36**.

91.

Tu pars pour El Calafate, la ville située à côté du Perito Moreno, et tu réserves une excursion sur ce glacier. Le lendemain matin, le guide explique à ton groupe que vous vous trouvez sur l'un des seuls glaciers au monde qui continuent à avancer. Toutefois, la glace y fond quand même par endroits, ce qui crée des crevasses qui ne sont pas toujours faciles à voir, et il va falloir suivre attentivement ses consignes pour ne pas tomber. Après vous être tous équipés de crampons, vous voilà partis à l'assaut du géant de glace ! Ce n'est pas simple de marcher ainsi équipé•e : il faut bien taper des pieds pour enfoncer les crampons dans la glace et ne pas glisser. Quelle aventure ! Tu as l'impression d'être un•e véritable explorateur•rice !

En rentrant à El Calafate, sur les conseils du guide, tu fais un détour par une *estancia*. Il s'agit d'une ferme en bordure de la ville. Elle est tenue par des *gauchos*, les fameux cow-boys argentins qui sillonnent la pampa pour faire paître leurs troupeaux. Tu arrives juste à temps pour les voir ramener leurs moutons au coucher du soleil. Le spectacle que t'offrent ces cavaliers est magnifique : ils ont l'air d'exécuter une chorégraphie parfaitement étudiée quand ils rentrent leurs bêtes pour la nuit.

Après cette journée fatigante, tu as très faim et tu te mets en quête de ton dîner. Si tu te laisses tenter par un barbecue argentin, rends-toi en **97**. Si, par contre, tu commences à saturer de ne voir que de la viande sur tous les menus, pars à la recherche de légumes en **167**.

92.

Malgré la fatigue de la nuit dans l'avion, tu es impatient•e quand Teiva, le guide, vient te chercher pour l'excursion. Tu t'installes avec trois autres touristes à l'arrière du pick-up. Dès que vous sortez de la ville et de la route principale, le paysage t'ébahit ! Teiva vous explique que peu de visiteurs prennent le temps d'explorer Tahiti : la plupart s'en tiennent aux plages, voire décollent tout de suite vers les hôtels de luxe de Bora Bora. Pourtant, la vallée de Papenoo au centre de l'île est magnifique. Elle a notamment servi de lieu de tournage pour le premier film *Jurassic Park*. Tu reconnais aussi, parmi les impressionnantes chutes d'eau, le décor d'une publicité pour un fameux gel douche. Les occasions de descendre du pick-up sont nombreuses : pour goûter de délicieuses bananes cueillies par Teiva, pour l'écouter chanter sur des musiques traditionnelles ou encore pour vous jeter sous une cascade rafraîchissante… Face à un lac bordé de collines verdoyantes, tu te laisses bercer par la voix de votre guide, décidément passionnant, qui vous raconte une légende locale. Grâce à lui, tu découvres que les premiers humains à être venus habiter les îles ont réussi à traverser le Pacifique environ mille cinq cents ans avant notre ère. Cet incroyable exploit reste un mystère scientifique, si bien que les experts n'arrivent pas à se mettre d'accord sur l'origine géographique de ces premiers habitants. Teiva vous raconte aussi à quel point il a vu son île changer depuis son enfance, en partie à cause du développement du tourisme. Tout en vous donnant des explications sur les arbres, les fruits et les fleurs qui vous entourent, il en profite pour vous faire découvrir comment on les utilise localement pour cuisiner et pour prendre soin de soi. Par exemple, il vous montre comment se maquiller grâce au pistil d'une fleur d'hibiscus et comment se démaquiller avec les pétales.

Maintenant que le tour est terminé, souhaites-tu prolonger la magie de ton arrivée à Tahiti en y passant un jour de plus, en **103**, ou préfères-tu partir à la découverte du reste de l'archipel, en **185** ?

93.

Tu te lèves très tôt pour aller retrouver le guide avec qui tu as rendez-vous à 5 h 30 devant l'entrée du Machu Picchu. Le site n'ouvre que dans une demi-heure, mais les gens commencent déjà à faire la queue pour entrer parmi les premiers. Le guide prévient ton groupe qu'une fois à l'intérieur, il n'y aura plus de toilettes avant la sortie car le chemin est en sens unique, il n'est donc pas possible de revenir en arrière. « Si vous suivez mes instructions, nous aurons le temps de faire de jolies photos sans touristes dessus ! », ajoute-t-il avant de s'engouffrer dans les ruines. Il ne vous a pas menti : le lieu est splendide et il connaît vraiment les meilleurs endroits pour immortaliser ce moment ! Si tu as encore ton appareil, tu t'en donnes à cœur joie, et sinon ça te laisse le temps d'admirer les vieilles pierres ! Ensuite, quand la foule se met à vous rejoindre, le guide vous emmène dans un coin plus tranquille pour vous raconter l'histoire des Incas et de la cité du Machu Picchu. Cette dernière est restée cachée pendant des siècles par les populations locales, jusqu'à ce que l'explorateur américain Hiram Bingham la révèle aux yeux du monde. Tout en l'écoutant, tu te félicites d'être aux premières loges pour regarder le soleil se lever doucement sur les ruines et la montagne derrière.

Après cette incroyable visite, tu retournes à Cuzco, des étoiles plein les yeux. Mais pas le temps de traîner ! Prochaine étape : la Colombie. Et comme tu aimes mieux prendre le bus que l'avion lorsque c'est possible, il te reste à choisir ton trajet. Préfères-tu faire un arrêt à Lima, la capitale du Pérou, en **143**, ou passer par Quito, la capitale de l'Équateur, en **152** ?

94.

C'est faux. Ces chauves-souris ne sont pas des vampires et c'est tant mieux pour les renards ! Elles sont appelées *flying foxes* en raison de leur taille, proche de celle de ces animaux. Continue ton voyage en **212**.

95.

Gabi t'emmène d'abord en Transylvanie et te raconte que c'est la dernière région à avoir été rattachée au royaume de Roumanie, après la Première Guerre mondiale. Située au centre du pays et délimitée par les chaînes montagneuses des Carpates, elle est renommée pour ses épaisses forêts, ses stations de sports d'hiver et ses villes thermales. Les diverses ethnies qui ont habité là au fil des siècles y ont laissé un patrimoine culturel exceptionnel, notamment de nombreux châteaux. Toi, tu connais surtout la Transylvanie à travers *Dracula*, le roman de Bram Stoker. Si l'idée de rencontrer un vampire te tente, rends-toi en **116** avec de l'ail dans les poches. Si tu ne crois pas aux vampires, passe ton chemin, en **235**.

96.

Le logement chez un particulier que tu as réservé en ligne hier paraissait très bien, mais, en arrivant sur place, tu t'es rendu compte que la porte de ta chambre ne fermait pas à clé. Tu as donc emporté dans tes poches ton passeport, la totalité de ton argent liquide et tes cartes de crédit. Tu as juste laissé ton téléphone, car il n'a pas beaucoup de valeur. Après coup, cela ne semble pas avoir été ta meilleure idée… Tu cherches frénétiquement dans le bar si le voleur est encore là, mais il est apparemment parti depuis un moment. Par miracle, tu finis par retrouver ton passeport sous une table. Quelle chance ! Il a dû le laisser tomber par mégarde ou juger que ce n'était pas intéressant.

Tu te retrouves tout de même sans argent, tu n'as même pas de quoi payer ton prochain repas. Est-ce que tu connais par cœur le numéro de téléphone d'un de tes proches ? Cela pourrait te permettre de demander de l'aide. Si c'est le cas, rends-toi en **30**, mais si, malgré tous tes efforts, tu es incapable de te rappeler le moindre numéro, rends-toi en **234**.

97.

Tu n'as pas encore eu l'occasion de manger d'*asado*, le fameux barbecue argentin. Tu demandes à ton auberge le meilleur endroit pour en déguster. Le propriétaire te répond qu'en Patagonie, on élève des moutons et que tu ne trouveras pas d'*asado* traditionnel à base de bœuf. Ici, c'est le *cordero* qu'il faut goûter, de l'agneau mariné cuit au feu de bois. Un vrai délice ! Tu rejoins le restaurant qu'il t'a recommandé, où l'odeur du barbecue te fait saliver. Ton odorat ne t'a pas trompé•e et, malgré le peu d'accompagnements servis avec la viande, le repas est délicieux.

Tu profites des jours suivants pour randonner dans les montagnes environnantes avant de poursuivre ton voyage. Souhaites-tu continuer à explorer l'Argentine, en **88**, ou préfères-tu passer au pays suivant, en **147** ?

98.

Tu achètes quatre petites bouteilles à la réception pour ne pas manquer d'eau pendant la journée. Tout de suite, Chuy, ton moniteur, te met en garde : tu vas voir des coraux et des poissons magnifiques, mais il y aura aussi des déchets. Il t'explique que le plastique est partout dans la vie des Mexicains et que, malheureusement, la pratique du recyclage n'est pas très au point. Mais pour lui, le pire, ce sont les touristes mal renseignés qui achètent des bouteilles alors qu'ils peuvent remplir gratuitement leur gourde dans pratiquement tous les hôtels. Oups ! Mal à l'aise, tu caches discrètement tes bouteilles dans le fond de ton sac… Une fois arrivé•e au centre de plongée, tu récupères ton matériel : une combinaison en néoprène, un masque, des palmes, une ceinture de plomb, une bouteille d'oxygène et un régulateur d'air. C'est un sacré équipement et, au moment de l'enfiler sur le petit bateau, tu es bien content•e que Chuy vienne t'aider. Ce n'est pas évident non plus de se jeter à l'eau avec la grosse bouteille dans le dos et les palmes aux pieds. Une fois dans la mer, tu essaies de respirer avec le détendeur, mais ce n'est pas naturel et il te faut un peu de temps avant d'oser descendre. Quand tu te sens prêt•e, le moniteur te guide, et très vite tu aperçois des poissons.

Les jours suivants, tu réalises chaque matin les plongées nécessaires pour obtenir la certification et consacres tes après-midi à l'apprentissage théorique. Chuy te fait faire des exercices sous l'eau et te laisse aussi du temps pour explorer les coraux, trouver des tortues de mer et même un hippocampe. Tu réussis finalement l'examen haut la main. Félicitations !

Tu réfléchis maintenant à ta prochaine destination. Plusieurs des autres plongeurs que tu as rencontrés au cours de ta certification arrivaient de Cancún et paraissaient enchantés de leurs folles soirées passées là-bas. Si ça t'a donné envie de danser, rends-toi en **169**. Sinon rends-toi en **26**.

99.

Gabi et toi vous rendez dans la ville côtière de Constanța, où tu découvres les superbes plages de la mer Noire. Entre deux moments de détente, vous vous promenez pour observer l'architecture des belles demeures construites au XIXe siècle et les ruines antiques qui se trouvent dans la vieille ville. Vous visitez aussi l'impressionnante Grande Mosquée de Constanța, qui abrite l'un des plus grands tapis d'Europe ! Du haut du minaret, vous avez une vue imprenable sur la ville et le port. Parmi les bâtiments historiques de la ville, le casino Art nouveau installé sur une falaise surplombant la mer te plaît particulièrement. Le bâtiment a beau être laissé à l'abandon en attendant d'être rénové, il te permet d'imaginer la grandeur passée de Constanța.

Ton dernier soir arrive et tu n'as pas le cœur à partir. Alors, quand Gabi te propose de vous installer ensemble dans la dynamique ville roumaine de Cluj-Napoca, d'où vous pourriez facilement travailler et voyager, tu acceptes sans l'ombre d'une hésitation. Partez main dans la main en **22**.

100.

À ton réveil, tu remarques que tu as plein de piqûres de moustiques. L'Afrique de l'Est est une région du monde où il est très important de se protéger pour éviter les maladies que ces derniers peuvent véhiculer. En particulier le paludisme, qui est une maladie infectieuse potentiellement mortelle pour les humains. Tu le sais, et tu commences à t'inquiéter en te souvenant que tu as un peu traîné dehors hier soir, en discutant avec ton groupe, alors que tes vêtements ne couvraient ni tes bras ni tes jambes. Tu regrettes amèrement de ne pas avoir emporté de protection contre les insectes (spray pour le corps, vêtements imprégnés de répulsif et moustiquaire de voyage). D'autant plus que ces piqûres te font réaliser avec horreur que tu as oublié de prendre ton médicament contre le paludisme plusieurs soirs de suite. Les autres essaient de te rassurer, mais tu ne peux pas t'empêcher de faire une recherche sur Google à propos de cette maladie, dont le résultat te stresse encore plus que tu ne l'étais déjà…

Après plusieurs heures de route, vous arrivez à destination pour commencer votre safari. L'euphorie générale te distrait de ton angoisse de tomber malade et de l'envie de gratter nerveusement tes boutons. Alors que vous quittez votre bus pour de petites jeeps de six places, est-ce que tu cours t'asseoir devant, en **177** ? Ou est-ce que tu laisses d'abord monter les personnes du groupe qui ont plus de mal à se hisser dans les véhicules, en **121** ?

101.

Tu passes une bonne nuit de sommeil dans l'auberge confortable que tu as trouvée au dernier moment, ce qui t'a permis de visiter la chambre sur place et même d'avoir une réduction. Tu commences la journée par un fameux petit-déjeuner anglais : l'*English breakfast*. Ton assiette se compose de haricots à la sauce tomate, de bacon, de tomates cuites, d'œufs au plat, de saucisses, de boudin noir et de toasts, le tout pour un prix dérisoire. Cependant, tu regrettes vite ton choix en te rendant compte à quel point tout ce que tu viens de manger est gras. Tu te sens tellement lourd•e que tu vas devoir te laisser rouler jusqu'au lieu de la cérémonie !

Le mariage est très beau et se déroule bien malgré tout. Tu savoures ce moment avec ta famille, puisque tu ne la reverras sans doute pas avant quelques mois. Comme prévu, tu pars juste après avoir mangé le dessert, qui a été servi de bonne heure, et rejoins l'aéroport afin de prendre l'avion pour ta prochaine destination. Seul problème : tu te trouves dans la banlieue londonienne et tu dois te rendre à l'autre bout de la ville. Tu peux soit prendre un taxi, en **118**, soit te précipiter dans l'*Underground* (le métro londonien), en **54**.

102.

Tu es très soulagé•e d'avoir pris un tuk-tuk quand tu vois comment sont traités les pauvres chevaux qui tirent les calèches des touristes. Le temple d'Horus, l'un des temples d'Égypte les mieux conservés, en impose par sa taille. Il est construit en grès et les reflets de la lumière du matin sur ses proportions harmonieuses t'émerveillent. Le dieu Horus est représenté par un homme à tête de faucon. Quant à l'œil d'Horus, c'est un symbole incontournable de la mythologie égyptienne en raison de son pouvoir présumé protecteur.

Tu dois choisir ta prochaine visite : est-ce que tu souhaites en apprendre plus sur une femme qui a marqué l'histoire ? Si oui, rends-toi en **269**. Sinon va en **134**.

103.

Passer la journée entre une plage privée paradisiaque et un transat au bord d'une piscine haut de gamme, c'est une activité qui te fait rêver mais que tu ne peux pas te permettre… Alors que tu attendais ta valise à l'aéroport, un touriste américain t'a glissé qu'il était possible d'en profiter sans payer un hôtel de luxe… Tu mets donc ton plus beau tee-shirt et prends ton air le plus confiant pour entrer dans le lobby d'un de ces fameux hôtels, puis tu marches droit devant sans t'arrêter avec l'attitude déterminée de quelqu'un qui sait où il va. Et ça marche !

Tu te sens mal à l'aise au début, mais tu finis quand même par te décider à aller te baigner. L'eau calme est turquoise, la température de la mer est la même que celle d'un bain et le paysage est à couper le souffle… Tout cela est incroyablement relaxant et tu commences à te sentir bien. Pour couronner le tout, il n'y a presque personne autour de toi, juste une multitude de poissons multicolores. Tu profites de la vue splendide sur les collines verdoyantes de l'île qui se dessinent en arrière-plan des palmiers et remarques que même l'architecture élégante des hôtels alentour se fond dans le décor.

En fin d'après-midi, tu regagnes ton petit hôtel bon marché, très satisfait•e de ta journée. En chemin, tu fais un crochet par le marché coloré et plein d'arômes de Papeete avant d'aller manger dans l'une des roulottes (le nom local des stands alimentaires de rue) de la place Vai'été, à quelques centaines de mètres de là. Le poisson cru au lait de coco semble être le plat qui a le plus de succès, et cela a effectivement l'air délicieux.

Après cette excellente journée à Tahiti, tu décides de partir visiter une autre partie de l'archipel : les îles Sous-le-Vent. Souhaites-tu prendre le ferry pour l'île de Moorea, en **185**, ou l'avion pour l'île de Huahine, en **296** ?

104.

Après une bonne nuit de sommeil et un excellent petit-déjeuner dans ton hôtel du Caire, tu démarres ton exploration du centre-ville. Avant de partir, tu t'es assuré•e d'être correctement vêtu•e car tu as prévu plusieurs visites de monuments religieux avant d'aller faire du shopping.

La richesse culturelle et architecturale du cœur historique du Caire t'épate. L'Égypte a aussi été une terre d'accueil pour les Grecs, les Romains, les chrétiens et les musulmans. Tu y découvres une église copte, suspendue comme un balcon, une autre dans laquelle on raconte que Jésus se serait caché lors de sa fuite de Jérusalem, puis une synagogue où, selon la légende, Moïse aurait grandi ! Tu te rends ensuite à la citadelle de Saladin, dont tu visites les mosquées. La grande mosquée Mohammed-Ali, avec sa vue panoramique sur la ville qui s'étend jusqu'aux pyramides, t'impressionne beaucoup.

Puis vient le moment de faire des emplettes au souk Khan El Khalili. Les petites rues du marché regorgent de trésors, comme ces magnifiques lampes orientales qui brillent de mille feux sur les étalages. Si tu ne voyageais pas en sac à dos, tu en aurais bien rapporté une en souvenir, mais, là, tu vas devoir trouver quelque chose de plus facilement transportable. Tu jettes ton dévolu sur un rouleau de papyrus. Tu sais que tous ne sont pas authentiques, alors pour éviter de te faire arnaquer, tu le choisis dans un atelier certifié par ton guide de voyage. Après ton achat, tu décides de manger sur un stand de rue. Tu as le choix entre un *taamiyya* (la variante égyptienne du sandwich aux falafels, dont les boulettes sont cuisinées avec de la farine de fèves), en **270**, ou une *fiteer* (à mi-chemin entre la pizza et la crêpe), en **114**.

105.

Cela te fait bizarre de te dire que tu manges du kangourou. Tu trouves le goût un peu plus fort que celui du bœuf. Après le dîner, tu as du mal à t'endormir à cause des cris des dingos, mais tu finis par tomber d'épuisement. Les derniers jours du tour se passent très bien, tu profites des panoramas incroyables et en apprends toujours plus sur la culture aborigène.

La route pour retourner à Alice Springs est longue et fatigante, mais tu ne regrettes vraiment pas d'avoir fait un détour par l'Outback australien. Cela t'a permis d'admirer des paysages que tu ne verras nulle part ailleurs. Tu profites d'une dernière soirée avec ton groupe avant de revenir à Sydney. Plus que jamais, tu te rends compte de l'immensité du continent australien. Durant tes longs déplacements, tu as le temps de réfléchir à la suite de ton voyage. Pars en **144** pour vivre de nouvelles aventures.

106.

Eh oui ! Tu croises quantité de dromadaires pendant ton trajet. Plus que de kangourous, qui sont, eux, originaires d'Australie, pourtant… Introduits au XIXe siècle par les colons anglais pour se déplacer dans le désert australien, les dromadaires ont été relâchés dans la nature après l'avènement des véhicules à moteur et se sont ensuite reproduits de façon phénoménale !

Tu as maintenant atteint le centre rouge de l'Australie, où il est très difficile de voyager par ses propres moyens. Tu rejoins donc un groupe pour un tour organisé de quelques jours dans le désert. Tu fais rapidement connaissance avec les autres backpackeurs à l'intérieur du minibus inconfortable (sans suspensions ni climatisation) dans lequel vous allez vous déplacer. Vous faites une dernière pause ravitaillement avant de vous lancer dans une magnifique randonnée au bord de canyons et de falaises à Kings Canyon. La guide vous oblige à prévoir au moins trois litres d'eau par personne pour vos quelques heures de marche. Elle vous suggère aussi fortement de vous équiper d'un filet à mouches qu'on place sur son chapeau et qui couvre entièrement la tête. Cela donne une allure d'apiculteur et limite un peu la vision périphérique, mais elle semble convaincue que c'est très utile. De ton côté, tu trouves cet accessoire complètement ridicule, d'autant plus que les moucherons sont inoffensifs. Décides-tu quand même de suivre ses recommandations et de t'équiper d'un filet, en **294**, ou préfères-tu garder ton argent pour quelque chose de plus utile, en **203** ?

107.

Tu n'as pas de médicaments avec toi et, à cette heure-ci, aucune pharmacie n'est encore ouverte. De toute façon, tu te sens trop mal pour te déplacer. Tu passes les deux jours suivants à faire des allers-retours entre ton lit et les toilettes. Tu as de la chance dans ton malheur : la gérante de l'auberge a pitié de ton état et s'assure que tu aies toujours de quoi boire. Le soir, elle t'apporte même du bouillon. Grâce à elle, tu évites la déshydratation et, le troisième jour, tu peux enfin recommencer à manger normalement.

Malheureusement, tu as perdu du temps et tu es encore faible. Pour épargner tes forces, tu décides qu'il est plus prudent de retourner à Mexico pour préparer la suite de ton voyage. Si tu souhaites partir pour les États-Unis, rends-toi en **66**. Si tu préfères aller en Argentine, vole en **119**. Attention, souviens-toi que tu ne peux pas retourner dans un pays que tu as déjà visité.

108.

Tu laisses le muletier derrière toi et trouves un endroit où monter ton campement. Tu es vite rejoint•e par d'autres backpackeurs, avec qui tu partages ton repas. Vous sympathisez et décidez de marcher ensemble pendant les trois jours restants. Avoir de la compagnie t'aidera à oublier un peu le poids de ton sac.

Dès le lendemain, vous croisez un autre muletier dont les mules sont chargées… comme des mules. Les sacs sur leur dos ont l'air aussi lourds qu'elles. Les pauvres sont toutes transpirantes et semblent souffrir. En voyant ce triste spectacle, tu te dis que tu as bien fait de ne pas accepter la proposition de l'homme que tu as rencontré hier. Tes compagnons de voyage t'expliquent que la mule est un moyen de transport encore très utilisé par les communautés reculées de montagne, car les chemins sont trop escarpés pour être empruntés par des voitures.

Pour t'aider à supporter l'altitude et la lourde charge de ton sac, tes camarades te proposent de mastiquer des feuilles de coca qu'ils ont apportées avec eux. Tu acceptes et te rends compte qu'effectivement, tu respires un peu mieux. Le jour suivant, ils préparent cette fois un thé avec la même plante, et, en constatant l'énergie que cela te donne, tu décides d'en faire ta nouvelle boisson du matin. Enfin, pendant la durée de ton séjour au Pérou, car être en possession de feuilles de coca est illégal dans la plupart des autres pays du monde, puisque, une fois transformées, elles entrent dans la composition de certaines drogues dures.

Après trois jours de marche au milieu de panoramas montagneux à couper le souffle, toi et tes compagnons arrivez à Aguas Calientes, le village qui se trouve au pied du Machu Picchu. C'est le moment de vous dire adieu car pour demain, tu as réservé une visite du site avec un guide. Si tu acceptes leur proposition de prendre un dernier repas avec eux pour goûter ensemble le *cuy*, rends-toi en **225**. Si tu trouves plus raisonnable de faire une séance d'étirements pour te remettre de ton trek et être en forme pour demain, rends-toi en **93**.

109.

Tu fais route vers l'État du Queensland et, après un court arrêt dans les villes de Kuranda et Port Douglas, où tu profites des marchés locaux, tu prends la direction de la forêt tropicale de Daintree. Pour t'y rendre, tu traverses une rivière en chargeant ton van sur un ferry. Plus tu t'enfonces dans cette forêt luxuriante (plus vieille que la forêt amazonienne !), plus tu es émervéillé•e. Tu te baignes au seul endroit garanti sans crocodiles (sans être tout à fait serein•e) avant de t'installer pour la nuit dans un camping à la lisière de la forêt et d'une plage. Tu as l'impression d'être au bout du monde.

Le matin, tu as la chance incroyable de croiser un casoar ! Cet oiseau extrêmement rare s'apparente à une autruche avec de larges pattes et un casque de kératine sur la tête qui ressemble à une crête. Il te fait penser à un animal préhistorique et tu as entendu dire qu'il serait l'oiseau le plus dangereux de la planète. Celui qui se tient devant toi fait facilement 2 mètres de haut et doit peser plus de 100 kg, tu restes donc à bonne distance pendant qu'il passe majestueusement son chemin, sans t'accorder un regard.

Tu as adoré vivre dans un van pendant plusieurs semaines. Tu vas regretter ta maison sur roues (qui t'offrait le confort de pouvoir éparpiller tes affaires au lieu de devoir systématiquement remballer ton sac à chaque étape), mais il est temps d'aller la rendre à Cairns. Y vas-tu directement, en **282**, ou décides-tu de faire une dernière halte pour prolonger le plaisir, en **23** ?

110.

Vous vous donnez rendez-vous le lendemain pour partir. Ce n'est qu'au moment de monter dans la voiture que tu te rends compte que vous êtes six et qu'elle ne comporte que cinq places. Pablo te dit en rigolant : « *No es un problema* » (« Ce n'est pas un problème »). C'est vrai que depuis que tu es au Mexique, tu as remarqué plusieurs fois des familles d'une dizaine de personnes entassées dans une voiture comme si c'était parfaitement naturel. Et, effectivement, tout le monde y rentre en se serrant un peu à l'arrière. Avant d'arriver à Oaxaca, vous faites un petit détour par Hierve el Agua. Tu y découvres de magnifiques cascades pétrifiées dans les montagnes. Vous vous baignez même en haut de l'une d'elles, d'où la vue est fantastique.

Il y a quelques semaines, tu as réservé une auberge à Oaxaca car tu avais appris en préparant ton voyage que les quelques jours autour du *Día de Muertos* (la fête des Morts) attirent beaucoup de monde et tu voulais t'assurer d'avoir un hébergement. Tu as aussi prévu de participer à l'excursion organisée par ton auberge pour découvrir les célébrations du *Día de Muertos*. Mais maintenant, tes nouveaux amis te proposent de venir avec eux, dans la maison de la famille de Ximena, pour que vous fêtiez ce jour si spécial tous ensemble. Souhaites-tu te joindre à eux, en **9**, ou préfères-tu aller à l'auberge, en **117**, qui est recommandée par les guides comme un lieu sûr et convivial ?

111.

Heureusement que tu ne te sépares jamais de ton kit de premiers secours ! Le guide t'aide à désinfecter ta blessure et te fait un beau pansement. Te voilà prêt•e à repartir. Pour éviter un nouvel accident, tout le monde décide de ralentir l'allure ; de toute façon, Salento n'est plus très loin. Tu arrives tout de même complètement fourbu•e et avec les fesses en compote. À ton avis, quelle est la meilleure solution pour remédier à ta fatigue ? Aller boire un café, en **159**, ou aller te coucher, en **15** ?

112.

Pour te rendre dans le sud de l'Argentine, il faut compter environ quarante heures de bus. Pour couper le trajet, tu as prévu de t'arrêter deux nuits dans la région de la péninsule Valdés, connue pour sa faune. Après vingt longues heures de bus, tu arrives dans la ville de Puerto Madryn, où tu réserves un tour organisé pour le lendemain.

Le guide emmène ton groupe à la découverte de mammifères marins. Tu es impressionné•e de les voir aussi nombreux, étendus sur le sable avec leurs petits. Le guide vous explique que les moins gros sont des lions de mer tandis que les plus imposants, avec une espèce de trompe, sont des éléphants de mer. Enfin, vous rejoignez une colonie de manchots. Il y en a des centaines, à perte de vue. Tu les trouves tellement adorables que tu les mitrailles avec ton appareil photo. Après cette journée d'observation des animaux sur la presqu'île, tu rentres à l'auberge avec des étoiles plein les yeux et files te coucher.

Au saut du lit, tu remontes dans le bus pour vingt heures de route qui te conduisent à El Chaltén, où se trouve le parc national des Glaciers. Une fois à destination, tu remarques un gros trou dans ton sac à dos en le récupérant dans la soute du bus. Tes affaires vont bientôt se retrouver par terre ! Tu repenses à la façon dont les bagages ont été chargés, ou plutôt balancés allègrement par le chauffeur. Tu regardes avec regret un couple de backpackeurs retirer les housses qui protégeaient leurs sacs. Peut-être que, toi aussi, tu aurais dû investir dans ce genre d'équipement… Si tu es parti•e avec le sac à dos 1, 3 ou 4, rends-toi en **51**. Si tu es parti•e avec le sac 2 ou 5, rends-toi en **68**.

113.

Voir de tes propres yeux les temples d'Angkor est un moment que tu attendais depuis très longtemps ! Sethy, ton chauffeur de tuk-tuk, vient te chercher à 4 h 30 pour t'emmener assister au lever du soleil sur le majestueux temple d'Angkor Wat, le plus célèbre de tous. Heureusement que Sethy est là pour te trouver le meilleur emplacement parmi tous les touristes car il y a beaucoup de monde. Après avoir admiré les rayons du soleil illuminer peu à peu les reliefs du fameux temple, tu pars en découvrir l'intérieur. Classé au patrimoine mondial de l'Unesco, il est le plus grand monument religieux au monde. Sethy te raconte qu'il serait même visible depuis l'espace !

Il est encore tôt lorsque tu termines cette première visite, et tu poursuis donc ton exploration du site archéologique en compagnie de Sethy, que tu trouves très agréable et érudit. Il t'en apprend beaucoup sur l'histoire ancienne de l'Empire khmer, dont Angkor était la capitale. Il t'explique que, presque chaque année, de nouveaux temples sont découverts au milieu de la jungle qui enserre désormais cet immense ensemble de plusieurs centaines de kilomètres carrés. Tu te félicites d'avoir acheté un ticket d'entrée valable plusieurs jours !

Les temples suivants étant moins assaillis par les touristes qu'Angkor Wat, tu y déambules en te plongeant dans l'ambiance mystique. Dans les magnifiques ruines de Ta Prohm, où la nature a repris ses droits et où les arbres poussent entre les vieilles pierres, tu as carrément l'impression d'être Lara Croft ! Pas étonnant puisque ce temple a servi de lieu de tournage pour l'adaptation cinématographique du célèbre jeu vidéo *Tomb Raider*.

Le temple Baphûon, lui, t'impressionne avec son gigantesque bouddha couché. Tu y croises des moines, et Sethy en profite pour t'apprendre que l'édifice, initialement construit pour célébrer une divinité hindoue, est devenu un lieu de culte bouddhiste au XIVe siècle. Il est encore utilisé pour cette pratique religieuse de nos jours.

Tu t'émerveilles ensuite devant les sculptures de la « terrasse des éléphants », qui se situe dans le prolongement du temple Phimeanakas. En retournant au tuk-tuk, Sethy te précise d'ailleurs que la cité d'Angkor a été construite entre 800 et 1220, avec l'aide de milliers d'éléphants. Tu as encore le temps de visiter le temple-montagne de Ta Keo, avant de ressentir un coup de pompe. Tu décides alors de déjeuner dans un petit restaurant touristique sur le bord de la route. Il s'agit d'une installation très sommaire qui se résume à quelques tables et chaises en plastique. Une planche posée sur des tréteaux et une glacière font office de cuisine. Tu as repéré des rouleaux de printemps, généreusement garnis de crudités et d'herbes fraîches qui te font envie. Cependant, Sethy te suggère de plutôt goûter l'*amok trei*. C'est un plat très populaire au Cambodge, composé de poisson ou de poulet cuit dans une feuille de bananier avec du lait de coco et de nombreuses épices.

Que décides-tu de manger ? Rends-toi en **16** si ce sont les rouleaux de printemps ou en **72** si tu optes pour l'*amok trei*.

114.

Tu hésites devant le stand de *fiteer* entre la version salée et la version sucrée. Après avoir regardé le cuisinier étaler la pâte en la faisant tourner au-dessus de sa tête, tu décides de prendre les deux, puis tu vas te coucher le ventre bien plein.

Le lendemain, ton guide, Nader, vient te chercher. Vous vous rendez au musée du Caire avant d'aller visiter les pyramides. Le musée n'est pas très bien organisé, et sans Nader tu ne saurais pas vraiment ce que tu regardes. La partie la plus impressionnante est celle qui présente le trésor de Toutankhamon. C'est le seul trésor de pharaon a n'avoir subi aucun pillage. Plus de 5 000 pièces ont été découvertes en 1922 derrière les portes scellées de son tombeau. Tu peux observer le sarcophage richement décoré ainsi que le masque funéraire, des statues, des vases, des lits, un trône, des bijoux… Tous ces objets sont recouverts d'or et de pierres précieuses !

Est-ce que tu souhaites rester un jour de plus en Égypte, en **270**, ou partir pour l'aéroport, en **63** ?

115.

Depuis les quais, tu te rends à pied à la mosquée d'Assouan. Tu arrives à un moment creux et il n'y a que toi sur place. Tu es très bien accueilli•e par un jeune homme avec qui la communication est limitée, car tu ne parles pas arabe. Il t'emmène à l'intérieur, où tu observes les tapis colorés, les inscriptions calligraphiées sur les murs et les fenêtres en arc de cercle. Ensuite, il te fait monter sur le toit, d'où tu profites de la vue sur la ville et sur le Nil.

Tu flânes ensuite dans le *souk* (le « marché », en arabe), que tu trouves très convivial avec ses étals d'épices multicolores. Les touristes étrangers et les Égyptiens s'y mêlent, et les marchands sont très aimables avec toi, même si tu n'achètes rien. Tu t'arrêtes pour boire un thé (*chay*, en arabe) à la menthe avant de retourner sur ton bateau.

Tu dois maintenant choisir ce que tu visiteras demain. En explorant les choix qui s'offrent à toi, tu découvres que les pharaons avaient un ego démesuré… Alors, tu t'apprêtes à aller voir des statues colossales de pharaons anciens. Est-ce que tu as plutôt envie de voir quelle tête avait Ramsès II, en **127**, ou à quoi ressemblait Aménophis III, en **218** ?

116.

Gabi t'emmène au château de Bran, connu pour avoir inspiré l'auteur de *Dracula*. Vous y croisez beaucoup de touristes, mais malheureusement aucun vampire ! Tu apprécies quand même la visite de cet édifice datant du Moyen Âge, avec ses majestueuses tours et tourelles. Situé sur un rocher de 60 mètres de haut, il offre, en prime, une belle vue sur les forêts montagneuses.

Au déjeuner, Gabi prend un grand plaisir à te faire découvrir la gastronomie roumaine. Tu comprends vite que la viande est presque incontournable au menu ! D'ailleurs, ce midi, c'est *ciorbă de burtă*, de la soupe de tripes ! Elle est servie avec une bouillie de farine de maïs, assez proche de la polenta, appelée *mămăligă*. C'est un accompagnement traditionnel, qui peut être agrémenté de crème fraîche et de fromage. Pour le dessert, Gabi t'encourage à commander des *papanași*, une sorte de beignets préparés avec du fromage sucré, de la crème fraîche et de la confiture. Après ce copieux repas, Gabi te laisse le choix de votre prochaine étape : une destination romantique pour la nuit. Préfères-tu aller dans un bel hôtel d'une jolie petite ville, en **235**, ou dans une hutte rustique perdue au milieu de la forêt, en **131** ?

117.

Tu rentres dans ton auberge, qui vient tout juste d'être décorée, et le résultat est incroyable ! Où que ton regard se pose, tu vois des guirlandes de papier coloré et des squelettes en papier mâché de toutes tailles. L'atmosphère est vibrante. En attendant de découvrir la célébration du *Día de Muertos* demain (1er novembre), tu te mets dans l'ambiance en allant dans la salle commune, où est projeté un film des studios Disney, *Coco*, qui s'inspire de cette tradition.

Après une bonne nuit de sommeil, tu te lèves tôt et profites de la matinée pour assister aux derniers préparatifs en ville. Au détour des rues, quelques portes ouvertes laissent entrevoir des autels commémoratifs joliment décorés. Lorsque tu arrives sur la place principale, tu tombes sur une démonstration de danse traditionnelle. Les femmes font virevolter leurs robes à volants au son des mariachis (groupes de musique typiques du Mexique).

Tu rejoins ensuite d'autres touristes qui, comme toi, se sont inscrits au tour organisé par ton auberge pour en apprendre plus sur ces festivités si particulières. Comme tout le monde dans les rues, vous vous faites maquiller en squelettes. Puis l'une des animatrices distribue des couronnes de fleurs orange aux filles et des nœuds papillon, orange également, aux garçons, et vous vous mettez en route. Vous commencez par aller voir un défilé dont tu admires les costumes tous plus magnifiques les uns que les autres. Ensuite, vous êtes conduits à une boulangerie où vous dégustez le fameux *pan de muerto*, un pain brioché qui n'est préparé qu'à l'occasion de cette célébration. Enfin, vous vous rendez au cimetière central de Oaxaca. Là, toutes les tombes sont décorées de fleurs orange et de bougies. Sur certaines sont aussi posés des pains et des sucreries : des offrandes destinées aux morts car, selon la croyance locale, aujourd'hui est le jour où ils reviennent partager un repas avec les vivants. C'est un moment de réjouissance pour les Mexicains, qui fêtent leurs morts plutôt que de les pleurer. Au milieu de ton groupe de touristes, tu te sens en décalage par rapport aux célébrations intimes des familles. Tu regrettes de ne pas avoir accepté l'invitation de Ximena.

Le lendemain, fatigué•e mais encore émerveillé•e par cette incroyable soirée, tu penses à la suite de ton voyage. Souhaites-tu visiter le Yucatán, en **186** ? C'est la région la plus visitée du pays, avec ses nombreux sites archéologiques et naturels réputés. Ou préfères-tu aller dans le Chiapas, en **26** ? Il s'agit d'une région plus pauvre que le Yucatán mais connue pour être plus authentique.

118.

Crois-tu vraiment pouvoir te payer un long trajet en taxi à Londres ? Absolument pas ! À moins que tu ne sois passé•e par la tour de Londres pour voler les bijoux de la Couronne… Va prendre les transports en commun, comme tout le monde, en **54**.

119.

Il te reste une journée au Mexique avant ton vol pour l'Argentine. Tu en profites pour faire tes adieux à ce magnifique pays et pour réserver le taxi qui t'emmènera à l'aéroport demain. Au moment de partir, ledit taxi n'est pas là, et à chaque fois que tu demandes à l'accueil s'il arrive bientôt, la réceptionniste te répond qu'il arrive « *ahorita* » (tout de suite). Apparemment, les Mexicains n'ont pas tout à fait la même notion du temps que toi car, finalement, le chauffeur vient te chercher avec une bonne heure de retard… Et en plus il y a des embouteillages ! Non seulement vous n'avancez pas, mais tu vois le compteur tourner à toute vitesse. Tu aurais dû négocier le prix de la course avant de monter dans la voiture.

Une fois délesté•e de tes derniers pesos, tu traverses le terminal de l'aéroport en courant, avec le vague espoir d'être encore dans les temps pour ne pas rater ton avion. Quand, tout à coup, tu vois sur un panneau que les vols à destination de l'Argentine sont retardés d'au moins une heure… Ouf ! Ce n'est plus la peine de piquer un sprint, tu peux aller tranquillement jusqu'à ta porte d'embarquement, en **27**.

120.

Selamat pagi est une formule de salutation, non de remerciement. Ton sauveur comprend tout de même ton intention et se moque gentiment de toi. Il te donne ensuite toutes les informations dont tu as besoin pour rejoindre la grande ville de Yogyakarta, où tu aimerais faire quelques visites touristiques avant de partir pour ta prochaine destination internationale. Tu as de la chance d'être tombé•e sur lui. Il est tellement sympathique qu'il t'offre spontanément une cigarette alors qu'il en sort une pour lui. Si tu acceptes, va en **171**. Si tu refuses poliment, pars en **179**.

121.

Après une longue route traversant les magnifiques paysages du parc du Serengeti, vous arrivez finalement à l'endroit où vous allez passer votre première nuit de camping dans la savane. Tu n'en reviens pas de dormir au milieu de la réserve ! Le guide rassure les personnes inquiètes en précisant que positionner plusieurs tentes en cercle, avec les jeeps autour, dissuade les animaux sauvages de s'approcher. Il vous dit aussi que, par précaution, les guides sont armés, même si lui-même n'a jamais tiré sur un animal et qu'il espère bien ne jamais avoir à le faire. Il insiste également sur le fait qu'il est de votre responsabilité de respecter les règles de façon à cohabiter sans heurts avec les animaux voisins.

Vous formez des groupes de deux pour monter vos tentes. Alex, qui a le même âge que toi et avec qui tu as sympathisé en discutant pendant le trajet, se joint à toi. Non sans fierté d'avoir installé rapidement votre abri, vous rejoignez le reste du groupe pour admirer le coucher du soleil, une boisson à la main. Le ciel passe du jaune à l'orange, puis au rouge avant que la nuit tombe sur la savane. Ensuite, vous vous retrouvez tous autour du feu pour un délicieux dîner composé de manioc servi avec un ragoût de légumes et de viande mijotés dans une sauce à l'oignon et à la tomate. Pendant que tu manges, tu vois des scorpions attirés par le feu, et tu entends au loin des cris d'hippopotames, de singes, et même un rugissement de lion ! C'est une soirée inoubliable !

Après t'être brossé les dents et avoir fait un dernier pipi près du campement, tu vas te coucher. Tu fais bien attention à rentrer tes chaussures à l'intérieur de la tente pour ne pas retrouver de serpent ou de scorpion dedans à ton réveil. Seulement, à peine as-tu dit bonne nuit à Alex et fermé les yeux que tu es pris•e d'une envie pressante d'aller à la selle. Tu n'aurais peut-être pas dû te resservir trois fois au dîner… Maintenant que tout le monde est couché, c'est une entreprise dangereuse que de ressortir. As-tu l'équipement nécessaire ? Si tu voyages avec le sac à dos 1, 3 ou 4, va faire ton affaire en **256**. Si tu voyages avec le sac 2 ou 5, soulage-toi en **135**. Si tu n'as plus de sac, retiens-toi en **326**.

122.

Tu bois un dernier jus de fruits frais avant d'embarquer sur le ferry pour Java. Tu t'étonnes d'abord du prix dérisoire du ticket (quelques centimes d'euro), avant de t'installer à l'étage, où tu te retrouves face à un karaoké ! Voilà une façon originale de s'occuper pendant la traversée de quarante-cinq minutes depuis Bali… Mais tu n'es pas au bout de tes surprises. À mi-parcours, ton jus de fruits commence à peser sur ta vessie et tu découvres que les sanitaires du bateau sont des toilettes à la turque, équipées d'un petit seau d'eau en guise de papier hygiénique et de chasse d'eau. Tu prends ton courage à deux mains, mais avec les remous, ladite eau gicle partout ! C'est une véritable épreuve dont tu sors trempé•e et avec le mal de mer. Tu y as perdu un peu de ta dignité et tu te souviendras longtemps de ce trajet. Au moment de débarquer, tu as l'impression d'être l'unique touriste. Sur le port, tout le monde essaie de t'accoster (« *Taxi cheap!* », « *Come with me!* », « *Hotel, tour, come with me!* », « *Where you go?* », « *Cheap!* »...) et tu ne sais pas où aller ni à qui t'adresser. Un Indonésien qui se débrouille pas mal en anglais te propose son aide. Pour le remercier, est-ce que tu lui dis :

— *Mie goreng*, en **21** ?
— *Terima kasih*, en **247** ?
— *Selamat pagi*, en **120** ?

123.

Dans ton kit de premiers secours, il y a des médicaments contre le mal des transports. C'est un peu dommage de ne pas avoir pensé à les prendre dès le départ, ça t'aurait évité de te sentir mal. Heureusement, ils agissent rapidement et te permettent de profiter sereinement de la fin du voyage. Le trajet a été plus long que prévu et tu n'as pas emporté de nourriture. Tu meurs de faim en arrivant. En sortant du bus, tu demandes aux gens qui descendent en même temps que toi s'ils ont des endroits à te conseiller pour manger. Une première personne te recommande un restaurant qui sert du *pulque* et du *mole*. Une autre te conseille plutôt d'aller au marché te régaler de *chapulines* et de *tlayudas*. Cela fait beaucoup de termes mystérieux d'un coup, et pourtant il va falloir trancher. Préfères-tu aller goûter le *pulque* et le *mole*, en **156**, ou les *tlayudas* et les *chapulines*, en **133** ?

124.

Tu découvres New York avec excitation ! Tu commences par te promener dans Central Park, le poumon vert de la ville, d'où l'on voit les emblématiques gratte-ciel de Manhattan qui s'élèvent derrière la végétation du parc. Tu pars ensuite visiter le MoMA (Museum of Modern Art), dont tu rêvais de voir les œuvres mythiques, comme *La Nuit étoilée* de Van Gogh, les *Campbell's Soup Cans* d'Andy Warhol et *Les Nymphéas* de Monet, avant de déjeuner sur le pouce d'une part de pizza à quelques dollars, comme les vrais New-Yorkais.

En début d'après-midi, tu pars flâner au marché couvert de Chelsea, où tu manges, cette fois, un cookie accompagné d'un milk-shake, puis tu te promènes le long de la High Line, une ancienne voie ferrée transformée en parc suspendu qui parcourt plusieurs quartiers de la ville. Te voilà maintenant sur la fameuse Cinquième Avenue, où tu fais du lèche-vitrines devant les magasins de luxe. Plus tard, tu traverses à pied le splendide Brooklyn Bridge au coucher du soleil. Tu te balades dans le joli secteur qui se trouve au pied du pont. Tu n'es plus sur l'île de Manhattan, mais dans Brooklyn, l'un des cinq arrondissements de la ville de New York.

Une fois la nuit tombée, tu te rends dans le quartier animé de Times Square, où tu te sens microscopique à côté des énormes panneaux publicitaires qui illuminent le lieu. En rentrant tard dans ton logement, tu réfléchis à tes plans pour le lendemain. Tu as encore tellement de choses à découvrir dans cette ville surprenante et si intéressante. Pour ce deuxième jour, tu décides de t'offrir une activité payante. Préfères-tu monter en haut de l'Empire State Building pour profiter de la vue panoramique, en **14**, ou prendre le ferry pour aller observer l'iconique statue de la Liberté, en **81** ?

125.

Te voilà en train d'errer dans la forêt… Tu croises bien quelques fermiers qui ont l'air de vouloir t'aider, mais, dans l'impossibilité de communiquer avec eux, tu ne peux que suivre la direction qu'ils t'indiquent du bras. Tu tournes longtemps dans les bois et commences à paniquer et à désespérer quand tu aperçois enfin des maisons. Des personnes, auprès de qui tu arrives à te faire comprendre en anglais, te viennent en aide. Retrouver l'hôtel t'aura pris plus de sept heures. Quand tu arrives finalement dans le lobby, transi•e, la nuit est déjà tombée depuis longtemps. Gabi se jette dans tes bras ! Mais, secoué•e par ta mésaventure, c'est le cœur gros que tu lui annonces que tu ressens le besoin de rentrer chez toi.

Vous passez encore vingt-quatre heures à l'hôtel pour profiter de vos derniers instants ensemble. Vos adieux à l'aéroport de Bucarest sont déchirants. Après avoir quitté Gabi, tu t'envoles en **22**.

126.

Cela fait déjà un moment que tu es en Polynésie et tu connais donc bien le principe des roulottes. C'est la meilleure astuce pour manger des plats délicieux à un prix raisonnable. Sur les petites îles, cela revient même moins cher que d'acheter une boîte de thon et du pain de mie au supermarché. Tu demandes aux gens que tu croises dans la rue où trouver la meilleure roulotte du quartier et ils t'en indiquent une à quelques centaines de mètres. Après quelques minutes de marche, tu repères un stand sur un bout de pelouse à l'avant d'une maison, où deux personnes sont en train de manger sur une table de jardin en plastique. Le plat proposé est plus qu'alléchant : un poisson pané à la coco servi avec la traditionnelle sauce vanille et du riz. Tu t'installes en pensant déjà à ta journée de demain, au cours de laquelle tu aimerais bien partir en mer pour profiter des paysages et des animaux marins. Préfères-tu parcourir de longues distances en kayak, en **289**, ou tester ton équilibre en faisant du paddle, en **151** ?

127.

Le soir, tu dînes sur ton bateau, et tu es déçu•e en constatant que la nourriture proposée au buffet n'est pas du tout locale, mais destinée à plaire aux touristes internationaux. Tu vas ensuite te coucher en programmant ton réveil tôt pour ton excursion du lendemain.

D'Assouan, tu pars en voiture dans le désert avec un guide. Il aurait été difficile de t'y rendre seul•e car il y a des postes de sécurité à passer. Quand tu arrives devant les temples d'Abou Simbel, tu restes bouche bée devant les immenses statues de pharaons assis, placées de part et d'autre du temple principal. Ces quatre colosses d'une vingtaine de mètres de haut représentent Ramsès II. C'est lui qui a fait creuser directement dans la roche cet impressionnant édifice. À l'intérieur, tu ne sais pas où poser les yeux. L'ensemble des murs est couvert de gravures à la gloire de ce pharaon. Tu pourrais passer des heures à admirer ces bas-reliefs, notamment les imposantes scènes de guerre, tant il y a de détails à voir, mais le nombre croissant de touristes te pousse à sortir. Tu te diriges ensuite vers le temple dédié à l'épouse de Ramsès II, Néfertari. Les statues qui t'accueillent à l'entrée et qui représentent quatre pharaons et deux reines sont moins hautes que celles de tout à l'heure, mais tout de même très massives. Ton guide t'explique que les deux temples d'Abou Simbel se trouvaient initialement à plusieurs centaines de kilomètres de leur emplacement actuel. Ils ont en effet été déplacés pierre par pierre par l'Unesco afin d'éviter qu'ils ne soient submergés par les eaux après la construction du barrage d'Assouan. Vu la taille des statues qui les gardent, tu n'oses pas imaginer le travail que cela a dû représenter.

Tu retournes à ton bateau, des étoiles plein les yeux. La navigation commence en début d'après-midi. Tu observes le paysage qui défile doucement, les scènes de vie sur les bords du Nil, les oiseaux qui s'envolent… Tu te sens vraiment bien. Ce voyage promet d'être hors du temps. Un serveur te tire de tes pensées pour te proposer de goûter au *karkadé*, une délicieuse boisson rafraîchissante préparée avec des fleurs d'hibiscus égyptien. Le bateau accoste finalement à Edfou. Lorsque tu en descends, tu vois des calèches tirées par des chevaux qui attendent les touristes pour faire le trajet jusqu'au temple. Tu repères aussi des tuk-tuks dans la rue derrière. Est-ce que tu montes dans une calèche, en **6**, ou dans un tuk-tuk, en **102** ?

128.

Le lendemain matin, tu pars randonner aux aurores. Ta marche commence avant même que le soleil ne se soit levé, à la lueur de la pleine lune. Tu arrives juste avant l'aube sur une plateforme qui offre un magnifique panorama sur le mont Fitz Roy. Cette montagne en dents de scie, sacrée pour les indigènes, représente le point culminant de ta randonnée. Petit à petit, le relief se teinte de rouge avec les premiers rayons du soleil et tu t'émerveilles de ce décor si différent de la steppe patagonienne toute plate que tu as traversée pour arriver là.

Tout en profitant du paysage, tu écoutes les deux Américains qui se sont également arrêtés pour regarder la vue :

— Mais alors, le nom de cette montagne, c'est Fitz Roy ou El Chaltén ?

— El Chaltén, c'est le nom que lui donnait le peuple Tehuelche : ça voudrait dire « la montagne qui fume ». Apparemment, ils l'auraient appelée ainsi car il y a toujours des nuages autour de sa cime. Quant à Fitz Roy, c'est le nom que lui a donné l'explorateur qui a découvert ce sommet, en hommage au capitaine Robert FitzRoy, un navigateur britannique du XIXe siècle qu'il admirait beaucoup.

Tu ne peux pas t'empêcher de penser que si la montagne avait déjà un nom avant l'arrivée de cet explorateur, c'était peut-être qu'elle n'était plus à découvrir…

Tu reprends ta marche pendant deux bonnes heures et finis par arriver devant une côte de 400 mètres de dénivelé sur 1 kilomètre… Bref, un mur ! Tu n'as pas pris de petit-déjeuner ce matin et tu commences à te sentir faible, proche du malaise. Si tu es parti•e avec le sac 2, 4 ou 5, rends-toi en **213**. Si tu voyages avec le sac 1 ou 3, rends-toi en **31**.

129.

Tu as grimpé en haut de la Garganta del Diablo (« la gorge du Diable »), un lieu qui offre un point de vue magnifique au-dessus des cascades. C'est le moment parfait pour faire un selfie que tu pourras partager sur les réseaux sociaux avec le hashtag « #iguazufalls » pour frimer. Tu sors ton appareil et allonges bien le bras pour avoir un cadrage parfait. Mais il n'y a pas que toi qui aies envie de faire une photo-souvenir. Le couple qui posait à côté de toi bouge brusquement et l'épaule de l'un d'eux tape contre ton bras. Malheur ! Tu viens de lâcher ton appareil photo ! Tu as juste le temps de le voir tomber 80 mètres plus bas... Ce n'est qu'un dégât matériel, mais quelle galère ! Sans lui, tu ne pourras pas immortaliser le reste de tes aventures, et ce n'est certainement pas ton téléphone bon marché qui te permettra de faire de jolis clichés... C'est le cœur lourd que tu entames le chemin du retour vers Buenos Aires en **147**.

130.

Tu t'éloignes du muletier pour faire le tour de l'enclos et te rapprocher des alpagas, mais deux chiens à l'allure menaçante te bloquent le passage. Tu commences à faire demi-tour quand, soudain, l'un d'eux s'élance vers toi et te mord le bas de la jambe ! En entendant ton cri de douleur, ton compagnon, qui n'était pas loin, accourt et chasse les molosses avec un bâton. Malheureusement, le mal est fait et tu as une grosse plaie en travers du mollet. Tu es incapable de marcher et le muletier doit te soutenir pour rejoindre la route. Heureusement, il parvient à trouver une voiture pour t'emmener à l'hôpital le plus proche. Une fois la plaie désinfectée, le médecin t'apprend que tu vas devoir te faire vacciner d'urgence contre la rage. Et, sans assurance, les frais médicaux grimpent très vite… Après toutes ces dépenses inattendues, ton compte en banque se retrouve presque à sec. En fait, il te reste juste de quoi prendre un billet d'avion pour rentrer chez toi. Rendez-vous en **41**.

131.

Ton cœur chavire quand tu regardes Gabi, que tu n'as plus envie de quitter, même pour un court instant. Gabi se moque gentiment de toi, tout en te disant de te préparer pour une aventure épique. Vous empruntez une route panoramique à travers les montagnes, la Transfăgărășan. Elle a été construite à des fins militaires pendant la période communiste, à l'aide de tonnes de dynamite. Souvent qualifiée de plus belle route du monde, elle est aussi l'une des plus dangereuses. Tu es ainsi bien content•e que Gabi soit au volant, tant les virages sont nombreux et la falaise abrupte. Avec la drôle d'impression de te trouver dans le décor d'une publicité pour une voiture de luxe, tu contemples les monts Făgăraș (surnommés « les Alpes de Transylvanie »), qui contrastent avec les plaines au loin.

Vous arrivez ensuite dans l'une des dernières forêts primaires du continent européen. Sur votre route, vous croisez des calèches tirées par des chevaux avant de traverser un village de montagne traditionnel, qui paraît n'avoir jamais connu l'industrialisation. Des paysans y travaillent la terre à la force de leurs bêtes.

Alors que vous entamez une randonnée, Gabi t'invite à prêter attention à la faune, particulièrement préservée, de la région. Vous pourriez croiser des renards, des cerfs, des lynx, des aigles, mais aussi des loups et des ours bruns ! Tu n'es pas très rassuré•e en voyant qu'il n'y a pas de chemin balisé, mais tu sais que Gabi est très à l'aise en montagne. Alors que tu peines à grimper, tu aperçois en contrebas trois ours en train de descendre le versant. Gabi, qui te précède, manque le spectacle !

Après tant d'efforts, vous vous arrêtez dans une petite auberge pour un dîner bien mérité. Il n'y a qu'un plat traditionnel au menu : les *sarmale*. Ce sont des feuilles de chou farcies avec un mélange de riz, d'épices et de hachis de porc. Bouillies très longtemps dans une sauce spéciale et servies avec de la crème fraîche, elles fondent dans la bouche. Ce plat, accompagné de *mămăligă* (l'équivalent de la polenta), te redonne des forces.

Après le repas, vous rejoignez le petit camping où vous attend votre hutte forestière. La nuit ne commence pas comme tu l'avais espéré car, en te déshabillant, tu découvres avec effroi une grosse tique bien ancrée dans ta jambe. Heureusement, Gabi sort une pince de sa trousse de secours et te la retire en trois secondes ! Le reste de votre soirée, à regarder les étoiles, est beaucoup plus romantique. D'ailleurs, il semblerait que les choses deviennent sérieuses entre vous ! Tu ne t'y attendais pas mais, au petit matin, Gabi propose de te présenter sa famille. Te sentant pris•e au dépourvu, Gabi suggère que vous pourriez tout aussi bien continuer votre voyage en tête à tête. Pour rencontrer sa famille, suis Gabi en **303**. Pour poursuivre l'aventure en duo, pars en **99**.

132.

Tu prends le bus pour un très long trajet. Par chance, les bus américains sont bien plus confortables que les bus mexicains, mais tu t'accordes quand même une étape à Dallas, au Texas. Tu n'as que peu de temps dans cette grande ville, avec ses gratte-ciel et sa multitude de musées. Tu en profites pour aller voir les statues de cow-boys sur la place Pioneer Plaza et faire un tour de grande roue à la State Fair. Dans la soirée, tu dégustes de la cuisine tex-mex (l'héritage mexicain du Texas) avant de rentrer passer la nuit à l'hôtel.

Au matin, tu reprends le bus pour parcourir une grande distance (avec un changement dans l'État de Virginie) jusqu'à la capitale : Washington DC. Une fois là-bas, tu commences par te rendre devant les grilles de la Maison Blanche, qui a accueilli tous les présidents américains et leurs familles depuis 1800. Tu poursuis par une visite du Capitole, où siège le Congrès, constitué du Sénat et de la Chambre des représentants, qui votent les lois du pays. Tu es impressionné•e en passant sous son dôme magistral. Tu enchaînes avec la Cour suprême, l'organe de justice du pays, dont tu avais déjà vu le bâtiment dans des séries télévisées américaines. Pour changer un peu de ces monuments institutionnels, tu finis par une promenade dans le quartier de Georgetown, un endroit calme, composé de ruelles pavées construites autour d'un canal, qui respire la douceur de vivre. Tu observes les maisons anciennes et les vieux sites industriels.

Après deux jours à explorer la ville, tu montes dans un train qui t'emmène vers une destination que tu rêves de visiter depuis toujours, en **124**…

133.

Tu te rends dans l'un des nombreux marchés de Oaxaca, où sont servies des spécialités locales. Les couleurs et les odeurs te mettent l'eau à la bouche. Tu as du mal à te décider et finis par commander une spécialité de la ville : une *tlayuda*, qui te fait penser à un taco géant. Tu as fait le bon choix, c'est délicieux et consistant ! Pendant que tu manges, tu fais la connaissance d'un couple de Mexicains, Angel et Ximena, qui te posent un tas de questions sur ton pays. À la fin du repas, tu leur demandes s'ils savent où tu peux trouver des *chapulines*, car des voyageurs t'ont dit que c'était une spécialité du coin qu'il ne fallait pas manquer. Ravis de t'aider, tes deux nouveaux camarades t'emmènent devant un stand couvert de sauterelles grillées saupoudrées d'épices. Maintenant que tu es là et qu'ils proposent de t'en offrir, c'est difficile de dire non. Tu goûtes donc du bout des lèvres, avec l'espoir que les épices camoufleront le goût. Angel et Ximena se payent un bon fou rire en voyant la tête que tu fais. Une fois le *chapulín* dans la bouche et malgré la texture croustillante inhabituelle, tu te dis que si tu l'avais mangé les yeux fermés, tu n'aurais pas pu deviner que c'était un insecte.

Vous avez vraiment sympathisé, ce couple et toi, et c'est tout naturellement que vous continuez à vous balader ensemble dans les rues de la ville. Vous finissez par tomber nez à nez avec un défilé plein de grosses têtes de mort en papier mâché et de fleurs colorées. Angel t'explique qu'il y a souvent des cortèges organisés les jours qui précèdent le *Día de Muertos* (le jour des Morts). Ximena, elle, te propose carrément de venir célébrer ce jour si spécial dans sa famille. Acceptes-tu son invitation, en **9**, ou restes-tu sur ton plan initial de découvrir cette fête grâce au tour proposé par ton auberge, en **117** ?

134.

Aujourd'hui, tu te rends dans la vallée des Rois et des Reines. C'est un ensemble de nécropoles, c'est-à-dire de temples funéraires destinés aux familles royales de l'Antiquité égyptienne. À l'époque, les tombes opulentes telles que les pyramides étaient victimes de pillages ; alors les pharaons commencèrent à se faire construire des tombeaux secrets dans la montagne, dans l'espoir d'y reposer en paix. Ton ticket d'entrée inclut la visite de plusieurs temples funéraires. En y pénétrant, tu imagines ce qu'ont dû ressentir les archéologues qui ont mis au jour ces sépultures. À l'intérieur, tu ressens des frissons d'excitation en découvrant les fresques et les hiéroglyphes qui ornent les murs. Enfouis dans le sable, ils ont été impeccablement conservés pendant plusieurs millénaires. Tu n'avais encore jamais eu l'occasion d'observer des peintures d'origine et tu n'en reviens pas de voir à quel point elles sont colorées. Tu termines ta visite par le tombeau de Toutankhamon.

Il n'est pas aussi richement décoré que les autres, mais il est mondialement connu car, à sa découverte par l'Anglais Howard Carter, en 1922, il n'avait subi aucun pillage. La sépulture est aussi renommée à cause de la supposée malédiction qui aurait poursuivi ceux qui l'ont violée. Ses trésors sont désormais exposés au Musée égyptien du Caire.

Tu regagnes ta croisière, émerveillé•e par cette visite extraordinaire. Mais, à ton arrivée sur le port, beaucoup d'autres bateaux sont à quai et tu as soudain un doute. Te souviens-tu du nom du tien ? Si tu penses que c'est *Ramsès II*, rends-toi en **24**. Si tu penses que c'est *Princesse du Nil*, rends-toi en **315**. Enfin, si tu penses que c'est *Hibiscus égyptien*, rends-toi en **82**.

135.

Tu sors ta lampe torche et ton papier toilette, puis tu réveilles Alex car c'est trop dangereux de sortir seul•e. Votre amitié prend un tournant plus intime ! Vous vous chaussez à l'intérieur de la tente et Alex t'accompagne chercher dans la jeep la pelle prévue pour creuser le trou qui te servira de toilettes. Tu prends ensuite ton courage à deux mains pour réussir à déféquer pendant qu'Alex pointe sa torche dans ta direction pour empêcher qu'un animal ne t'attaque. Vous retournez ensuite vous coucher avec soulagement. Pour éviter que tu ne te sentes mal à l'aise, Alex te dit gentiment que cette sortie nocturne lui a permis d'observer la Voie lactée et de vivre une sacrée aventure. C'est super sympa de sa part ! Est-ce que tu aurais fait la même chose pour Alex ? Si oui, rends-toi en **295**. Sinon en **165**.

136.

Tu es malade pendant quarante-huit heures, mais, grâce à ta gourde filtrante, tu parviens à rester hydraté•e et tu te remets bien de ton intoxication alimentaire. Les jours suivants, tu ne te sens pas encore très vaillant•e et tu ne veux pas forcer. Tu te contentes donc de petites visites dans la ville de Siem Reap, où tu loges. Lorsque tu as enfin récupéré à 100 %, il est déjà temps pour toi de quitter le Cambodge. Quel dommage d'avoir manqué la plupart des activités que tu voulais faire ! Tu entames ton voyage vers la destination suivante, en **12**.

137.

Tu prends un *colectivo* pour Palenque. Comme tu montes à bord en dernier, tu te retrouves juste à côté du conducteur. À plusieurs reprises pendant le trajet, tu vois des enfants tendre une corde en travers de la route, comme pour forcer le *colectivo* à s'arrêter. Mais, à ton grand effroi, le chauffeur ne ralentit pas ! À chaque fois, les enfants laissent tomber la corde au sol à la dernière seconde alors que tu pousses un petit cri. Un touriste assis derrière toi t'explique que le Chiapas est la région la plus pauvre du Mexique et que beaucoup d'enfants sont obligés de faire la manche. Ceux qui tendent des cordes en travers de la route essaient effectivement de stopper les voitures pour proposer aux passagers de leur acheter des fruits ou des sucreries. Malheureusement, donner de l'argent à ces enfants encourage leurs parents à les faire travailler plutôt qu'à les envoyer à l'école.

Vous arrivez enfin dans la ville de Palenque. Ton compagnon de route, avec qui tu as fini par sympathiser, t'explique qu'il a prévu de dormir dans une cabane à l'orée de la jungle à quelques kilomètres d'ici. Tu te laisses, toi aussi, tenter par un hébergement à proximité de la forêt. Le confort y est spartiate, mais cela permet de profiter de tous les bruits de la jungle, y compris un concert de rugissements aux premières heures du jour. Tu sors de ta cabane, la peur au ventre, pour te rendre au petit-déjeuner. Autour de la table, où tu retrouves le touriste du bus, deux petits singes noirs que tu trouves adorables jouent ensemble. Soudain, tu entends de nouveau le terrifiant rugissement et ton cœur se met à battre la chamade… jusqu'à ce que tu réalises que ce sont les petits singes qui poussent ce cri. Ton compagnon de déjeuner éclate de rire en voyant ta tête et t'apprend qu'il s'agit de singes hurleurs, extrêmement bruyants mais complètement inoffensifs !

Après ce réveil inhabituel, tu pars visiter le site archéologique de Palenque. Tu empruntes une longue route qui s'enfonce dans la jungle et arrives enfin aux ruines imposantes, qui surgissent subitement au milieu des arbres. L'ancienne cité précolombienne, en partie dévorée par la jungle, est tellement grande que tu ne croises presque personne en t'y promenant. L'ambiance est envoûtante ! Ça te donne des frissons de savoir que tu marches dans l'une des principales cités de la civilisation maya.

Alors que ton aventure au Mexique touche à sa fin, tu retournes à Mexico. Si tu poursuis ton voyage vers les États-Unis, rends-toi à la gare routière en **66**. Si tu continues ton périple en Argentine, rends-toi à l'aéroport en **119**. Attention, souviens-toi que tu ne peux pas retourner dans un pays que tu as déjà visité.

138.

Après toutes les grandes villes que tu viens de traverser, arriver dans la petite ville de Salento représente un sacré changement. Elle est perchée dans les collines, avec ses maisons de toutes les couleurs et ses cafés à chaque coin de rue, et tu t'y sens tout de suite à l'aise.

Tôt le lendemain, tu pars pour une randonnée dans la vallée de Cocora, que tu rejoins en jeep. Ici, ces véhicules sont utilisés par les habitants de la région comme par les touristes et remplacent les bus, qui ne pourraient pas circuler sur les routes, trop accidentées. Tu commences à marcher et, à mesure que tu avances, la brume se lève, découvrant une vallée verdoyante. Petit à petit, tu vois apparaître, comme plantés au hasard, quelques gigantesques palmiers. Un autre randonneur les observe attentivement avec des jumelles. Intrigué•e, tu regardes dans la même direction que lui, juste à temps pour apercevoir un petit oiseau vert sortir d'un tronc. Le promeneur t'explique qu'il s'agit d'une conure, une espèce qui vit en symbiose avec les palmiers de cire en faisant son nid dans leurs troncs et en se perchant sur leurs grandes feuilles, ce qui permet aux graines de tomber et à la plante de se reproduire. Pourtant, selon ton nouveau compagnon, l'équilibre de cette union est de plus en plus fragile à cause de l'exploitation des palmiers pour leur cire qui impacte les deux espèces, aujourd'hui en voie d'extinction. Vous poursuivez ensemble votre randonnée et arrivez dans un endroit où la végétation est plus dense et où l'ambiance devient tropicale. Au milieu de cette forêt vierge, il te montre des colibris. Ces oiseaux colorés sont non seulement les plus petits du monde, mais aussi les seuls à pouvoir voler à reculons. Ils se déplacent si rapidement qu'il est presque impossible d'en prendre une photo nette. Quelques centaines de tentatives plus tard, vous rejoignez les jeeps en longeant la rivière et vous traversez un pont suspendu qui te donne l'impression d'être Indiana Jones !

Tu n'as pas oublié que tu es dans la région du café. Selon toi, est-ce le bon moment pour en déguster ? Si oui, rends-toi en **159**, sinon va en **15**.

139.

Même si la relation à distance est difficile, vous vous parlez beaucoup au téléphone. Cela fait longtemps que tu avais prévu ton tour du monde, et tu tiens à vivre cette expérience par toi-même. Il est temps de te rendre à l'aéroport, en **304**.

140.

Un garde armé jusqu'aux dents bondit sur toi en te demandant de reculer. Tu paniques et t'agites en essayant d'atteindre ton sac alors que le chien s'est mis à aboyer. En trois secondes, tu te retrouves par terre, menotté•e, pendant que ton sac est fouillé minutieusement. Par chance, les douaniers comprennent très vite que ce sont tes snacks entamés qui ont attiré le chien. Ouf ! Tu ne finiras pas en prison ! Par contre, ils n'ont pas aimé ton attitude et trouvent suspect que tu arrives du Mexique par la route, sans billet de retour vers ton pays d'origine. Tu as beau leur expliquer que tu fais un tour du monde, leur décision est prise : tu n'entreras pas sur le territoire américain. Prépare-toi à être renvoyé chez toi par le prochain avion, en **41**.

141.

Tu te lances dans un road-trip en bus sur la côte est américaine. De New York, tu te rends dans la ville de Philadelphie, qui est considérée comme le berceau historique du pays. C'est dans son Independence Hall qu'ont été signées la Constitution et la Déclaration d'indépendance des États-Unis. Tu ne manques pas d'aller voir la célèbre cloche de la liberté, Liberty Bell, symbole de l'indépendance du pays. Enfin, tu découvres la spécialité locale, le *Philly cheesesteak sandwich*. Composé de viande hachée avec beaucoup d'oignon et de fromage, il n'a pas la réputation d'être facile à digérer !

Tu t'arrêtes ensuite brièvement dans la capitale, Washington DC. Tu arrives dans l'après-midi et n'as que le temps d'apercevoir de l'extérieur des monuments représentatifs du pouvoir américain. Tu repères notamment le Capitole, la Maison Blanche, la Cour suprême et l'obélisque de 170 mètres de haut appelé le Washington Monument. Après cette rapide visite, tu embarques dans un train qui te conduira à La Nouvelle-Orléans, une ville située en Louisiane, un État du Sud.

Les vingt-sept heures de trajet en valaient la peine : tu finis ton séjour américain en beauté dans cette ville haute en couleur et tout en musique ! Tu flânes au bord du mythique fleuve Mississippi et observes les maisons aux styles architecturaux très variés qui reflètent l'héritage colonial de la région. Tu profites de tes quelques jours sur place pour faire une excursion en dehors de la ville. Premier arrêt : le bayou ! Il s'agit d'étendues d'eau spécifiques au delta du Mississippi, où la végétation est enracinée directement dans la rivière.

Tu as réservé un tour en bateau pour découvrir la faune et la flore locales, et, en pénétrant dans cette forêt dense et luxuriante, tu aperçois de nombreux animaux, dont des alligators ! Pour le déjeuner, on te propose justement d'y goûter... mais tu déclines et préfères essayer le gombo. Il s'agit d'une soupe, qui peut être aux légumes, à la viande ou aux fruits de mer et qui se mange accompagnée de riz. Tu te rends ensuite dans une ancienne plantation où tu en apprends plus sur l'histoire du sud des États-Unis. Aux XVIIIe et XIXe siècles, des centaines de milliers de personnes noires, déportées depuis l'Afrique, ont été exploitées comme esclaves par les colons blancs pour travailler dans leurs plantations (principalement de coton et de canne à sucre). Tu es choqué•e en voyant l'opulence des manoirs qui appartenaient aux riches propriétaires, à côté des cases misérables qu'occupaient ces esclaves aux conditions de vie révoltantes. Tu découvres que si la guerre de Sécession (qui a opposé les États du nord et du sud des États-Unis entre 1861 et 1865) a mis fin à l'esclavage, les politiques de ségrégation (qui séparent les individus selon des critères raciaux) ont maintenu une inégalité des droits entre les populations noires et blanches, notamment en Louisiane, jusqu'à la fin des années 1960. Aujourd'hui encore, il existe un racisme bien ancré et de profondes inégalités dans le pays. Le soir, de retour à La Nouvelle-Orléans, tu profites de ce que tu te trouves dans le temple du jazz et du blues pour te changer les idées en allant écouter des groupes dans des clubs, un cocktail à la main.

Le jour de ton départ, tu visites le musée du Vaudou, une pratique rituelle qui tient une place très importante dans la culture locale et qui donne une ambiance mystique à la région, que tu as adorée. Ton voyage aux États-Unis se termine déjà. Tu prends un train pour rejoindre la gare de San Antonio, où tu fais un court arrêt. Pendant ces quelques heures au Texas, tu goûtes au véritable chili con carne, composé de haricots rouges et de viande hachée parfumée aux épices (qui se décline aussi en version végétarienne : le « chili sin carne »). Tu embarques ensuite pour un long voyage en bus en direction du pays voisin, dont la culture texane est si imprégnée… Rends-toi au Mexique, en **50**.

142.

Pour finir en beauté ta journée avec Klaus et Mei, vous allez voir le coucher du soleil sur la plage qui borde le quartier de Kuta. C'est la tradition pour les Indonésiens, les expatriés et les touristes. Vous vous asseyez sur des poufs posés face à la mer, qui appartiennent à l'un des nombreux bars qui longent la plage. Les pieds dans le sable, vous partagez un plat de *sate ayam* (des brochettes de viande à la sauce aux cacahuètes) en admirant le spectacle des cerfs-volants dans le ciel. Tu n'en reviens pas en découvrant qu'ils sont fabriqués à partir de sacs-poubelles et que ce sont de très jeunes enfants qui les font voler avec tant de dextérité ! Pendant ce temps, des chiens errants attendent à vos pieds en espérant que vous laissiez tomber un morceau de viande. Votre repas terminé, vous marchez quelques mètres et arrivez soudain dans ce qui ressemble à un autre monde : un club très chic qui n'est fréquenté que par des touristes et des expatriés. Vous passez le reste de votre soirée face à un DJ, assis dans une piscine à l'intérieur de laquelle les serveurs (mouillés jusqu'aux fesses) viennent vous apporter des cocktails. Cette expérience aura eu le mérite de t'avoir montré les différentes facettes de l'île en à peine quelques heures !

Ton séjour à Bali s'achève : demain, tu prendras le ferry pour l'île voisine de Java. Souhaites-tu l'explorer, en **122**, ou préfères-tu poursuivre ton périple sans t'arrêter jusqu'à Jakarta, en **307**, où tu continueras vers ta prochaine destination internationale ?

143.

Une fois à Lima, tu commences par prendre la température de la ville en déambulant dans les rues. À midi, tu t'arrêtes au marché devant un étal qui, comme beaucoup de restaurants, propose de l'*aji de gallina*. Le propriétaire du stand te confirme qu'il s'agit d'un plat typique du Pérou, à base de poulet cuit dans une sauce au chili légèrement épicée, et servi avec du riz et des pommes de terre. Après avoir grignoté, tu profites de l'après-midi pour visiter le musée Larco. Il abrite une grande collection d'art précolombien, et notamment l'une des plus importantes collections de céramiques au monde. Tu explores avec intérêt les salles consacrées aux différentes cérémonies religieuses et aux rituels sacrificiels. Tu traverses même une galerie d'art érotique dans laquelle se trouvent de nombreuses poteries réalisées par les Moches, un peuple qui considérait l'échange de fluides corporels comme un moyen de communiquer avec les dieux.

Dès le lendemain matin, tu te rends à la gare routière. De ce que tu as compris des indications données au guichet, une bonne journée de bus devrait suffire pour traverser l'Équateur et rejoindre la Colombie. Ce n'est qu'une fois dans le bus que tu prends le temps de mieux regarder ton billet. Effectivement, ton arrivée est bien prévue pour le soir… mais demain !

Après deux jours de voyage laborieux, tu arrives enfin en Colombie, dans la ville de Cali. Tu as vraiment envie de te dégourdir les jambes, mais tu vas d'abord poser tes affaires dans le logement chez l'habitant que tu as trouvé. Ton hôte, Toñi, t'explique que Cali est la capitale de la salsa. Il t'invite à commencer la soirée dans le meilleur club de la ville. Tu te laisses vite entraîner par la musique et l'ambiance du lieu et, après une nuit de danse endiablée, tu reprends le bus jusqu'à l'*Eje Cafetero*, la région des plantations de café, que tu voulais absolument découvrir. Est-ce que tu préfères la visiter en pratiquant un sport extrême, en **37**, ou en gardant encore les fesses posées sur le siège d'un véhicule, en **159** ?

144.

Tu avais beaucoup d'options en tête, mais tu as finalement choisi de faire un road-trip en van, de Sydney à Cairns en longeant la côte est du pays. Tu as loué le véhicule le plus compact possible, pour pouvoir conduire et te garer facilement. Pour ta première étape, tu as acheté un billet de concert. Tu as découvert qu'un des groupes de rock que tu adores est australien et passe ce soir en concert à Newcastle. Seulement tu mets plus de temps que prévu à sortir de Sydney et le jour commence à décliner avant ton arrivée sur place. Est-ce que tu décides de t'arrêter sur une aire de camping avant la tombée de la nuit, en **7**, ou est-ce que tu préfères continuer à rouler pour ne pas rater le concert, en **193** ?

145.

Comme c'est un jour exceptionnel et que tu as presque fini ton voyage, tu peux te permettre de faire un écart de budget. La pyramide de Khéops est la plus grande du site de Gizeh, avec une hauteur de 140 mètres et un périmètre de près d'1 kilomètre. Cette pyramide est la seule dont le tombeau ne se situe pas en dessous mais au centre de la structure. Tu n'en reviens pas d'avoir la chance d'y accéder ! Cette expérience demande quand même de ne pas être claustrophobe et d'avoir un certain niveau de forme physique car il faut grimper un long moment en position accroupie et dans un espace exigu avant de parvenir aux chambres funéraires. Quand tu y arrives enfin, tu es déçu•e de constater qu'elles sont complètement vides. Il n'y a même pas un panneau pour te féliciter d'être arrivé•e jusque-là ! Mais comme l'important n'est pas la destination mais le chemin parcouru, tu ressors en te disant que le jeu en valait quand même la chandelle… C'est fou de t'être retrouvé•e au cœur de la plus iconique des pyramides, dans les pas d'un archéologue ! Continue maintenant ton voyage en **63** !

146.

De tout ton tour du monde, ton cœur n'a jamais autant battu la chamade au moment du décollage. Non seulement tu t'envoles pour ta dernière destination, mais tu vas aussi retrouver Gabi, pour qui tu as eu un coup de foudre en Inde ! Tu atterris à Bucarest, la capitale de la Roumanie, avec un peu d'appréhension. Mais vos retrouvailles très romantiques te rassurent tout de suite : la flamme est toujours là. Tu mets tout de suite en pratique les quelques notions de roumain que tu as acquises grâce à ton guide de voyage et impressionnes Gabi en utilisant les mots *bună* (« bonjour ») et *mulțumesc* (« merci »).

Avant de t'emmener en voiture découvrir d'autres parties de son pays, Gabi commence par te faire faire une visite rapide de Bucarest. Tu as le droit à une petite leçon d'histoire sur la route. Tu en retiens que la Roumanie est née de l'intégration de populations très diverses et de la réunion de trois grandes régions : la Transylvanie, la Valachie et la Moldavie. Gabi s'arrête devant le plus grand bâtiment d'Europe : le palais du Parlement à Bucarest (dans le monde, son seul rival est le bâtiment américain du Pentagone). Cet édifice est le fruit du rêve mégalomane de Nicolae Ceaușescu, qui institua une dictature communiste en Roumanie entre 1965 et 1989. Depuis la chute de ce régime, la démocratie a été instaurée dans le pays, qui fait partie de l'Union européenne depuis 2007. Cependant, l'ouverture soudaine du pays sur l'Occident et le capitalisme a été difficile. Ses institutions semblent encore fragiles et la corruption pose toujours problème.

Alors que Gabi sort de la capitale et que tu admires sa conduite sereine au milieu de ce chaos, tu te demandes quelle sera votre prochaine destination. Au fait, avec quel sac voyages-tu ? Si c'est le sac 1, rends-toi en **285**. Si c'est le sac 2 ou 5, rends-toi en **95**. Si c'est le sac 3 ou 4, rends-toi en **325**. Si tu as perdu ton sac, rends-toi en **74**.

147.

Tu es de retour dans la capitale argentine, où tu avais commencé ton périple. Depuis ton arrivée, tu n'arrêtes pas de croiser des gens, un thermos sous le bras et une espèce de tasse sphérique dont sort une paille en fer à la main. Pas question de quitter le pays sans avoir découvert ce qu'ils boivent ! Pour ton dernier après-midi à Buenos Aires, tu décides d'aller explorer le quartier de la Recoleta. Dans un parc, tu traverses un petit marché artisanal, sur l'un des étals duquel se trouvent les fameuses tasses que tu vois partout. Tu demandes donc au vendeur de t'expliquer de quoi il s'agit. Il t'apprend que ce sont des calebasses qui servent à boire le maté, l'infusion emblématique de l'Argentine. D'après lui, c'est encore mieux que le café, ça enlève la fatigue et le mal de tête ! Il attrape alors un sachet d'herbes séchées et en verse dans la calebasse. Il ferme ensuite le récipient du plat de la main et le secoue un peu « pour aérer le maté », précise-t-il. Puis il prend son thermos et verse de l'eau chaude jusqu'à ras bord. « Il faut que l'eau soit bouillante, c'est pour ça que tout le monde se balade avec son thermos. » Il plante la *bombilla* (la paille) dedans et te tend la calebasse. C'est un peu amer et le goût te fait penser à de la tisane, mais tu espères que cela te donnera de l'énergie pour le voyage qui t'attend.

Après avoir remercié chaleureusement le vendeur, tu rentres à l'auberge faire tes bagages. Dans quel pays as-tu l'intention de continuer ton périple ? Si tu veux te rendre au Pérou, c'est en **200**. Si tu souhaites passer par le Mexique, rends-toi en **50**. Enfin, si tu décides de partir à la découverte de l'île de Pâques, file en **309**.

148.

Toi et cinq autres personnes de ton groupe vous levez à l'aube et partez en bateau pour une session de plongée sous-marine. Vous vous rendez à proximité de l'atoll de Mnemba, où les fonds marins sont superbes. Vous y croisez des hippocampes, des poulpes, des poissons-lions, une tortue qui nage un moment à vos côtés, des coraux et de petits poissons colorés. Puis vous faites une rencontre stupéfiante avec une famille de grands dauphins. Une bonne dizaine de ces magnifiques créatures, dont des bébés, se tiennent près de toi à plusieurs mètres de profondeur. Tu n'aurais jamais pensé avoir la chance d'en observer de si près et tu n'oublieras jamais ce moment. En remontant à la surface, vous êtes tous abasourdis par la chance que vous avez eue.

Après cette plongée plutôt physique, tu es fatigué•e et affamé•e. Vous avez quartier libre pour l'après-midi. Les autres décident de rentrer déjeuner à l'hôtel pour ensuite s'allonger un peu. C'est déjà ton dernier jour à Zanzibar, alors préfères-tu rentrer à l'hôtel avec eux, en **238**, ou partir explorer l'île, en **56** ?

149.

Tu es très excité•e d'être dans la ville du cinéma indien et d'en découvrir l'envers du décor dans un studio. Le mot *Bollywood* vient de la fusion de Bombay (l'ancien nom de Mumbai) et d'Hollywood. Il s'agit donc de l'immense industrie du film indien, qui donne beaucoup dans la romance et inclut énormément de chansons et de chorégraphies colorées et dynamiques. Un de tes voisins de train t'a dit que des figurants étaient régulièrement recrutés dans les rues de la ville ; tu adorerais que ça t'arrive ! Mais la visite des studios est déjà une belle expérience, d'autant plus que tu as la chance d'assister à un tournage. Les producteurs vous autorisent, toi et ton groupe, à vous asseoir dans un coin pour observer les acteurs et le ballet des équipes techniques et des caméras autour d'eux. À la fin de la scène, on vous laisse même essayer des costumes, et vous finissez par danser avec un chorégraphe qui passait par là ! Tu te croirais dans un film, c'est très divertissant et tu t'amuses beaucoup. En visitant les loges et les salles de maquillage avant de repartir, tu réalises que l'envers du décor de cette industrie du glamour est plutôt… chaotique !

Ce soir-là, chez *Aunty*, les musiques entêtantes entendues dans les studios te restent dans la tête et tu ne trouves pas le sommeil. Demain, tu pars déjà pour un nouveau pays. Tu t'interroges sur celui que tu veux visiter : est-ce que tu as plutôt envie de plonger dans l'ambiance du *Roi lion*, en **174**, ou de te prendre pour un archéologue, en **187** ?

150.

Oliver, le conducteur, fait un crochet par ton auberge de jeunesse, où tu récupères ton sac. Vous vous mettez directement en route vers le sud avec un premier arrêt dans la réserve naturelle de Big Basin Redwoods. Dans cette ancienne forêt, tu lèves les yeux pour admirer les séquoias géants de près de 100 mètres de haut et vieux de deux cents ans.

Vous vous arrêtez ensuite à Santa Cruz, une ville de surfers et d'artistes que tes amis connaissent bien.

Vous faites une magnifique promenade sur la plage : d'un côté, il y a une fête foraine colorée et rétro, de l'autre, un joli phare et des falaises. Le soir venu, vous profitez d'un concert dans un bar avant d'aller vous coucher à l'hôtel que les trois amis ont réservé. Ils ont gentiment emporté un matelas gonflable pour que tu puisses dormir dans la même chambre qu'eux et éviter ainsi de trop dépenser. Tu as bien du mal à leur rendre la pareille, ils sont tellement généreux avec toi ! Tu t'endors en te félicitant d'avoir décidé de les suivre alors que tu ne les connaissais pourtant que depuis quelques heures.

Le lendemain matin, Charlie se plaint de s'être gratté toute la nuit. Avais-tu rencontré des punaises de lit dans ton hôtel à Londres ? Si oui, va t'inquiéter en **241**. Sinon pars mener l'enquête, en **204**.

151.

C'est ta première fois sur un paddle, une planche, similaire à un surf, sur laquelle on avance grâce à une pagaie, en se tenant debout. Le loueur t'explique comment t'en servir. Après quelques minutes à genoux, tu arrives à te lever dessus, mais tu te rends vite compte que tu n'iras pas bien loin ! C'est plus sportif qu'il n'y paraît. Les bras, les jambes, les fesses, le dos, les abdos tirent énormément… Malgré la belle vue depuis la baie, tu rends ta planche avant la fin des deux heures de location, et tu sais déjà que tu peux t'attendre à avoir de belles courbatures demain ! D'ailleurs, à propos de demain, auras-tu l'énergie de partir en catamaran ? Si oui, rends-toi en **254**. Sinon va en **243**.

152.

Finalement, pour te rendre à Quito, tu es quand même obligé•e de faire une étape à Lima. Cette ville ne t'attire vraiment pas ; aussi, sans même sortir de la gare, tu décides de prendre le premier bus. Après de longues heures de route, tu arrives enfin à Quito, la capitale de l'Équateur. Tu pensais prendre deux ou trois jours pour la visiter avant de poursuivre ton périple en Colombie. Cependant, tu t'aperçois vite que le seul bus à un prix abordable part… dans trois heures ! Quel dommage, tu n'as pas le temps de découvrir quoi que ce soit. Tu ne pourras donc pas compter l'Équateur parmi les pays que tu auras visités.

Après un long trajet, incluant un changement, tu arrives à Bogotá, qui, bien qu'elle soit la capitale de la Colombie, n'offre que très peu d'attractions touristiques. Néanmoins, tu as entendu parler de son musée de l'Or, que tu veux absolument visiter. Le musée porte bien son nom : il regorge effectivement d'or sous toutes ses formes et abrite une immense collection d'objets d'orfèvrerie préhispanique. Il présente également l'origine du mythe de l'Eldorado, apparu dans la région de Bogotá. On raconte que le couronnement des chefs indigènes locaux se déroulait sur une barque, au milieu du lac Guatavita, et qu'au cours de la cérémonie le futur souverain, couvert de poudre d'or, jetait d'énormes quantités du métal précieux dans l'eau, en offrande à la divinité du lac. Cette démonstration de richesse impressionna fortement les conquistadors, qui propagèrent l'histoire de cet homme doré (« *el Dorado* », en espagnol) tant et si bien qu'ils la déformèrent, donnant naissance à la légende d'une ville entièrement construite en or, appelée Eldorado. Beaucoup d'Européens essayèrent de trouver cette cité par la suite, donnant lieu à plusieurs siècles de chasse au trésor.

Le lendemain, un dernier trajet en bus t'emmène à Salento, la grande ville de l'*Eje Cafetero*, la région du café. Si tu es plutôt rando, rends-toi en **138**. Si tu es plutôt vélo, rends-toi en **37**.

153.

Pendant que tu commandes, Mei fait des recherches sur son téléphone pour en savoir plus sur ce mystérieux *kopi luwak*. Ce que vous apprenez te retourne l'estomac ! Ce café, le plus cher du monde, est fait à partir de grains recueillis dans des excréments de civettes (*luwak*). Ce qui te perturbe le plus, c'est d'apprendre que ces animaux sont enfermés et gavés pour produire ce café si prisé. C'était probablement le cas des civettes que vous avez croisées plus tôt sur le bord de la route…

Malgré tout, tu as vraiment passé une agréable journée avec Mei et Klaus. Tu as maintenant prévu de partir sur une île voisine de Bali pour nager avec des raies, mais tes nouveaux amis te proposent de rester avec eux pour faire un road-trip de plusieurs jours. Acceptes-tu leur proposition, en **208**, ou reprends-tu ton voyage en solo, en **302** ?

154.

Heureusement que tu avais de quoi t'occuper jusqu'à la fin du voyage, qui t'a semblé interminable. Dès qu'il a été réveillé, tu en as aussi profité pour questionner ton voisin sur la Patagonie, et il t'a donné tellement de bons plans que tu ne sais plus quoi choisir pour ton excursion de demain. Est-ce que tu préfères dépenser un peu d'argent pour vivre une expérience hors du commun, en **91**, ou est-ce que tu privilégies les activités gratuites, en **128** ?

155.

Ce matin, tu te lèves tôt pour aller visiter Teotihuacan, une grande cité précolombienne, fondée par les Mayas et située à environ une heure de bus de Mexico. Tu profites du trajet pour lire le dépliant offert avec le ticket, qui t'apprend que tu es sur le point de découvrir certaines des plus grandes pyramides du continent américain. Le nom de ce site archéologique signifierait « l'endroit où les dieux se réunissent ».

Ta visite débute par le temple de Quetzalcóatl, dédié au dieu-serpent et où avaient lieu des sacrifices humains. L'édifice est constitué de grosses pierres imbriquées, dont certaines sont taillées en forme d'impressionnantes têtes de serpent à plumes. Tu empruntes ensuite l'allée des Morts, l'artère principale du site qui est bordée d'imposants bâtiments religieux. Sur certains, tu arrives même à voir quelques peintures murales bien conservées, notamment un magnifique jaguar. Au centre de l'avenue se trouve la pyramide du Soleil. De forme carrée, avec des paliers de plus en plus petits, elle rappelle les pyramides égyptiennes sans pour autant leur ressembler. C'est la plus grande du site et elle est si impressionnante que tu te sens minuscule à mesure que tu t'en rapproches. Une fois au pied de la majestueuse construction, tu montes une dizaine de marches, mais elles sont tellement hautes que tu renonces à ton ascension sous le soleil brûlant. Tu préfères garder tes forces pour le reste de la visite, d'autant plus qu'en regardant en bas, tu as déjà le vertige.

Tu continues donc à explorer le site jusqu'à arriver à une deuxième grande pyramide, celle de la Lune. Ses marches ont l'air tout aussi imposantes que les autres, mais il y en a moins pour arriver au sommet, et ce dernier promet un incroyable panorama. Décides-tu de prendre ton courage à deux mains pour gravir l'édifice, en **175**, ou te contentes-tu de l'admirer d'en bas, en **77** ?

156.

En te baladant dans les rues de Oaxaca, tu constates que tous les restaurants proposent du *mole*, un plat qu'on t'a conseillé de goûter. Tu entres au hasard dans l'un d'eux et, alors que le serveur t'apporte le menu, tu lui dis que tu sais déjà que tu veux commander du *mole*. Mais, à ta grande surprise, il te demande lequel. « *Hay el mole negro, el verde, el rojo, el amarillo o el colorado* » (« Il y a le mole noir, le vert, le rouge, le jaune ou le multicolore »), précise-t-il. Ça alors ! Tu n'avais pas imaginé que tu devrais choisir ton plat parmi un arc-en-ciel et tu te sens complètement perdu•e… Heureusement, devant ton hésitation, le serveur te conseille le *mole negro*, qui est une spécialité de la ville. Le restaurant est si petit que tu te retrouves à partager ta table avec un couple de Mexicains, qui commencent tout naturellement à discuter avec toi. Ils t'expliquent que le *mole* est une sauce à base de cacao, souvent servie avec du poulet et du riz. La saveur est assez inattendue, mais le goût amer du chocolat se marie très bien avec les accompagnements.

À la fin du repas, tu demandes à tes nouveaux amis Ximena et Angel où goûter du *pulque*, qui t'a été décrit comme une expérience immanquable. Non seulement ils savent où en trouver, mais ils insistent pour t'accompagner. Pendant que la serveuse vous apporte trois verres, Ximena t'explique que ce qu'elle appelle « la boisson des dieux » a été inventée par les Mayas. C'est un alcool produit grâce à la fermentation de jus d'agave, une grosse plante cousine de l'aloe vera que tu as pu voir sur le bord des routes et qui sert aussi à fabriquer la tequila.

Vous sympathisez vraiment, tous les trois, au point que Ximena t'invite à venir dans sa famille le lendemain pour célébrer le *Día de Muertos* (le jour des Morts) avec eux. Une telle gentillesse de la part de gens que tu connais si peu te touche beaucoup, mais tu as déjà un tour organisé prévu avec la chouette auberge où tu loges. Souhaites-tu modifier tes plans pour aller découvrir le *Día de Muertos* avec la famille de Ximena, en **9**, ou préfères-tu suivre le circuit que tu avais si bien planifié, en **117** ?

157.

Tu atterris le soir à Sydney et rejoins directement ton auberge de jeunesse. En cherchant des logements, tu as pris conscience que la vie coûtait cher en Australie. C'est encore plus vrai à Sydney, qui est la plus grande ville du pays bien qu'il ne s'agisse pas de la capitale, qui est Canberra. Pour respecter ton budget, tu as donc réservé l'auberge la moins chère et c'est avec un brin d'inquiétude que tu t'y rends. Les énormes cafards que tu croises dans les rues alentour ne contribuent pas à te rassurer… Finalement, elle est correcte et l'hygiène y est passable. En revanche, il n'y a ni local à bagages ni casiers pour laisser ton sac à dos en sécurité quand tu quittes le dortoir. Épuisé•e de l'avoir porté jusqu'ici, tu prends simplement ton portefeuille et ton passeport sur toi avant de ressortir. Si tu voyages avec le sac 3 ou 4, pars dîner rapidement, en **320**. Si tu voyages avec le sac 1, 2 ou 5, pars dîner sereinement, en **268**, après avoir pris soin d'attacher ton sac au pied de ton lit grâce à ton cadenas.

158.

Tu te remets en route et fais une pause toutes les cinq minutes pour économiser tes forces. Au bout d'un moment, tu croises un couple de Colombiens qui, inquiets de ton état, t'aident à rejoindre le camping en te soutenant par les épaules. Tu vas tout de suite à l'infirmerie, où un secouriste t'invite à t'allonger. Mais, pris•e de vomissements et de diarrhée, tu es très vite obligé•e de te relever pour filer aux toilettes.

Devant tes symptômes préoccupants, le secouriste s'organise avec les rangers pour te faire sortir rapidement du parc. Comme tu es incapable de marcher, ils te font monter sur un cheval et, en passant par un chemin plus praticable que celui que tu as pris à l'aller, te ramènent jusqu'à la route. Là-bas, un véhicule t'attend pour te conduire à l'hôpital, où tu es mis•e sous perfusion. Apparemment, tu as réussi l'exploit de cumuler une insolation et une infection intestinale à cause de l'eau contaminée que tu as bue. Il va te falloir un peu de temps pour t'en remettre…

Après quelques jours de soins et une belle frayeur, te revoilà sur pied. Maintenant que tu as repris tes esprits, tu réalises que, sans assurance, les frais médicaux t'ont coûté très cher et qu'à cause de ta mésaventure, ton compte en banque se retrouve presque à sec… En fait, il te reste juste de quoi prendre un billet d'avion pour rentrer chez toi. Ce n'était peut-être pas une si bonne idée que ça de ne pas avoir souscrit la moindre assurance… Rends-toi en **41**.

159.

Tu te rends au point de rendez-vous des jeeps, où tu te renseignes sur le trajet pour aller visiter une plantation de café. Les chauffeurs te demandent laquelle tu souhaites rejoindre et, percevant ton incertitude, l'un d'eux te fait signe de monter dans son 4 × 4 en te disant : « *Voy a la más tradicional, está chevere.* » Tu penses avoir compris qu'il s'agit d'une plantation traditionnelle avec des chèvres. C'est un peu étrange, mais ça peut être sympa ! Un couple de Français, assis à côté de toi dans la voiture, commence à rigoler en t'entendant marmonner à propos des chèvres. Ils t'expliquent que *chevere* veut dire « cool » en argot colombien. Comme ils ont l'air de bien se débrouiller en espagnol, tu leur demandes de l'aide pour la traduction pendant la visite. Le propriétaire vous montre toute la plantation, en vous expliquant que les bananiers plantés au milieu des caféiers aident à maintenir une certaine humidité, indispensable à la bonne pousse des petites cerises dont sont extraits les grains de café. Il vous explique ensuite comment ces derniers sont décortiqués, puis mis à sécher avant d'être moulus. Pour cette dernière étape, le propriétaire vous propose de moudre chacun un peu de café, qu'il vous fait ensuite déguster. Que l'on soit ou non buveur de café, il faut bien reconnaître que celui-ci est de très bonne qualité.

Les jours suivants, tu pars à la découverte des autres petits villages colorés des environs de Salento avant de poursuivre ton exploration de la Colombie. Est-ce que tu es plus tenté par les aspects culturels du pays, en **55**, ou par sa nature luxuriante, en **2** ?

160.

Le poids de ton sac te sciait les épaules et tu l'as donc posé à côté de toi le temps de ton appel. Seulement, une fois ton amie au bout du fil, tu n'as plus fait attention à ce qui se passait autour de toi. Après avoir raccroché, tu réalises avec horreur que ton sac a disparu… Tu essaies de demander autour de toi si quelqu'un a vu quelque chose, mais personne ne semble disposé à t'aider. C'est pareil quand tu t'adresses au guichet. Tu te rends à l'évidence : rien ne fera réapparaître ton sac. Heureusement, tu avais conservé dans ta poche secrète, sous ton tee-shirt, ton passeport et ton argent. Tu vas devoir continuer ton voyage uniquement avec les vêtements que tu as sur le dos. Attention, à présent et jusqu'à la fin du jeu, à chaque question sur ton sac à dos, tu devras te souvenir que tu n'en possèdes plus ! Prends le train en **216**.

161.

La soirée était vraiment dingue, avec un DJ incroyable ! Tu vas te coucher au petit matin, un peu éméché•e. Tu n'entends pas ton réveil sonner et le gérant de l'hôtel est obligé de venir te réveiller pour te dire que c'est l'heure du *check-out* (départ). Déjà midi ?! Tu n'as plus le temps de te rendre au mariage et tu te mets en route pour l'aéroport en **54**.

162.

Une fois à Medellín, tu rejoins ton hébergement en taxi. Après ton installation, tu décides de te rendre dans le bar qu'on t'a conseillé pour tester le *tejo*, un jeu local. Craignant un peu de t'y rendre seul•e, tu as convaincu trois autres voyageurs rencontrés à l'auberge de te suivre. Pedro, le gérant du club, vous accueille chaleureusement. Tout en préparant les boissons que vous avez commandées, il prend le temps de vous expliquer les règles du jeu que vous vous apprêtez à découvrir. Sauf qu'il parle tellement vite que toi et tes compagnons ne saisissez pas tout ce qu'il raconte… Mais c'est sans importance : en observant les parties en cours, vous avez vite fait de comprendre ce qu'il faut faire. Il s'agit de lancer un palet au milieu d'un cercle en métal pour marquer des points. Sur ce cercle sont disposés des triangles en papier qui contiennent de la poudre, et si le palet tape dessus, cela déclenche une petite explosion et donne des points en plus. Pas très rassuré•e de te divertir avec de la poudre explosive, tu commences malgré tout à jouer. Le palet est bien plus lourd que ce que tu pensais, et il n'est pas si facile de viser. Néanmoins, après quelques essais, un bruit de pétard te fait sursauter. Tu as réussi ! Les autres aussi sont de plus en plus à l'aise, et vous commencez à provoquer tout un tas de petites explosions, ce qui est finalement assez amusant.

Pendant la partie, l'un de tes partenaires de jeu se révèle être un grand admirateur de Pablo Escobar. Il a d'ailleurs organisé son voyage autour des lieux où a vécu le fameux narcotrafiquant colombien. Lorsque Pedro vous apporte une deuxième tournée de boissons, il ne peut s'empêcher de lui poser des questions au sujet du célèbre bandit. Un peu à contrecœur, Pedro vous raconte alors que sa famille adorait Escobar, car il les a sortis de la misère en les aidant à trouver un logement, comme beaucoup d'autres personnes défavorisées de la région. Pourtant, Pedro se montre beaucoup moins attaché à Escobar que ses proches, car il garde un mauvais souvenir de son enfance ponctuée de coups de feu et de règlements de compte. Il estime aussi avoir perdu de nombreux amis par sa faute, victimes directes ou collatérales du trafic de drogue.

Après cette soirée riche en émotions, il est temps pour toi de te rendre à l'aéroport, en **50**, pour continuer ton périple vers le Mexique. À moins que tu n'y sois déjà allé•e, et, dans ce cas, pars en **25**.

163.

Ton voyage se termine ici, il est temps de rentrer chez toi. Tu as fait un beau tour du monde et parcouru tous les continents, félicitations ! Cependant, tu n'as pas visité tous les pays de ton itinéraire idéal. Si tu as envie de découvrir ceux que tu as manqués, tu peux faire un nouveau voyage en retournant au point de départ. Si tu aimes les défis, il est même possible de visiter les 16 pays à la suite…

164.

Avant de prendre le ferry pour Alcatraz, tu flânes le long du très touristique quai « Pier 39 ». Tu passes devant des boutiques de souvenirs colorées et des manèges, avant d'apercevoir les otaries qui ont élu domicile sur l'embarcadère depuis le début des années 1990.

Alors que le bateau met le cap sur Alcatraz, tu profites de la vue sur la baie de San Francisco. En débarquant sur l'île, tu remarques immédiatement à quel point elle est ventée. Tu commences ta visite par l'extérieur de la prison, un audioguide sur les oreilles, qui diffuse des témoignages d'anciens détenus et de gardiens. Tu poursuis par l'intérieur, où de nombreux prisonniers ont été incarcérés dans des conditions difficiles entre 1868 et 1963. Tu apprends que le célèbre gangster de la Prohibition Al Capone, dit « Scarface », y a séjourné. L'atmosphère est lugubre. Alcatraz est une prison particulièrement connue car personne n'aurait réussi à s'en échapper vivant (seuls cinq détenus ont été portés disparus et présumés noyés), les eaux qui l'entourent étant trop agitées pour permettre d'y nager.

Au moment de repartir, un des nombreux oiseaux de l'île te laisse en souvenir une fiente sur ta tête ! Est-ce que ce cadeau te semble de mauvais augure et te convainc de continuer ta route vers une autre ville américaine, en **284**, ou y vois-tu une forme d'encouragement à prolonger ton séjour à San Francisco, en **71** ?

165.

Ce matin, vous vous arrêtez au bord du cratère du Ngorongoro. Tout ton groupe est impatient de descendre au fond de cette immense cuvette verdoyante, de plus de 20 kilomètres carrés, dans laquelle vivent de nombreux animaux. Vous y voyez d'abord défiler des hordes de gnous, des bovidés herbivores qui migrent par centaines de milliers chaque année. Puis, au détour d'un chemin, vous vous retrouvez nez à nez avec un immense éléphant mâle. Alors qu'il commence à charger la jeep dans laquelle tu te trouves, votre guide fonce à toute allure en marche arrière ! Vous êtes heureusement plus rapides que l'éléphant, qui se lasse assez vite de cette course-poursuite. Toi, par contre, tu as rarement eu une aussi grosse montée d'adrénaline !

Après avoir croisé de nombreux zèbres, vous tombez sur un groupe de hyènes tachetées, qui ressemblent à de gros chiens. Elles sont en train de dévorer les restes d'une carcasse de zébu, probablement tué par des lions. D'autres charognards les survolent en attendant leur tour : les vautours (que tu reconnais à la courbure caractéristique de leur cou) seront les suivants à se régaler après le départ des hyènes. Votre chance continue : vous croisez deux rhinocéros noirs, une femelle et son petit. Le guide insiste sur le fait que ce genre de rencontre est de plus en plus rare, car il s'agit d'une espèce extrêmement menacée. Les rhinocéros ont beau bénéficier d'une sécurité rapprochée dans les parcs, les braconniers sont prêts à tout pour scier leurs cornes, tant l'appât du gain est fort. En effet, les cornes de rhinocéros sont encore plus prisées que l'or ou la cocaïne. Entières ou réduites en poudre, elles sont vendues pour leurs prétendues vertus thérapeutiques, qui n'ont en fait aucun fondement scientifique. Le plus triste, c'est que, comme les ongles ou les cheveux des humains, les cornes de rhinocéros repousseraient si on ne les abattait pas pour les leur arracher ! Mais les hommes envoyés sur le terrain pour faire le sale boulot n'ont pas les moyens d'endormir ou de voler des animaux pesant près de 3 tonnes, alors ils les tuent. C'est révoltant !

Vous vous arrêtez finalement pour regarder le coucher du soleil sur un magnifique point d'eau où les animaux sauvages viennent se désaltérer. Vous repartez ensuite pour un safari de nuit. Le guide est équipé de lampes spéciales pour ne pas déranger les animaux, et vous passez en silence devant des girafes qui dorment et des hippopotames hors de l'eau avant de tomber sur ce que vous espériez voir… Un léopard, dans les yeux duquel la lumière projetée par le guide se reflète furtivement ! Le lendemain, après le petit-déjeuner, le guide vous suggère de vous organiser entre vous si vous souhaitez visiter la ville de Nairobi, au Kenya, où votre tour prendra fin ce soir. Est-ce que tu en as assez du voyage de groupe et souhaites être déposé directement à l'aéroport, en **265** ? Ou est-ce que tu voudrais passer une journée supplémentaire avec tes compagnons, en **233** ?

166.

Alors que tu déballes le contenu de ton sac à dos pour retourner à une vie sédentaire, tu es pris•e d'une forte fièvre. Tu te souviens alors avec inquiétude des moustiques qui t'ont piqué•e en Tanzanie ! Tu files chez le médecin, qui suspecte le paludisme et te prescrit une prise de sang pour vérifier ce qu'il en est. Il se veut rassurant, mais tu regrettes de ne pas avoir été plus prudent•e…

Quelques jours plus tard, tu reçois les résultats de l'analyse, qui sont finalement négatifs. Ouf ! Tu as juste attrapé un petit virus. Cela dit, s'il reste des pays que tu n'as pas encore visités, tu peux retenter l'aventure depuis le point de départ… mais n'oublie pas de faire attention aux moustiques, cette fois !

167.

Depuis que tu es en Argentine, tu trouves de la viande absolument partout ; en revanche, les portions de légumes sont systématiquement minuscules, voire inexistantes. Comme l'auberge dans laquelle tu loges dispose d'une cuisine, tu te dis que c'est le moment idéal pour te préparer une bonne ratatouille. Malheureusement, les légumes frais sont introuvables dans le petit supermarché d'El Calafate. Tu te renseignes auprès d'un passant, qui t'oriente vers une épicerie que tu n'avais pas remarquée. Cependant, une fois sur place, tu ne trouves rien d'autre que des oignons et des pommes de terre. Un peu compliqué de cuisiner une ratatouille dans ces conditions… Heureusement, au café d'à côté, tu as repéré des *empanadas* au fromage. Il s'agit de petits chaussons fourrés très répandus dans le pays et dont le contenu varie selon les régions. On est loin des légumes dont tu rêvais, mais, au moins, tu goûtes une nouvelle spécialité locale. Tout en grignotant, tu réfléchis à ce que tu vas faire dans les jours à venir. Si tu souhaites découvrir ce qu'est un coati, rends-toi à Iguazú, en **88**. Si tu préfères déguster un malbec, prends la direction de Mendoza, en **252**.

168.

Tu es exténué•e en arrivant à la gare d'Agra et tu rejoins directement ton hôtel. Tu décides de dîner sur place et commandes un *thali*. Le serveur t'apporte un plateau rond en aluminium sur lequel sont disposés de petites portions de riz, de lentilles, de yaourt et de curry de légumes ainsi que du pain et quelques desserts. Tu prends beaucoup de plaisir à goûter tant de préparations différentes. Après ce bon repas, tu te couches tout de suite car tu as prévu de te rendre au Taj Mahal tôt demain matin pour assister au lever du soleil.

Tu ne trouves pas qu'Agra soit une ville très plaisante, mais quand tu arrives devant le Taj Mahal, tu oublies toutes tes réserves. Le mythique palais de marbre dont tu as déjà vu tant de représentations est en réalité bien plus grand que tu ne l'avais imaginé, et sa beauté te laisse sans voix. C'est un empereur moghol qui l'a fait construire au XVIIe siècle en guise de mausolée à la mémoire de son épouse défunte. En plus d'être une immense preuve d'amour, cet édifice est considéré comme un joyau de l'architecture moghole, dont le style combine des éléments des architectures islamique, iranienne, ottomane et indienne. Tu progresses lentement dans les allées du jardin qui bordent le Taj Mahal afin de découvrir toutes les facettes de ce bâtiment considéré comme l'une des sept merveilles du monde moderne. Tu le mitrailles de photos… si tu as encore ton appareil ! Si tu l'as perdu, tu essaies de graver ce moment magique dans tes souvenirs en admirant les reflets du soleil levant qui changent peu à peu les couleurs de la façade.

Pour ta prochaine étape, tu prends de nouveau le train. Optes-tu pour une ville que tu devrais pouvoir rejoindre en moins de cinq heures, en **216**, ou t'embarques-tu dans un laborieux trajet de vingt-quatre heures, en **214** ?

169.

En à peine quelques heures de bus, tu arrives à Cancún. Ici, l'ambiance est très différente de ce que tu as vu jusque-là au Mexique. Il y a visiblement plus de touristes que de Mexicains et tous les prix sont affichés en dollars américains. Pendant le trajet, tu as fait la connaissance de deux autres voyageurs en solitaire : une Canadienne et un Danois. Vous vous êtes bien entendus et avez décidé de vous retrouver plus tard pour aller faire la fête ensemble.

Le soir venu, vous vous rendez dans un bar qui passe de la musique latina à fond et où la tequila coule à flots. Tu perds vite de vue tes acolytes sur la piste de danse bondée. Mais ce n'est pas grave, ton logement n'est pas loin, tu sauras rentrer tout•e seul•e. À force de danser, tu commences à avoir soif et te rends au bar, mais au moment de payer, tu réalises que tes poches sont vides ! Tu paniques et te mets à chercher partout où tu as bien pu laisser tomber tes affaires. Le bar n'est pas très grand et, très vite, une personne te dit avoir vu un Américain tourner autour de toi, puis repartir avec un porte-monnaie… Ça ne t'aide malheureusement pas beaucoup car, des Américains, il y en a plein la ville !

Si tu voyages avec le sac 1, 2 ou 5, rends-toi en **96**. Si tu as le sac 3 ou 4, rends-toi en **83**.

170.

La guide perd un peu patience avec les membres du groupe qui se montrent mécontents de ne pas pouvoir escalader le rocher. Elle vous demande de tous vous asseoir pour reprendre la discussion calmement. Elle a à cœur de vous sensibiliser à la question de la préservation du site que vous visitez. En effet, la célèbre formation rocheuse d'Uluru est un lieu sacré pour certains peuples aborigènes d'Australie, qui vénèrent ce lieu depuis des dizaines de milliers d'années. Après la colonisation du pays par les Britanniques, dans les années 1950 ce lieu est devenu une attraction très touristique. En dépit du manque de respect que l'ascension représentait pour les croyances des autochtones, il y a eu, au fil du temps, de plus en plus de volontaires pour la tenter, au péril de leur vie. Alors qu'en 2017, l'interdiction officielle de gravir le rocher était finalement annoncée pour 2019, le nombre de touristes désireux d'y grimper a même augmenté ! La guide souligne aussi que monter sur le monolithe contribuait à l'abîmer. Désormais, l'amende encourue par ceux qui tenteraient l'ascension peut s'élever à 10 000 dollars australiens.

Cette mise au point était nécessaire et tout le monde comprend mieux les raisons de cette interdiction. Après cette longue journée, aides-tu à l'installation du campement pour la nuit, en **313**, ou préfères-tu éviter la corvée en restant admirer Uluru un peu plus longtemps, en **211** ?

171.

Tu as décidé d'aller dans le village de Sarongan, à proximité du parc naturel de Meru Betiri. Tu as réservé ta chambre d'hôte en ligne, mais tu t'aperçois vite qu'aucun transport en commun ne permet de s'y rendre. Tu as bien du mal à trouver un taxi prêt à t'y emmener mais, à force de demander, tu finis par y parvenir. Après t'avoir conduit à travers de paisibles rizières, il te dépose au bord d'une belle plage. Tu t'attendais à y voir des touristes et des hôtels de luxe, mais tu ne croises que des pêcheurs dans des bateaux en bois de toutes les couleurs.

Poer, ton hôte, t'accueille extrêmement bien. Il te propose une activité inattendue : l'aider à ramasser les déchets qui salissent les rues, avec les enfants du village. Tu acceptes et vous allez ensemble les chercher à l'école, où les élèves et les professeurs vous attendent déjà dans la cour. Leur réaction en te voyant te donne l'impression d'être une star internationale ! Tu te fais mitrailler de photos et tous, adultes comme enfants, veulent poser avec toi. Vous vous mettez au travail et tu réalises à quel point le système de gestion des déchets fait défaut ici. Il y en a tellement dans les rues du village que tu ne sais pas par où commencer… Heureusement, l'enthousiasme des enfants, qui viennent tous remplir ton sac avec une très grande fierté, est communicatif. Après une heure de travail, faute d'alternative, Poer est obligé de brûler la montagne de déchets que vous avez ramassés. Sur le chemin du retour, les enfants se lavent les mains (sans savon) à la mosquée du village.

Après le dîner, Poer te propose de finir la soirée avec lui et sa famille. Acceptes-tu son invitation, en **244**, ou préfères-tu te coucher tôt pour partir en expédition demain à la découverte de la faune locale, en **59** ?

172.

Tu te félicites d'avoir emporté des médicaments pour traiter la diarrhée et les vomissements. À cette heure-ci, les pharmacies ne sont pas encore ouvertes et, de toute façon, tu n'es vraiment pas en mesure de te déplacer en ville. Après une journée éprouvante à faire des allers-retours aux toilettes, ton ventre se remet doucement grâce au traitement que tu as pris. Encore faible, tu passes une journée supplémentaire au lit pour te reposer au lieu de visiter les environs. C'est bien dommage, la réceptionniste t'avait conseillé plusieurs villages qui avaient l'air superbes, mais tu n'as plus le temps d'y aller. Tu es venu•e dans la région du Chiapas avant tout pour découvrir le site archéologique de Palenque, donc pas question de passer à côté. Tant pis pour San Cristóbal. Maintenant que tu vas mieux, tu te mets en route pour la fameuse cité maya, en **137**.

173.

Ta moitié te manque beaucoup ; aimerais-tu qu'elle te rejoigne pour continuer le voyage avec toi ? Si oui, rends-toi en **245**. Si tu préfères continuer en solo, va en **139**.

174.

Tu t'envoles pour le continent africain, que tu as hâte d'explorer. Tu atterris à Dar es-Salaam, la plus grande ville de Tanzanie. Comme il t'a paru difficile de te déplacer par toi-même en Inde, tu décides de passer par un tour organisé pour ton séjour en Tanzanie. Tu as beaucoup hésité en raison du prix et aussi parce que tu aimes voyager par tes propres moyens, mais ça va te faire du bien de te laisser porter pour une fois ! En effet, tu as eu l'occasion de te rendre compte que l'organisation de ton voyage au jour le jour imposait une sacrée logistique. Tu as trouvé en ligne une agence aux tarifs abordables et qui propose des tours au départ de Dar es-Salaam. Il y a deux itinéraires possibles selon que tu souhaites ou non observer des baleines. Si oui, rends-toi en **292**. Sinon va en **260**.

175.

Tu commences l'ascension de la pyramide de la Lune. Tu montes doucement car les marches t'arrivent presque au niveau des genoux. Une fois en haut, la vue est à couper le souffle. Devant toi s'étend l'allée des Morts avec toutes les ruines des bâtiments bien alignés. Tu comprends le sentiment de puissance que devaient éprouver les prêtres et les empereurs mayas lorsqu'ils se tenaient au sommet de cette pyramide.

De retour à Mexico après cette enrichissante visite, décides-tu de rester un peu plus longtemps pour profiter de la compagnie d'Angel, un sympathique Mexicain que tu as rencontré dans ton auberge, en **19**, ou de filer vers la ville de Oaxaca, en **60** ?

176.

Ton petit groupe arrive au Caire en fin de journée. Vous vous entendez vraiment bien et vous décidez de sortir ensemble profiter de la soirée. Pour le dîner, Nader vous emmène dans un charmant restaurant de famille qu'il connaît. Il te conseille de choisir entre deux plats qu'il apprécie particulièrement. Est-ce que tu commandes un *mezzé*, en **33**, ou du *hamam mahshi*, en **199** ?

177.

Secoué•e sur ton siège, tu regardes le paysage qui défile devant tes yeux. En chemin pour le parc du Serengeti, vous croisez des villages massaïs entourés de bœufs, de chèvres et de moutons. Votre guide vous explique que les Massaïs sont un peuple d'éleveurs et de guerriers semi-nomades d'Afrique de l'Est. Un membre du groupe l'interrompt et supplie le chauffeur de faire un arrêt pour lui permettre d'aller vider sa vessie. Vous vous arrêtez donc aux abords d'un village, et, très vite, des habitants s'approchent de votre bus. Ils portent des vêtements rouges et de nombreux bijoux. Les femmes et les hommes ont les lobes des oreilles percés et distendus par des disques. Ils s'adressent en swahili à votre guide, qui traduit pour vous. Ils proposent à ton groupe de visiter le village en échange d'achats de souvenirs. Vous acceptez volontiers.

Vous pénétrez dans l'enceinte du village. Les maisons sont de forme ovale, faites de branchages entrecroisés recouverts de bouse de vache et de boue devenue étanche après avoir séché au soleil. Vous apprenez avec admiration que ce sont les femmes qui ont construit ces maisons. Des enfants jouent avec d'adorables bébés chèvres qu'ils portent dans leurs bras. Votre guide vous traduit les explications d'une femme âgée qui a l'air d'avoir le statut de porte-parole. La vie des Massaïs s'organise autour du bétail, leur principale source de nourriture. C'est le nombre de bêtes qu'elle possède qui détermine la richesse d'une famille. Les hommes emmènent leurs troupeaux paître dans la savane. Quand le bétail ne trouve plus de nourriture, ils changent de territoire et installent leur village ailleurs. Après la visite, un groupe d'hommes vient vous faire une démonstration de danse traditionnelle, accompagnée de chants et d'instruments de musique artisanaux. Les danseurs sautent sur place, le dos droit et les pieds joints, atteignant des hauteurs extrêmement impressionnantes. Vous finissez votre visite en achetant des bijoux et de petites statues en bois fabriqués par les femmes du village.

Devant le bus, tu retrouves un membre du groupe qui n'a pas voulu prendre part à la visite. Il t'explique que cela le gêne de rentrer chez les gens pour observer leur mode de vie comme une attraction touristique. Cela te fait réfléchir, mais tu as aussi eu le sentiment que le tourisme faisait en partie vivre les Massaïs. En reprenant votre route, vous avez tous beaucoup de questions à poser à votre guide à ce propos. C'est un sujet éminemment politique en Tanzanie, car le gouvernement a tenté à plusieurs reprises d'exproprier les Massaïs de leurs terres, qui se trouvent souvent à cheval sur les réserves exploitées pour les safaris.

Vous atteignez enfin le parc du Serengeti, où les élevages massaïs font place à des hordes de gazelles. Tu es incroyablement excité•e à l'idée que le safari commence vraiment demain. Vous vous dépêchez de rejoindre votre campement pour votre première nuit, en **121**.

178.

Alors que vous entrez dans le temple, Klaus se fait barrer la route par les loueurs de sarongs qui s'énervent. Un groupe de touristes qui vient de faire la visite vous explique, à Mei et à toi, que l'attitude de votre ami est très irrespectueuse et que tout le monde doit effectivement porter un sarong pour entrer dans un temple, quels que soient son genre et sa tenue. Pendant ce temps, le ton continue de monter entre Klaus et les loueurs balinais qui se montrent (à juste titre) très insistants. Vexé, il finit par déclarer qu'il ne veut plus faire la visite ! Malgré leur différend devant l'entrée, Mei trouve que ce serait dommage de continuer sans lui. Tu n'as pas vraiment d'autre choix que de suivre la dynamique du groupe, et vous repartez donc tous les trois sans être entrés dans le temple. C'est sympa de voyager avec d'autres personnes, mais cela a aussi des inconvénients… Tu es frustré•e de n'avoir pu voir le site que de l'extérieur, d'autant plus que vous vous êtes fait piquer par des moustiques pendant que Klaus s'entêtait à ne pas écouter les conseils des loueurs.

Si tu voyages avec le sac à dos 1, 3 ou 5, rends-toi en **298**. Si c'est avec le sac à dos 2 ou 4 que tu es parti•e, rends-toi en **319**. Et si tu n'as plus de sac à dos, va en **263**.

179.

Tu fais un trajet en train très agréable pour te rendre dans la ville de Yogyakarta, communément surnommée « Yogya » par ses habitants, ce qui est bien plus facile à prononcer. C'est le berceau de l'art classique javanais et de la culture traditionnelle de l'île. En visitant ses palais et musées, tu en apprends plus sur l'histoire de l'Indonésie : de la période hindou-bouddhique aux royaumes musulmans, et de la colonisation néerlandaise à la proclamation de l'indépendance, malheureusement suivie d'une période de dictature. Ainsi, le pays est aujourd'hui encore en transition démocratique. En te baladant dans les différents quartiers et les marchés, tu découvres aussi l'art du batik, qui est une technique d'impression des étoffes. Le batik indonésien, à l'origine essentiellement produit sur l'île de Java, est un artisanat inscrit par l'Unesco sur sa liste du patrimoine immatériel de l'humanité. Enfin, pour changer du *nasi goreng*, tu dégustes un nouveau plat, typique de la ville, le *gudek*. Ce ragoût à base de fruits du jacquier est cuisiné avec du sucre de palme, du lait de coco, de la viande, de l'ail et beaucoup d'épices. Cela te plaît énormément !

Après ce dîner, tu rentres à ton auberge. Dans le salon commun, trois Coréens qui semblent un peu éméchés sont en train d'organiser leur visite de temples anciens pour le lendemain. Ils te proposent de venir avec eux afin de partager le coût du taxi. Acceptes-tu de les accompagner, en **191** ? Ou préfères-tu partir pour ta prochaine destination internationale, en **307** ?

180.

Dès que tu arrives à la gare, tu téléphones à ton amie. Tu es soulagé•e quand elle décroche. Elle s'en veut de t'avoir écrit sans te donner suffisamment d'explications pour te rassurer. Tout va bien, elle a eu une crise d'appendicite, mais l'opération s'est bien passée et elle se sent en forme. Tu es vraiment heureux•se d'avoir pu communiquer de vive voix avec elle, mais tu raccroches rapidement pour éviter de faire monter la facture.

Si tu voyages avec le sac 1, 2, 3 ou 5, rends-toi en **216**. Si tu as le sac numéro 4, va en **160**. Si tu n'as plus de sac, pars en **301**.

181.

Après ta première pause, te voilà bel et bien en route pour un road-trip de plusieurs semaines. Dans la région de Sydney, New South Wales, tu découvres de superbes plages, notamment celle de l'emblématique ville de surfeurs, Byron Bay. Dans le Queensland, où tu poursuis ton périple, tu profites de la faune dans des endroits un peu plus déserts comme Hervey Bay ou Cape Hillsborough. Mais tu as toujours en tête l'idée de voir des koalas et, dans ce but, tu te rends sur Magnetic Island. Pour cela, tu laisses ton van sur un parking dans la ville de Townsville et prends un ferry matinal pour l'île.

Aussitôt débarqué•e, tu pars faire une randonnée et tu as l'immense plaisir de croiser six koalas accrochés dans les arbres qui bordent le chemin. À tes yeux, ces petits marsupiaux (80 centimètres environ) ressemblent à des ours en peluche. Symboles de l'Australie, ils sont aujourd'hui en voie de disparition : après avoir été massivement chassés pour leur fourrure au début du XXe siècle, ils ont ensuite perdu la presque totalité de leur habitat naturel en raison de la déforestation. C'est le seul animal au monde à manger des feuilles d'eucalyptus, une plante toxique pour les autres espèces ! Le travail que demande la digestion de ce végétal explique le fait qu'ils dorment énormément… Et, effectivement, les premiers koalas que tu rencontres sont endormis, accrochés de façon adorable à une branche. Le dernier que tu croises est, quant à lui, bien réveillé, et tu as la chance de le voir se déplacer. Encore plus incroyable, tu repères un bébé qui sort la tête de sa poche ventrale : c'est une maman ! Cet instant valait tous les efforts que tu as déployés pour observer les koalas dans leur habitat naturel. Quelle belle journée ! Tu as prévu de finir ton voyage à Cairns. T'y rends-tu directement, en **282**, ou décides-tu de faire un dernier arrêt sur la route pour visiter une plage, en **23** ?

182.

Faire des réservations en avance pour un voyage aussi long peut être contraignant et risqué, cependant, tu ne manquerais pour rien au monde la visite du Machu Picchu, ce fameux site archéologique inca construit au milieu des montagnes. Tu passes donc ta deuxième journée à Cuzco à faire le tour des agences de tourisme pour trouver un trek sympa permettant de s'y rendre à pied. Tu préfères cette option, plutôt que de prendre un train, comme le font la plupart des touristes. Tu apprends que l'itinéraire le plus populaire, le chemin de l'Inca, est accessible à un nombre limité de personnes et qu'il aurait fallu le réserver bien en avance. Ce n'est donc plus une option pour toi. Mais un autre trek retient ton attention : celui du Salcantay, qui passe dans les montagnes, puis dans la vallée, pour finir en beauté par le Machu Picchu. Tu y verras moins de ruines incas mais bien plus de nature, ce qui te plaît aussi. Tu décides de faire cette randonnée en autonomie, avec ton sac à dos, auquel viennent s'ajouter une tente que tu as louée et de la nourriture pour quatre à cinq jours. De façon à t'alléger, tu laisses une partie de tes affaires à la consigne de l'auberge de jeunesse, mais, malgré tout, ton barda pèse lourd.

Le premier jour, tu rejoins le col du Salcantay, ce qui te fait passer de 3 000 à 4 600 mètres d'altitude en quelques heures. À une telle hauteur, tu as du mal à respirer, ce qui t'oblige à marcher plus lentement. Ça tombe mal car tu sens aussi que ton sac commence à te meurtrir les épaules. En arrivant à ton campement en fin d'après-midi, tu croises un homme qui propose de te louer une mule pour t'aider à finir le trek sur son dos. Le prix qu'il t'annonce te paraît vraiment bon marché pour les trois jours de marche qui te restent. Si tu décides d'accepter son offre, rends-toi en **64**. Si tu préfères la décliner, rends-toi en **108**.

183.

Après une courte nuit, vous partez pour le Grand Canyon, qui se trouve dans un État voisin du Nevada : l'Arizona. Vous poursuivez votre traversée du désert et, en arrivant à destination, vous commencez par payer un droit d'entrée, car les parcs nationaux ne sont pas gratuits aux États-Unis ! Après quoi vous vous approchez de votre premier point de vue sur le Grand Canyon. Tu as d'abord le vertige face à la profondeur des gorges qui avoisine les 1 500 mètres. Mais, rapidement, la fascination prend le dessus : tu es bluffé•e par cette immense étendue rocheuse aux reliefs colorés sculptés par le fleuve Colorado. Selon Diego, qui n'en est pas à sa première visite, c'est l'un des plus grands spectacles géologiques de la planète.

Vous partez ensuite pour une randonnée très spéciale, le Bright Angel Trail, qui va vous permettre de descendre au cœur du canyon et de longer le fleuve. Diego semble être un passionné de géologie. Tu retiens de ses monologues enthousiastes que le canyon s'étend sur 450 kilomètres, avec une largeur variant de 500 mètres à 30 kilomètres, et que les strates horizontales qui s'étendent devant vous retracent deux milliards d'années d'histoire géologique. Après quatre heures et demie de marche, vous parvenez à votre logement pour la nuit : un dortoir nommé Phantom Ranch. Tu adores l'ambiance de ses cabanes rustiques et apprécies que vous passiez du temps au coin du feu avec les autres randonneurs avant d'aller vous coucher.

La journée suivante est difficile physiquement : vous mettez plus de huit heures à remonter en haut du canyon. Mais cela en vaut la peine, cette expérience est folle ! Une fois revenus à votre voiture, vous ne traînez pas car il vous reste encore beaucoup de kilomètres à parcourir avant votre prochaine étape. Comme la route est déserte, vous dépassez un peu la limite de vitesse. Tout à coup, une voiture de police vous fait signe de vous arrêter sur le bas-côté. Tu sais que vous êtes en tort, mais tu ne comprends pas pourquoi le policier ne vient pas directement à votre hauteur et reste en retrait, au niveau des portières arrière. Il a un fort accent et tu ne saisis pas ce qu'il dit. Est-ce que tu sors tes papiers pour les lui présenter, en **226**, ou est-ce que tu te contentes de lever les mains, en **78** ?

184.

Dans la *sleeper class*, il y a un énorme brouhaha, et tout le monde est assis sur sa couchette, les pieds ballants. Les couchettes sont sur trois étages et il n'y a pas d'échelles. Un peu gêné•e de marcher sur celles des autres, tu parviens tant bien que mal à te hisser sur la tienne, qui est la plus haute. Pourtant, les autres passagers, eux, ne se soucient pas d'empiéter sur l'espace de leurs voisins. Le seul autre touriste du wagon, assis non loin de toi, te lance un sourire amusé.

En te rendant aux toilettes (dont tu préférerais oublier la vision), tu vois des familles qui dégustent des plats qui te semblent très élaborés pour un tel voyage. De retour à ta place, alors que tu commences à avoir soif, tu réalises que tu as oublié d'emporter de quoi boire. Tu paniques en te disant qu'il te reste des dizaines d'heures de voyage sans air conditionné. Tu es vite soulagé•e en voyant passer un vendeur à la sauvette, à qui tu achètes une bouteille d'eau minérale. Si tu voyages avec le sac à dos 1, 2 ou 4, rends-toi en **271**. Si c'est avec le sac 3 ou 5, va en **262**. Si tu n'as plus de sac à dos, va en **249**.

185.

Sur l'île de Moorea, tu retrouves une flore similaire à celle de Tahiti et tu es aux anges en découvrant un frangipanier à côté de ton bungalow. Même à l'intérieur, tu es envahi•e par l'odeur exquise des petites fleurs blanches de tiaré, une variété de gardénia emblématique de la Polynésie française. D'ailleurs, tu viens d'apprendre que ce sont ces fleurs qui servent pour la fabrication du monoï.

Ton bungalow se situe dans un ravissant jardin à 30 mètres de la plage. Tu passes la journée à flâner et à te baigner. Cependant, sur les conseils de ton hôtesse, tu as d'abord acheté des chaussons d'eau pour éviter de marcher sur un poisson-pierre, dont la piqûre peut être fatale. Le soir venu, tu es content•e qu'elle t'ait aussi suggéré de te munir de bouchons d'oreilles. Comme partout en Polynésie, des poules et des coqs sauvages se baladent librement sur l'île. Mais, à Moorea, les coqs ont la particularité de chanter à toute heure du jour et de la nuit, cet étrange phénomène étant même à l'origine de légendes locales !

Pour ta deuxième journée sur l'île, tu trépignes d'envie de découvrir les fonds marins. Si tu as passé ta certification de plongée sous-marine avec bouteille au Mexique, rends-toi en **239**. Sinon rends-toi en **232**.

186.

Et c'est reparti pour un nouveau voyage de nuit en bus, direction Mérida, la première ville de la péninsule du Yucatán. Après un trajet de vingt-deux heures, tu arrives en fin d'après-midi dans « la cité blanche », comme a été surnommée cette jolie ville en référence à sa pierre calcaire. Tu flânes dans les rues du centre historique et admires le baisser du drapeau sur la *Plaza Principal* à la tombée du jour.

Dès le lendemain, tu reprends la route pour Valladolid. Sur place, tu te renseignes sur le meilleur moyen d'aller voir la pyramide de Chichén Itzá, qui est l'une des sept nouvelles merveilles du monde. En suivant les conseils qui t'ont été donnés, tu pars de bonne heure le lendemain matin en *colectivo* (taxi collectif) pour éviter les hordes de touristes qui s'y rendent. Sur le site archéologique, tu repères tout de suite l'immense pyramide carrée, qui est la plus connue des ruines mayas. Tout le monde est agglutiné devant pour faire des photos, tu en profites donc pour aller admirer les autres bâtiments de cette grande cité, dont les sculptures et les gravures sont en excellent état. Le lieu est vaste et fascinant, la visite valait vraiment le coup !

Tu passes la journée suivante à te promener dans le centre-ville coloré de Valladolid. Que souhaites-tu faire à présent dans la péninsule du Yucatán ? Pratiquer la plongée à Playa del Carmen, en **53** ? Découvrir les cénotes à Tulum, en **223** ? Ou faire la fête à Cancún, en **169** ?

187.

Tu as toujours rêvé de découvrir l'Égypte, dont l'histoire ancienne te passionne depuis l'enfance. Pour ce pays, tu as décidé d'organiser ton itinéraire à l'avance, comme cela t'a été recommandé par d'autres voyageurs. Tu arrives à l'aéroport du Caire et te rends directement à la gare en taxi pour la première étape. La circulation plutôt chaotique dans la capitale t'impressionne un peu, même si tu commences à avoir l'habitude des différents styles de conduite plus ou moins rassurants selon les pays.

Une fois à la gare, tu trouves facilement le quai d'où part ton train de nuit pour Assouan. Cette ville, située dans le sud du pays, sur les bords du Nil, sera le point de départ de la croisière pour laquelle tu as prévu d'embarquer demain. Les billets de train étant très bon marché, tu décides de t'installer en première classe pour une nuit confortable. Tu n'as encore rien mangé de la journée et tu commences à avoir faim. Avec quel sac à dos voyages-tu ? S'il s'agit du sac 1 ou 3, fouille dedans, en **246**. Si c'est le sac 2, 4 ou 5, regarde à l'intérieur, en **316**. Si tu as perdu ton sac, lamente-toi en **76**.

188.

Gabi te félicite pour ton calme et t'explique que les chiens errants en Roumanie sont nombreux mais rarement agressifs. Gabi tient l'ancien dirigeant communiste Ceauşescu pour responsable du sort de ces animaux car, dans les années 1970 et 1980, il a forcé les Roumains à quitter la campagne pour s'installer dans des blocs d'immeubles en ville, laissant de nombreux chiens à l'abandon derrière eux, qui n'ont cessé de se reproduire depuis.

Vous partez visiter le château de Peleş, un magnifique édifice qui semble tout droit sorti d'un conte de fées, avec son architecture néo-Renaissance et ses jolis vitraux. L'intérieur doré du château, construit à la fin du XIXe siècle pour servir de résidence d'été à la famille royale roumaine, est tout aussi impressionnant que sa façade. Dans chaque pièce, le mobilier, la décoration et les œuvres d'art exposées te fascinent. Gabi se met à discuter avec l'un des gardes. Tu ne comprends pas ce qu'ils se disent, mais ce dernier vous fait signe de le suivre et vous fait découvrir un passage secret dans une bibliothèque !

Concernant votre prochaine destination, Gabi se montre énigmatique et te demande simplement de choisir entre descendre, en **303**, et monter, en **131**.

189.

Alors que tu es dans l'avion pour Bali, tu profites des magazines mis à disposition par la compagnie aérienne pour en apprendre plus sur l'Indonésie. C'est un pays gigantesque, constitué de plus de 17 500 îles, dont les paysages et les écosystèmes varient énormément d'une région à l'autre. De plus, de nombreux cultes cohabitent dans cet archipel riche de plus de 700 langues parlées ! Pour permettre à tout le monde de se comprendre, la langue officielle est le bahasa indonésien, qui, à ton grand soulagement, s'écrit en alphabet latin. Tu décides d'essayer d'apprendre les quelques mots suggérés par le magazine, tels que « *selamat pagi* » (bonjour), « *terima kasih* » (merci), « *sama-sama* » (de rien), mais aussi « *nasi* » (riz) et « *ayam* » (poulet).

Après un vol agréable, tu atterris à Denpasar, la plus grande ville de Bali, et pars directement pour le centre de l'île afin de te plonger dans la culture vibrante d'Ubud. Très vite, tu te rends compte que l'ambiance dans les rues est très loin de l'image zen et relaxante que tu en avais… C'est bruyant, poussiéreux, et la circulation est complètement chaotique, bien pire que tout ce que tu as pu voir jusqu'à maintenant !

Après bien des bouchons, tu arrives à ton logement : une chambre chez l'habitant dans une maison traditionnelle. Tu avais entendu parler de l'étonnante architecture balinaise et tu n'es pas déçu•e : toutes les pièces donnent sur une cour intérieure, la cuisine est à l'extérieur et la maison abrite son propre temple religieux. Les autres chambres sont louées par deux sympathiques voyageurs qui t'invitent à dîner avec eux. Ils se sont rencontrés il y a quelques semaines, durant leur tour d'Asie, et ont décidé de faire un bout de chemin ensemble. Klaus vient d'Allemagne et Mei est chinoise. Par chance, cela fait déjà quelques jours qu'ils sont à Bali, et ils te donnent plein de conseils. Par exemple, faire attention de ne pas marcher sur les offrandes placées à terre ou porter des vêtements longs pour faire du scooter, afin de se protéger en cas de chute. Klaus te montre d'ailleurs ses éraflures après sa chute d'hier. Tu trouves ce moyen de transport dangereux, cependant tes deux nouveaux amis arrivent à te convaincre que c'est le seul moyen de visiter l'île en évitant les bouchons. Pour t'encourager, ils te proposent de partir en excursion avec eux le lendemain et te laissent même le choix de l'activité ! Si tu souhaites visiter un temple pour en apprendre plus sur le culte hindouiste balinais, roule en **266**. Si tu as plutôt envie de te rafraîchir sous une cascade, roule en **196**.

190.

Tu te rends au Centre d'Angkor pour la conservation de la biodiversité. Il n'y a que toi sur place, ce qui t'étonne un peu, mais tu vas avoir le plaisir de faire une visite privée avec le guide. Il t'explique que le prix de ton entrée contribuera à financer ce centre, qui vient au secours des animaux victimes du braconnage et des activités humaines avant de les réintroduire dans la nature.

Tu commences par aller à la rencontre des gibbons pilés, des primates avec de longs bras et de longues jambes. Ils ont l'air si doux avec leurs poils soyeux et sont si mignons avec leurs grands yeux. Le guide te prévient que tu as peu de chances de voir le prochain animal, qui dort dans des trous la journée, mais tu parviens quand même à apercevoir un pangolin javanais. Très rapidement, avec ses écailles qui forment une sorte d'armure, cet adorable animal se transforme en boule sous tes yeux, en utilisant sa queue pour s'envelopper. Puis tu croises successivement la route d'un élégant chat-léopard et d'un magnifique paon vert, avant d'aller rendre visite aux reptiles. Tu découvres que les pythons sont tués non seulement pour leur viande, mais aussi pour être utilisés comme remède dans la médecine traditionnelle, et pour faire des chaussures et des sacs destinés aux touristes. Les tortues sont, quant à elles, principalement chassées pour être mangées, et leurs œufs sont aussi considérés comme un mets luxueux. Toutes ces espèces sont en danger, notamment à cause des activités humaines et de la disparition de leur habitat naturel.

Tu n'as pas fini d'être émerveillé•e par les animaux. Après cette visite, tu pars faire une petite randonnée jusqu'au site archéologique de Kbal Spean. C'est une rivière dont le lit a été sculpté à l'image de divinités hindoues. En marchant, tu croises des centaines de magnifiques papillons !

Le soir venu, tu sors dîner dans l'un des nombreux restaurants de Siem Reap. Mais, une fois attablé•e, tu as du mal à te décider devant l'immense carte. Elle comporte des choix hétéroclites qui te semblent être des attrape-touristes. Tu repères cependant le bœuf *lôc lac*, dont tu as entendu parler mais que tu n'as jamais goûté. Il est composé de bœuf mariné sauté, servi avec du riz parfumé et un œuf. Après ton repas, tu t'attardes dans les rues pour profiter de l'ambiance nocturne de la ville. Est-ce que tu rentres à une heure raisonnable pour avoir le temps de dormir suffisamment avant ton excursion, en **113** ? Ou est-ce que tu vas danser jusque tard dans la nuit, en espérant quand même réussir à pédaler demain, en **72** ?

191.

Les trois amis coréens t'ont concocté une journée bien chargée. Vous commencez par la visite, à l'aube, du temple de Borobudur. Il a été construit aux alentours de l'an 800, puis abandonné vers l'an 1100. Tu as lu qu'il était considéré comme l'un des plus beaux temples bouddhistes du monde. Tu n'as pas beaucoup de points de comparaison, mais les 504 statues de Bouddha qui s'y trouvent t'impressionnent ! L'édifice est si vaste que vous parcourez plus de 5 kilomètres au cours de la matinée. L'après-midi, vous poursuivez en vous rendant sur le site de Prambanan, un ensemble de temples hindouistes qui témoigne de la richesse du patrimoine culturel de l'Indonésie. Le temple principal est dédié à Shiva (le dieu de la destruction), et les deux plus petits, de part et d'autre, à Brahma (dieu de la création) et à Vishnou (dieu de la préservation). Là aussi, la grandeur du lieu et sa complexité architecturale rendent la visite de cet ensemble de monuments exceptionnelle.

Tu remercies chaleureusement tes camarades coréens d'avoir tout organisé. Mais ce n'est pas terminé : ils te proposent maintenant de passer la soirée avec eux. Après avoir admiré le coucher de soleil sur Prambanan, vous dînez sur place et assistez à un ballet en plein air avec le temple de Shiva en arrière-plan. Les danseurs vous présentent le Ramayana, l'un des récits fondateurs de l'hindouisme, qui relate une incroyable épopée mythologique mettant en scène des dieux, un prince, une armée de singes et une princesse. Quel beau spectacle pour finir ton séjour en Indonésie. Dirais-tu que tu as eu un coup de cœur pour ce pays ? Si oui, pars à regret pour ta prochaine destination, en **318**. Sinon rends-toi avec impatience en **307**.

192.

Diego et toi roulez jusqu'à Las Vegas. La route, tracée au milieu du désert de Mojave, est toute droite et monotone. Pour couper votre trajet, vous vous arrêtez dans la ville fantôme de Calico. Vous êtes immédiatement plongés dans une ambiance de western. Il est même possible de visiter certains des bâtiments historiques qui bordent les rues. Tu pénètres tour à tour dans le saloon, le magasin général, la prison et le ranch de cette ancienne ville minière. Fondée en 1881, avant d'être complètement abandonnée en 1907, elle a finalement été rachetée dans les années 1950 par un particulier, puis restaurée et transformée en site touristique.

Vous arrivez en fin d'après-midi à Las Vegas, où vous êtes accueillis par le fameux panneau lumineux « Welcome to fabulous Las Vegas ». Le changement de décor entre le désert et les néons est brutal. Tu as hâte de découvrir celle qu'on appelle « la ville de tous les péchés ». Diego vous a trouvé un bon plan pour une chambre pas chère sur l'artère principale, surnommée « le Strip ». Dès que vous mettez un pied hors de la voiture, vous êtes accablés par la chaleur intense. Par contre, quand vous passez la porte du casino de votre hôtel, c'est un froid glacial qui vous saisit. Ils n'y vont pas avec le dos de la cuillère sur la climatisation ici. Tu notes mentalement de prendre un pull avant de ressortir.

Une fois installés, vous faites un tour sur le Strip alors que le soleil se couche. Il y a tellement de bâtiments improbables que tu ne sais plus où regarder ! D'un côté, l'hôtel Luxor te transporte au pied d'une pyramide. De l'autre, l'Excalibur évoque un château de conte de fées. Plus loin, le Caesars Palace s'inspire de la Rome antique, le New York New York t'emmène dans la ville qui ne dort jamais, le Venetian, avec ses gondoles, en Italie, et enfin le Paris, avec sa tour Eiffel, en France… L'ensemble a une allure très artificielle de décors de cinéma. Diego et toi vous arrêtez plus longuement devant l'hôtel Bellagio pour regarder le spectacle de son et lumière offert par les jeux d'eau de ses immenses fontaines. Est-ce que tu as envie de tenter ta chance aux jeux d'argent, maintenant ? Si oui, rends-toi en **38**. Sinon rends-toi en **183**.

193.

En Australie, conduire de nuit augmente le risque de croiser des kangourous, qui sont actifs le soir. Les Australiens le savent et sont très attentifs car ces imposants et puissants animaux se déplacent très vite et sans tenir compte de la circulation… Les touristes, par contre, se font souvent surprendre. Cela ne manque pas de t'arriver : juste après le coucher du soleil, un kangourou te coupe la route et tu ne parviens pas à éviter la collision ! Par chance, tu es en un seul morceau malgré la brutalité du choc. Le kangourou, lui, a disparu et tu t'inquiètes de son état en découvrant à quel point l'avant de ton van est enfoncé. Tu ne vois cependant pas de traces de sang et tu espères qu'il n'est pas blessé. Mais les ennuis continuent : impossible de redémarrer ! Tu ne t'y connais pas particulièrement en mécanique, mais la fumée qui sort du capot ne te dit rien qui vaille… Une Australienne s'arrête pour te venir en aide et te confirme que le moteur est fichu. Tu appelles tout de suite l'assistance de la compagnie de location en précisant que tu as souscrit une assurance pour ton véhicule. Malheureusement, ils te répondent qu'elle ne couvre pas les accidents impliquant des animaux. Tu vas donc devoir payer de ta poche les réparations du van, ce qui correspond à la totalité de ton budget pour la suite du voyage. À court d'argent, tu n'as plus d'autre choix que de rentrer chez toi, en **41**.

194.

Heureusement, les autres voyageurs te répètent les conseils de la guide et, comme tu as de la crème solaire avec toi, tu peux te protéger et éviter les brûlures. La randonnée est magnifique et les paysages variés, mais la chaleur rend la marche difficile. Effectivement, l'hydratation et la protection solaire étaient indispensables. Vous repartez ensuite pour un long trajet en minibus et arrivez à Uluru, le fameux rocher rouge symbole de l'Australie. Visible depuis l'espace, ce monolithe (dont l'ascension est interdite) est au cœur des croyances aborigènes.

En fin de journée, tout le monde est très fatigué. Le groupe se sépare en deux. Tu as le choix entre une visite tardive qui te permettra d'en apprendre plus sur les peuples aborigènes, en **251**, et un début de soirée au coin du feu, en **313**.

195.

Le guide les entend et les détrompe immédiatement. Si ces expressions se retrouvent dans le fameux dessin animé, c'est parce que les studios Disney ont utilisé des mots de swahili dans les dialogues. Par exemple, « *hakuna matata* » est une formule très courante qui signifie « il n'y a pas de problème ». La langue swahilie est parlée en Afrique de l'Est sur un vaste territoire comprenant non seulement la Tanzanie mais aussi le Kenya, l'Ouganda et la République démocratique du Congo.

La journée sur la route cahoteuse te paraît interminable. Quand vous arrivez, épuisés, à votre hôtel, il fait déjà nuit. Tu décides tout de même de faire une petite lessive à la main, car tu n'as plus rien de propre à te mettre et tu aimerais bien être présentable pour faire la connaissance de nouvelles personnes. Malheureusement, l'humidité est telle que tes habits ne sont pas secs lorsque tu te réveilles. Pire, ils ont déjà une odeur de moisi, et tu sais que les ranger dans ton sac ne fera qu'empirer la situation. Tu vas donc sentir mauvais un petit moment… Si tu es parti•e avec le sac à dos 1, 3 ou 5, prends la route en **177**. Si tu as le sac 2 ou 4, ou si tu n'as plus de sac, rends-toi en **100**.

196.

Les scooters que vous avez loués, Mei, Klaus et toi, sont vieux et inconfortables. Dans la circulation pour sortir de la ville, tu te fais quelques frayeurs et n'en reviens pas de voir les autres véhicules te frôler d'aussi près. Puis, dans la campagne, la chaussée sans revêtement te fait plus penser à des chemins de VTT qu'à une route carrossable… Vous faites un stop à mi-parcours et Klaus en profite pour acheter une boisson à un vendeur ambulant. L'homme se tient derrière une table sur laquelle trône une glacière contenant les boissons, et, plus surprenant, un serpent et une chauve-souris. Tu comprends immédiatement que ces animaux, exposés en plein soleil, sont là pour être pris en photo avec les touristes, moyennant finance. Cela te choque terriblement ! Tu remarques sous la table deux cages dans lesquelles sont enfermés des animaux qui semblent issus d'un croisement entre des chats et des belettes. Mei t'apprend qu'il s'agit de civettes, aussi appelées *luwak*, très communes en Indonésie.

Vous finissez par arriver aux cascades et vous garez vos scooters pour vous offrir une petite randonnée dans un décor de forêt tropicale. Vous croisez sur votre route pas moins de sept majestueuses chutes d'eau, et vous vous rafraîchissez même dans l'une d'elles ! La dernière cascade est la plus haute de toutes. Tout en haut d'un escalier en bois, avec une impressionnante vue plongeante sur la chute, se trouve un petit bar-restaurant. Vous décidez de faire une pause dans ce cadre idyllique. Le serveur vous suggère de goûter au café *kopi luwak*, que les touristes de la table d'à côté ont l'air très contents de tester. Tu les entends même dire que ce café est réputé être le meilleur au monde. Est-ce que tu en commandes, toi aussi, une tasse, en **215**, ou est-ce que tu préfères boire un jus de fruits, en **153** ?

197.

Tu t'installes dans ta petite cabine avec un autre touriste et deux jeunes couples d'Indiens, et vous engagez directement une agréable conversation sur vos voyages. Vu la chaleur qu'il faisait sur le quai, tu apprécies beaucoup la climatisation. Seulement l'air sec commence à te donner soif et tu réalises alors que tu as oublié d'emporter de quoi boire. Heureusement, presque aussitôt, un vendeur frappe à la porte de la cabine et tu lui achètes une bouteille d'eau minérale. Si tu voyages avec le sac à dos 1, 2 ou 4, rends-toi en **271**. Si c'est avec le sac 3 ou 5, va en **262**. Si tu n'as plus de sac à dos, va en **249**.

198.

Sans gourde filtrante, tu ne peux pas boire et tu finis la nuit dans un état de déshydratation avancé. Au matin, la personne qui s'occupe du ménage dans les chambres te retrouve inconscient•e dans ta salle de bains. Te voilà hospitalisé•e pendant quatre jours. Une fois passée l'anxiété des premières heures et alors que tu reprends vite des forces, l'attention et les soins que tu reçois te touchent énormément. D'autant plus que, sur place, le manque de ressources est criant. En sortant de l'hôpital, tu passes du temps avec des Cambodgiens pour en apprendre plus sur leur mode de vie et tu tombes rapidement amoureux•se du pays. Tu prends la décision de t'engager comme volontaire dans une ONG pour tout le temps de voyage qu'il te reste. Ton tour du monde se termine donc ici.

199.

Tu es perplexe en voyant arriver ton plat. En effet, le *hamam mahshi* est un pigeon farci ! Nader, avec un grand sourire, te dit qu'il avait peur que tu ne le commandes pas si tu savais de quoi il s'agissait. Il t'explique que c'est un mets délicat réservé aux grandes occasions et t'assure que c'est délicieux. Il te précise aussi que les pigeons sont élevés sur les toits des immeubles de la ville. Est-ce que tu vas y goûter ? Si tu en manges, va en **270**. Sinon en **104**.

200.

Après une brève hésitation, tu décides de ne pas prendre l'avion pour te rendre au Pérou puisque ce n'est pas indispensable. De toute façon, les voyages en bus ne te font plus peur, maintenant… Cette fois-ci, les routes sont moins confortables qu'en Argentine, mais les paysages sont bien plus variés : tu passes de la ville au désert et arrives finalement dans la fameuse cordillère des Andes. C'est ici que se trouve ta destination : Cuzco, l'ancienne capitale du peuple inca.

Comme le terminal de bus est loin de ton auberge, tu prends un taxi et en profites pour pratiquer ton espagnol avec le chauffeur, qui se fait une joie de te parler de son pays. À grand renfort de signes, il te fait comprendre que la monnaie locale s'appelle le *sol*, qui signifie « soleil », en référence au fait que les Incas vénéraient cet astre. Arrivé à l'auberge, tout en sortant ton sac de la voiture, l'homme te désigne une maison du doigt en marmonnant quelque chose. Tu discernes plusieurs fois le mot « inca », mais pas grand-chose de plus. D'autres touristes sont devant le bâtiment et tu profites du fait qu'un père de famille lit à haute voix son guide de voyage pour écouter discrètement les explications. Tu apprends alors que nombre d'édifices de la ville ont été construits sur les fondations de ruines incas et que c'est justement le cas de cette maison. Le livre indique que les pierres ont été taillées sur mesure avec une telle précision qu'elles tiennent sans mortier et qu'il est impossible de passer la lame d'un couteau entre deux blocs. Après avoir vérifié que personne ne regarde, tu essaies furtivement avec ta carte de crédit. Rien à redire, les pierres sont parfaitement imbriquées, c'est impressionnant !

Ta curiosité satisfaite, tu prends possession de ta chambre, avant d'aller discuter avec d'autres voyageurs dans la cuisine commune. Ils t'apprennent qu'à la fin du XVe siècle, l'Empire inca était à son apogée et s'étendait sur 4 500 kilomètres, tout le long de la cordillère des Andes. Ils te racontent aussi qu'à cette période, certains temples de la ville de Cuzco étaient recouverts d'or, que les conquistadors, arrivés d'Europe au XVIe siècle, s'empressèrent de piller… De plus en plus intrigué•e par cette civilisation grandiose, tu retournes dans ta chambre pour préparer la suite de ton voyage. Si tu es le genre de personne à avoir fait des réservations avant ton départ, rends-toi en **34**. Si tu préfères aviser une fois sur place, rends-toi en **182**.

201.

Vous passez un très bon moment à jouer aux cartes et tes camarades écossais te proposent de passer la soirée avec eux. Ils te recommandent aussi pour la nuit leur auberge de jeunesse, qui est propre, confortable et abordable. Vous allez dîner dans un excellent restaurant indien, puis buvez un Pimm's dans un pub. C'est un alcool qui se boit l'été, comme un sirop, avec de la limonade. On a coutume de faire flotter dedans une fraise et une tranche de concombre. Tu n'as même pas le temps de sortir ton portefeuille : tes nouveaux amis n'arrêtent pas de payer des tournées. L'ambiance est géniale ! Malheureusement, le pub ferme ses portes bien trop tôt à votre goût. Le groupe propose alors de poursuivre les festivités dans un club. Si tu décides de les suivre, va danser en **161**. Si tu choisis de te coucher tôt pour être frais pour le mariage de ton cousin demain, rends-toi en **101**.

202.

Tu rejoins un tour qui te fait passer une courte nuit dans la ville de Probolinggo. Toi et ton groupe, vous quittez l'auberge à 3 heures du matin pour vous rendre au pied du mont Bromo, un volcan toujours en activité qui culmine à 2 330 mètres. Vous commencez par une petite ascension dans la nuit noire, pour atteindre un point de vue. Sur place, tu joues des coudes avec une horde de touristes pour avoir la meilleure vue. Ça en valait la peine ! Au lever du soleil, tu es saisi•e par la beauté du paysage lunaire qu'offrent les volcans alentour. Vous poursuivez votre montée, d'abord en jeep, puis à pied. Tu respires beaucoup de poussière, mais la progression n'est finalement pas si difficile et tu arrives vite au cratère. C'est grandiose de voir le volcan d'aussi près !

Pour la suite de ton exploration de Java, tu as le choix entre un trajet direct en train pour une destination citadine, en **179**, et un trajet plus long, avec de multiples moyens de transport, pour une destination rurale, en **171**.

203.

Les membres de ton groupe qui portent un filet à mouches ont l'air idiots, et tu ne peux pas t'empêcher de les taquiner. Cependant, à peine êtes-vous sortis du bus que c'est à leur tour de se moquer de toi ! Les moucherons sont incroyablement énervants et réussissent à rentrer dans ta bouche, tes yeux, tes oreilles et même ton nez ! C'est épuisant de devoir batailler constamment avec ces insectes, mais au moins tu as gardé ton style et ton argent.

Après une belle randonnée, vous remontez dans le bus pour un long et laborieux trajet en direction d'Uluru, un rocher géant aux teintes rouges qui domine le désert du centre de l'Australie du haut de ses 348 mètres… et où les mouches sont tout aussi agaçantes ! À votre arrivée, la guide vous apprend qu'il n'est désormais plus possible d'escalader le monolithe. Certains de tes compagnons s'en plaignent, c'est une ascension qu'ils auraient adoré faire. As-tu l'impression que le gouvernement australien a eu raison d'interdire cette activité très prisée des touristes ? Si oui, rends-toi en **251**. Sinon rends-toi en **170**.

204.

Charlie et toi, vous trouvez le moustique coupable. Ouf ! Ce ne sont pas les terribles punaises de lit dont il est si dur de se débarrasser. Vous continuez votre voyage sur l'incroyable route scénique qui longe l'océan

Pacifique : la Highway 1. En chemin, vous vous arrêtez pour observer des otaries et des phoques, puis vous faites une halte dans le port coloré de la ville côtière de Monterey, qui était autrefois la plaque tournante de l'industrie de l'emballage des sardines. Vous déjeunez d'excellents fruits de mer avant de reprendre la route panoramique pour aller camper dans le parc naturel de Big Sur. Le lendemain matin, vous partez randonner entre les séquoias géants, les plages et les chutes d'eau. En fin de journée, vous vous arrêtez dans un vignoble dont Phoebe te parle depuis votre rencontre. Elle voulait te faire connaître le vin californien, c'est l'occasion ! Le soir, vous arrivez à Santa Barbara, où Diego, le cousin de Phoebe, rejoint votre petit groupe.

Après une bonne nuit de sommeil, vous partez tous ensemble admirer les plages, l'architecture et les jardins de la ville. Vous achevez votre road-trip en visitant Santa Monica, la ville où se termine la mythique Route 66. Avant de vous dire au revoir, vous allez nager ensemble dans l'océan, puis vous partagez un repas dans un restaurant sur la jetée et finissez par un tour de grande roue. Les adieux sont difficiles. Tu as adoré partager ces quelques jours avec Charlie, Oliver et Phoebe. Vous vous promettez de rester en contact et tu espères vraiment pouvoir leur rendre la pareille un jour en les recevant chez toi ! Au dernier moment, Diego t'informe qu'il est sur le point de partir rendre visite à de la famille et te propose de te joindre à lui pour explorer le Nevada et l'Arizona. Tu avais prévu de t'arrêter à Los Angeles. Est-ce que tu décides de maintenir ta visite de la Cité des Anges, en **284**, ou de le suivre, en **192**, si tu n'es pas encore allé•e à Las Vegas ?

205.

Tu arrives mort•e de faim au restaurant et tu constates qu'il est complètement hors budget ! Tu aurais dû t'en douter, tout ce qui est destiné aux touristes coûte très cher sur les îles. Maintenant que tu es ici, tu décides tout de même de commander un menu complet. Après avoir été servi d'un délicieux cocktail Maitai à base de rhum et parfumé des saveurs locales (vanille, mangue, papaye, fruit de la passion et orange), tu dégustes ton entrée : un tartare de thon sur lit d'ananas et de crevettes. Le plat principal est un poisson-perroquet dont la chair très fondante est cuite à l'étouffée avec du citron et du gingembre. Tu termines ton repas avec un gâteau *poe* à la banane, accompagné de glace au corossol, encore un fruit que tu ne connaissais pas !

Tu rentres ensuite dans ton bungalow, où tu as la désagréable surprise de voir des cafards sortir de ta poubelle. Jeter des déchets organiques dans ta chambre ouverte sur l'extérieur était une très mauvaise idée… Tu files voir Aiata, qui en est bien désolée. Tous les autres bungalows sont occupés et il est déjà tard, mais elle promet de passer ta chambre à l'insecticide dès que tu viendras prendre ton petit-déjeuner demain matin. Décides-tu de dormir en compagnie des cafards, barricadé•e sous la moustiquaire de ton lit, en **289**, ou préfères-tu changer de logement pour un hôtel dont tu viens de vérifier la disponibilité en ligne, en **311** ?

206.

L'attente du bus au milieu de la nuit, dans l'agitation de Khao San Road, que tu avais détestée lors de ta première soirée, est une expérience très particulière. Tu t'accroches à tes affaires et t'efforces de repérer le touriste le moins éméché pour lui demander ta route. Lorsque tu finis par t'asseoir dans le bus, avec soulagement, tous les autres passagers semblent déjà endormis. Tu les imites à ton tour.

Vous êtes réveillés à la frontière, où le personnel du bus vous demande (de façon très insistante) vos passeports et de l'argent pour payer les visas. La somme est plus importante que ce à quoi tu t'attendais. Tu profites de cette pause pour aller aux toilettes. En discutant avec un couple d'Américains, tu te rends compte que certaines personnes sont allées elles-mêmes au poste frontière et ont payé leur visa moins cher qu'en passant par un intermédiaire. La situation t'énerve, mais tu sais que tu aurais dû te renseigner sur le prix exact avant de monter dans le bus.

Après une nuit peu reposante, tu es déposé•e dans le centre de Siem Reap, où les trombes d'eau qui t'accueillent te rappellent que c'est la saison des pluies ! À peine as-tu posé un pied dehors que tu te fais harceler par des conducteurs de tuk-tuks qui veulent t'emmener à ton hôtel. Décides-tu d'accepter une de ces offres au risque de peut-être te faire à nouveau arnaquer, en **283** ? Ou préfères-tu braver la pluie tropicale et marcher gratuitement jusqu'à l'hôtel, en **229** ?

207.

Espérons qu'en réservant ton billet de bus pour le parc national des Glaciers tu auras compris qu'il risque d'y faire froid et que tu auras ajouté un pull dans ton sac à dos. Sinon le short va vite te sembler très léger…

L'Argentine est un pays immense : pour te rendre à destination, tu vas devoir faire au moins quarante heures de bus. Un sacré périple ! Comme le trajet s'annonce interminable, tu as payé un peu plus cher pour un bus *cama* : c'est ainsi que sont désignés les bus dans lesquels les sièges peuvent s'allonger. Confortablement installé•e, tu dors par intermittence toute la première partie du voyage. En te réveillant, tu vois qu'il te reste encore plus de trente heures de bus. Tu envisages de regarder le film projeté sur un écran central, mais les dialogues en espagnol, presque inaudibles, te font changer d'avis. Qu'à cela ne tienne, tu vas admirer le paysage pour passer le temps. Il n'y a aucun relief à l'horizon, le sol est complètement plat et la route parfaitement droite. Tu arrives tout de même à repérer des animaux sur le bord de la route. Ton voisin t'apprend qu'il s'agit de *guanacos*, les cousins sauvages des lamas, qui, eux, sont domestiqués. Tu aurais bien continué à discuter, mais la conversation tourne court quand il s'endort. Tu commences franchement à t'ennuyer, il va falloir trouver un moyen de t'occuper jusqu'à l'arrivée. Si tu as un jeu de cartes ou un livre avec toi (sac 1, 4 ou 5), rends-toi en **154**. Si, en revanche, tu n'as pas prévu de quoi te divertir (sac 2 ou 3), va te morfondre en **330**.

208.

Mei, Klaus et toi partez pour un road-trip balinais à la découverte des plages d'Ahmed, des cascades de Munduk et de la côte de Pemuteran. Vous passez une semaine inoubliable à faire le tour de l'île et cela te rapproche de tes compagnons de voyage. Pour faire des économies, vous partagez vos chambres d'hôtel, souvent ouvertes sur l'extérieur, et avec des salles de bains sans toit. Cela donne lieu à plusieurs situations étonnantes, comme ce chat errant qui t'observe pendant que tu te déshabilles, un singe qui s'invite dans ta douche ou encore la nécessité de trouver des astuces pour te protéger du soleil quand tu es aux toilettes ! La nuit, vous vous endormez au son si particulier des geckos, ces lézards qu'on rencontre partout sur l'île. Mei et Klaus s'entendent à merveille mais ont des habitudes très différentes. Ainsi, Mei garde toujours ses affaires bien rangées et ses bagages fermés alors que Klaus, lui, déballe toutes ses affaires dès qu'il arrive quelque part et laisse son sac ouvert. Il dit que c'est bien plus pratique que de devoir tout sortir pour trouver quelque chose au fond. Et toi, comment vois-tu les choses ? Si tu aimes que tout soit carré, comme Mei, va en **258**. Si tu es partisan•e de l'explosion de sac, comme Klaus, va en **293**.

209.

Tu te rends vite compte que de nombreux fans de l'œuvre de Tolkien sillonnent les routes de la Nouvelle-Zélande. Bien que le monde fictif de la Terre du Milieu semble largement inspiré de l'Angleterre natale de l'écrivain, le réalisateur Peter Jackson a décidé de tourner les films adaptés du *Seigneur des anneaux* au cœur des paysages néo-zélandais. Tu décides de commencer par la visite de Hobbitville (« Hobbiton », en anglais), qui est la reconstitution du village des Hobbits, les sympathiques petites créatures aux pieds velus créées par Tolkien. Tu as réservé ton billet il y a plusieurs semaines car le lieu est très prisé des touristes, et les entrées limitées. Comme c'est une occasion que tu attendais depuis longtemps, tu t'es même offert le tour spécial incluant le dîner. L'ambiance est sensationnelle, tu te croirais dans les films ! Le tour s'achève par un repas dans l'auberge des Hobbits, où la quantité de nourriture est digne d'un vrai festin. Tu te régales et tu rigoles avec les autres touristes, dont certains sont même venus déguisés ! Tu quittes les lieux après avoir fait un dernier tour du village de nuit, à la lumière d'une lanterne. Féerique !

Tu as bien envie de poursuivre ta visite thématique en allant voir les paysages qui ont servi de décor au tournage des scènes se déroulant dans le Mordor, mais, pour cela, il faut effectuer une randonnée de 20 kilomètres ! Si la difficulté ne te fait pas peur, prépare-toi pour ce trek, en **264**. Si tu n'as pas envie de te lancer là-dedans, rends-toi sur l'île du Sud, en **317**.

210.

Vous vous rendez ensuite dans la ville de Phoenix, où vit l'accueillante famille de Diego. Vous passez quelques jours chez eux à faire des barbecues et des jeux de société. Tu découvres que, dans la région, il y a beaucoup de réserves indiennes ouvertes à la visite et tu t'interroges sur le côté touristique de cette pratique.

Diego et ses proches t'en disent plus sur ce sujet sensible. Les réserves ont été controversées dès leur création au XIXe siècle car elles ont été installées sur des terrains de peu de valeur et ont contribué à mettre à l'écart les tribus autochtones (déjà en grande partie décimées par l'arrivée massive des colons européens sur leur territoire) en les parquant à l'intérieur sans leur donner de réels moyens de subvenir à leurs besoins. Encore aujourd'hui, les conditions de vie y sont bien moins bonnes que dans le reste du pays et la population amérindienne reste stigmatisée.

Tu fais donc l'impasse sur ce genre de visite, et tu reprends finalement la route avec Diego pour rejoindre San Francisco, où il vit. Vos chemins ne vont pas tarder à se séparer, mais comme il lui reste quelques jours de congé, il te propose de passer par le parc national de Yosemite avant de rentrer. Après un long trajet, vous atteignez l'une des entrées du parc, situé au centre de la Sierra Nevada, la plus haute chaîne de montagnes de Californie. Votre camping se trouve dans Yosemite Valley. Tu es subjugué•e par les paysages qui s'offrent à toi, tout en lacs et en pins. C'est un vrai contraste avec le désert que vous venez de traverser. Vous partez tout de suite en randonnée pour voir les impressionnantes cascades du parc qui sont alimentées par la fonte des neiges et des glaciers. Vous croisez de nombreux sportifs venus faire de l'escalade, de l'alpinisme, du rafting, du canyoning, du vélo ou encore de la pêche. La diversité de la faune est aussi un atout de ce lieu splendide. Le jour, vous observez de nombreux oiseaux, des lapins, des cerfs, des écureuils et des renards, et la nuit, vous apercevez quelques chauves-souris et entendez des cris de coyotes… Un soir, vous avez même la chance de voir un lynx de vos propres yeux ! En revanche, vous ne rencontrez pas d'ours noir, qui est pourtant l'animal emblématique du parc. Sans doute parce que vous avez respecté les consignes de sécurité à la lettre en parlant fort pendant vos balades pour les prévenir de votre présence et en ne laissant aucune nourriture dans votre véhicule afin de ne pas en trouver un dans l'habitacle en revenant sur le parking.

Après quelques jours d'immersion en pleine nature, tu quittes le parc à regret. Quelques heures de route plus tard, vous voilà à San Francisco. Il est malheureusement temps de dire au revoir à Diego, un compagnon de route attachant et enthousiaste qui t'a permis de découvrir les merveilles de son pays. Rejoins-tu directement Los Angeles, la dernière étape de ton voyage américain, en **284** ? Ou, si tu ne l'as pas déjà visitée, pars-tu à la découverte de San Francisco, en **71** ?

211.

C'est le moment d'admirer le coucher de soleil. Tu t'émerveilles devant les couleurs du rocher, du ciel et du paysage qui changent sous tes yeux. C'est un spectacle magique et, pour parfaire le tableau, la guide profite de cet instant pour vous raconter l'histoire de ce lieu. Pour les peuples aborigènes, Uluru est l'un des points du chemin parcouru par les ancêtres au « Temps du rêve » (*Dreamtime*, en anglais) : la période qui, selon eux, a précédé la création de la Terre et façonné les formes du monde. Le monolithe est aussi sacré pour les Anangus, dont la mythologie raconte que Yurlungur, le serpent arc-en-ciel, dort au sommet.

Découvrir ces légendes est une superbe façon de finir ton tour du désert ! À présent, souhaites-tu continuer à visiter l'Australie, en **144**, ou préfères-tu partir pour l'Indonésie, en **189** ?

212.

Tu te mets d'abord en route vers le sud du continent australien, dont la superficie est immense : presque deux fois plus grande que celle de l'Union européenne. Cependant, par souci pour l'environnement, tu décides, comme à ton habitude, de t'y rendre en transports en commun. Ton périple débute par vingt-cinq heures de train entre Sydney et la ville d'Adélaïde, la capitale de l'Australie-Méridionale, où tu passes deux jours. Tu profites de ce que tu te trouves dans cette région viticole pour découvrir le vin australien, puis tu poursuis ton voyage avec vingt heures de bus, direction Alice Springs, dans l'Outback (l'arrière-pays australien). Quels animaux t'attends-tu à voir par la fenêtre du bus ? Si ce sont des dromadaires, rends-toi en **106**. Si ce sont des kangourous, rends-toi en **230**.

213.

Après un casse-croûte revigorant, tu te lances dans l'ascension du dernier kilomètre. La montée est ardue, mais le jeu en vaut la chandelle. En haut, un lac t'attend, dans lequel se reflète le magnifique mont Fitz Roy. Sur le chemin du retour, tu croises un animal qui ressemble à un cerf. Tu te souviens des rangers du parc qui ont mentionné la présence de *huemules*, une espèce de la région en voie de disparition, de la famille des cervidés. Ils ont beaucoup insisté sur le fait que c'était très rare d'en apercevoir. En rentrant de ta randonnée, tu passes informer les rangers de ta rencontre et ils te demandent plein d'informations sur ce que tu as vu pour les aider dans leur travail de sauvegarde de la faune. Heureux•se de pouvoir collaborer, tu leur donnes toutes les photos que tu as prises de ce bel animal.

Après ce coup de chance, tu continues à explorer la région à pied pendant quelques jours avant de programmer ta prochaine étape. Si tu souhaites découvrir le fameux vin argentin et en déguster quelques verres, rends-toi en **252**. Si tu as autre chose en tête, rends-toi en **88**.

214.

Mumbai sera ton dernier arrêt en Inde. Tu n'as visité qu'une infime portion de cet immense pays qui a tant à offrir. Pour cette dernière étape, tu as acheté tes billets de train à l'avance. Le réseau ferroviaire indien propose beaucoup de possibilités pour peu que l'on réserve à l'avance. Bien sûr les prix, le confort et l'hygiène varient selon les classes. Jusqu'ici, tu as fait des trajets relativement courts, mais pour celui-ci, tu as pris le temps de réfléchir à ce que tu voulais. En effet, c'est le premier train de nuit que tu prends en Inde, et le voyage va être long. As-tu opté pour une expérience économique en *sleeper class* (qui donne accès à une couchette dans un wagon sans climatisation), en **184** ? Ou as-tu pris un billet plus coûteux en deuxième classe (dans une cabine de six personnes avec l'air conditionné), en **197** ?

215.

Tu aurais dû commencer par demander ce qui rendait ce café si luxueux ! C'est seulement après avoir bu ta tasse que tu découvres que les grains de café proviennent… des excréments de civettes (*luwak*), comme celles que vous avez croisées un peu plus tôt sur le bord de la route ! Au cours de leur passage dans les intestins des animaux, les grains de café ne sont pas digérés, mais naturellement fermentés. Ils sont ensuite récupérés dans leurs déjections, puis séchés et torréfiés pour donner le café le plus cher du monde ! Mei fait quelques recherches sur son téléphone pour obtenir d'autres informations à ce sujet : c'est désolant. Capturées, puis parquées dans de minuscules cages afin d'être gavées de grains de café, les civettes sont exploitées pour satisfaire la demande croissante de *kopi luwak*. Cela constitue une grave menace pour les populations sauvages de cet animal. Tu te sens coupable d'avoir involontairement participé à cela. Sans tarder, tes amis et toi quittez le café et retournez à vos scooters.

Pour finir votre journée d'excursion, Klaus et Mei te laissent de nouveau le choix. Veux-tu te rendre dans la forêt sacrée des singes, en **298**, ou aller voir un coucher de soleil sur une plage, en **142** ?

216.

Dans le train en direction de Jaipur, tu partages ta banquette avec une personne à l'allure très sympathique. Vous entamez directement la conversation en anglais et discutez pendant tout le trajet, qui passe à une vitesse folle. Alors que vous approchez de votre destination, tu prends conscience que tu éprouves de l'attirance à son égard. Cela doit être réciproque car tu apprends avec plaisir que tu es invité•e à aller boire un verre dans son hôtel le soir même. Si tu acceptes, va vite à ton logement te rafraîchir avant votre rendez-vous, en **75**. Sinon dépose tes affaires à ton hôtel et pars explorer la ville de Jaipur, en **86**.

217.

Tu croises à nouveau Emma au petit-déjeuner et lui annonces que tu as prévu de te balader à dos d'éléphant. Ce qu'elle t'apprend alors te fait immédiatement changer d'avis ! Les éléphants utilisés pour ce genre d'activité touristique nécessitent d'être « brisés ». Cela signifie qu'ils sont séparés de leur mère dès le plus jeune âge, puis immobilisés, et privés de nourriture, d'eau et de sommeil pendant plusieurs semaines tout en étant battus. Cette technique, le *phajaan*, a pour objectif de séparer l'esprit et le corps de l'animal afin qu'il perde ses réflexes et son instinct sauvage pour être complètement sous contrôle humain. Tout éléphant domestiqué a donc d'abord dû passer par cette torture et ne sera plus jamais capable de vivre dans la nature. Tu n'en avais aucune idée. Heureusement que tu as échangé avec Emma avant de partir… Tu parles avec elle pendant des heures, et elle t'explique que le mieux est d'observer les animaux dans leur milieu naturel tout en s'assurant de respecter la faune et la flore.

Après cette parenthèse thaïlandaise, tu comptes te rendre au Cambodge. Deux compagnies proposent des bus directs au départ de Bangkok, et elles ont toutes les deux de mauvais commentaires en ligne… La première,

Tour B, est moins chère mais encore plus mal notée que la deuxième, Cam Thai Company. Si tu choisis Tour B, rends-toi en **206**. Si tu choisis Cam Thai Company, rends-toi en **300**.

218.

Tu passes une journée de navigation très relaxante à regarder le paysage, d'abord depuis ta cabine, puis depuis la piscine sur le pont du bateau. Tu as goûté, la veille, une boisson rafraîchissante à base de fleurs d'hibiscus égyptien, le *karkadé*, que tu sirotes tout l'après-midi. Vous arrivez en fin de journée dans la ville de Louxor.

Vous commencez par rendre visite aux colosses de Memnon. Il s'agit de deux statues de 18 mètres de haut représentant le pharaon Aménophis III sur son trône. Ce sont les derniers vestiges d'un temple qui devait être absolument gigantesque. Vous vous rendez ensuite au temple d'Amon, lui aussi construit à la demande d'Aménophis III. La visite se déroule de nuit et tu adores cette promenade atypique parmi les dizaines de colonnes illuminées, qui rendent le lieu encore plus captivant. L'obélisque qui se trouve à l'entrée et l'allée principale, bordée de statues de sphinx, te fascinent. En entendant l'appel à la prière, tu découvres aussi avec étonnement qu'une mosquée a été installée à l'intérieur même de l'enceinte du temple.

Après la visite, tu te balades dans Louxor et tu essaies de te frayer un chemin depuis le marché touristique jusqu'au marché local. Sur le trajet, les très nombreuses sollicitations des vendeurs commencent à t'agacer. Cependant, comme le buffet du bateau finit par être lassant, tu décides de dîner dans la rue où plein de petits stands proposent de la nourriture à des prix dérisoires. Tu te laisses tenter par le *foul*, une délicieuse purée de haricots mixés avec de l'ail, du cumin, du persil, des olives et du citron, servie dans un pain arabe. Simple mais efficace, le *foul* est considéré comme le plat national et se déguste dès le petit-déjeuner !

De retour sur le bateau, tu fais quand même un crochet par le buffet pour manger un dessert avant d'aller te coucher. Alors que tu es sur le point de t'endormir, tu te demandes si tu aurais peur de croiser une momie en explorant un tombeau égyptien. Si oui, rends-toi en **102**. Sinon va en **134**.

219.

Bravo, ton aventure est définitivement un sans-faute ! Tu as choisi le sac à dos le plus utile pour éviter les problèmes, ce qui t'a permis de ne rapporter aucun souvenir désagréable de Tanzanie. S'il reste des pays que tu n'as pas encore visités, n'hésite pas à retenter l'aventure en retournant au point de départ, avec la même attitude positive et le même esprit aiguisé que lors de ton premier tour du monde !

220.

Tu embarques pour une croisière de trois jours au-dessus de la Grande Barrière de corail, le plus grand récif corallien du monde ! C'est un véritable paradis pour les plongeurs que tu as l'opportunité d'explorer plusieurs fois par jour. Tu effectues même, pour la première fois de ta vie, d'impressionnantes plongées de nuit. C'est d'abord un peu inquiétant de sauter dans l'eau avec pour seule source de lumière une petite lampe de poche, mais, au final, tu adores nager dans l'obscurité : cela permet d'observer des détails et des teintes invisibles à la lumière naturelle. De jour comme de nuit, la diversité de la faune sous-marine est étonnante : tu croises plusieurs espèces de requins, de raies, de tortues, de dauphins, et une grande variété de poissons de toutes les couleurs. Entre les sorties, les guides présents sur le bateau sensibilisent les participants au fait que le récif a subi beaucoup de dommages ces dernières décennies. Cela te donne envie d'améliorer ta technique de plongée afin de ne pas risquer de causer des dégâts, ni ici ni ailleurs. Tu profites de la croisière et des moniteurs pour passer un niveau supérieur de certification.

Cette croisière clôt ton long séjour en Australie. La tête pleine de souvenirs, tu t'envoles pour l'Indonésie, en **189**.

221.

Tu te rends au musée cambodgien des Mines terrestres, fondé par un ancien enfant soldat du nom d'Aki Ra. Grâce aux panneaux explicatifs dans les différentes salles, tu découvres son histoire. Cet homme ne connaît pas son âge exact mais pense être né au début des années 1970. Les Khmers rouges l'ont capturé après avoir tué ses parents, et, comme beaucoup d'autres, il est devenu un enfant soldat. Il a pris part pendant de nombreuses années aux conflits armés qui ont ravagé le Cambodge. Tous les camps en présence se servaient alors de mines antipersonnel, souvent posées par des enfants. Redoutables, peu coûteuses et efficaces jusqu'à cent cinquante ans après leur pose, ces armes frappent indifféremment soldats, civils et animaux… Une fois adulte, Aki Ra a décidé de consacrer sa vie à « réparer ses erreurs » en participant au déminage de millions de mines qu'il avait contribué à poser dans son pays. Il a commencé son travail par les villages où il avait lui-même posé des explosifs, que, faute d'équipement, il a été obligé de désamorcer à l'aide d'un couteau et d'un bâton. Dans ce contexte, il est également venu en aide à de nombreux enfants mutilés après avoir marché sur des mines. Au Cambodge, depuis la fin des hostilités, des dizaines de milliers d'amputations continuent d'être rapportées. La persistance des mines reste aujourd'hui encore un frein à la relance économique du pays, une partie des terres agricoles, des pâturages, des forêts et des ressources en eau étant toujours inexploitable.

Bien qu'il ne soit pas encore très tard, tu te sens vidé•e après cette visite bouleversante. Est-ce que tu enchaînes quand même avec une autre activité, en **190**, ou est-ce que tu préfères te promener dans les marchés de Siem Reap, avant de te rendre en **113**, tôt demain matin ?

222.

Tu te prélasses sur la plage de Bondi jusqu'en fin d'après-midi. Ton dernier jour à Sydney s'achève plus tranquillement qu'il n'a commencé. Souhaites-tu continuer de visiter l'Australie, en **144**, ou préfères-tu t'envoler vers ta prochaine destination, en **189** ?

223.

Te voilà à Tulum. À peine ton sac posé à l'auberge, tu pars louer un vélo pour la journée afin de rejoindre les ruines mayas qui se trouvent à quelques kilomètres de la ville. Au milieu d'une nature verdoyante, le long de falaises tombant à pic dans la mer, ce site archéologique est stupéfiant. Pendant tes pérégrinations, tu as appris que la civilisation maya avait subi la domination de l'Empire aztèque et que, pour cette raison, beaucoup de ses cités étaient déjà à l'abandon quand les conquistadors envahirent le continent américain au XVIe siècle. Cependant, en lisant les panneaux, tu découvres que le site de Tulum était l'un des rares encore habités par des Mayas à l'arrivée des Espagnols.

Une fois la visite terminée, tu profites de la plage qui borde les ruines. Après un bain dans la mer, tu enfourches ton vélo et pédales en direction des *cenotes* (cénotes). Ce matin, à l'auberge, une voyageuse t'a expliqué qu'il s'agissait de grottes remplies d'eau claire dont le plafond s'est effondré, créant ainsi des piscines naturelles. Il y en a plusieurs centaines réparties dans toute la péninsule du Yucatán, et elles constituaient d'ailleurs la seule source d'eau douce des Mayas, car il n'y a aucun cours d'eau dans la région. Tu rejoins le cénote Calavera et comprends vite d'où lui vient son nom : les éboulements rocheux rappellent en effet la forme d'un crâne (*calavera*, en espagnol). Tu es très impressionné•e par la façon dont la lumière du soleil entre dans le puits et traverse l'eau, donnant au lieu un côté mystique. Tu trouves aussi que la fraîcheur y est très agréable et décides d'y passer du temps. Comme la plupart des gens qui t'entourent, tu préfères sauter directement dans le plus grand des trous plutôt que d'utiliser l'échelle qui permet d'atteindre l'eau, c'est bien plus drôle !

Après tous ces plongeons, veux-tu aller faire la fête, maintenant ? Si oui, rends-toi en **169**. Sinon va en **26**.

224.

Après ta première pause, te voilà parti•e pour un road-trip de plusieurs semaines. Dans la région de Sydney, New South Wales, tu descends des dunes sur une planche de *sandboarding*, et à Port Stephens, tu profites des superbes plages de la Gold Coast. Dans le Queensland, où tu poursuis ta route, tu te rends au parc national d'Eungella avec un objectif en tête : voir des ornithorynques dans leur milieu naturel… Il faut dire que cet animal semi-aquatique t'intrigue, avec son bec de canard caoutchouteux, sa queue plate, semblable à celle du castor, et ses pattes palmées, comme celles de la loutre. Son existence défie carrément les lois de la biologie : il fait partie de la classe des mammifères alors qu'il pond des œufs et est aussi le seul mammifère venimeux de la planète. Enfin, il est capable de repérer ses proies en détectant l'activité électrique produite par leurs muscles. Voilà de quoi éveiller ta curiosité !

Tu passes la nuit dans un camping au milieu du parc et tu te lèves à l'aube en espérant en voir dans la rivière qui coule devant ton van. Pas de chance, tu n'en aperçois aucun, peut-être que tu leur as fait peur. Tu pars donc en randonnée, ton dernier espoir d'en observer. Finalement, à la toute fin de ta balade, tu en repères deux à la surface d'un cours d'eau. C'est furtif, mais ta mission est accomplie ! C'est bientôt la fin de ton road-trip, et tu décides de faire un dernier stop avant Cairns. Préfères-tu camper sur une jolie plage, en **23**, ou partir à l'aventure dans une forêt tropicale, en **109** ?

225.

Toi et ton groupe arrivez au restaurant et, puisque tu es venu•e pour ça, tu commandes une assiette de *cuy*, une spécialité locale. En voyant ton plat, tu découvres un peu tard qu'il s'agit de cochon d'Inde ! Devant ton mouvement de recul, le serveur t'explique qu'au Pérou, ce petit rongeur n'est pas considéré comme un animal de compagnie, mais comme de la viande, au même titre que le poulet en Europe. Les autres trouvent que c'est délicieux et comparent son goût à celui du lapin, mais toi, tu n'es pas convaincu•e. Pourtant, pour les Péruviens, c'est vraiment un aliment ordinaire. L'un de tes compagnons te raconte même avoir vu un tableau incongru dans la cathédrale de Cuzco : une représentation de la Cène sur laquelle Jésus et ses apôtres sont attablés autour d'un plat de *cuy* ! La peinture aurait été réalisée ainsi afin de favoriser l'évangélisation des indigènes.

Le repas terminé, tes camarades te proposent de continuer la soirée en allant boire de la *chicha* au bar d'à côté. Décides-tu de les suivre, en **57**, ou de rentrer te coucher, en **93** ?

226.

Le policier ouvre soudainement ta portière en te pointant de son arme. Puis il t'empoigne, te plaque violemment contre le capot et te menotte. Tu es mort•e de peur. Diego tente de faire entendre raison au policier, très énervé. Après plusieurs longues minutes de discussion que tu ne comprends pas et que tu passes totalement terrifié•e, le policier fouille votre véhicule et finit par te libérer. Vous vous en sortez avec un simple avertissement. Diego, complètement stressé lui aussi, essaie tant bien que mal de te rassurer. Il te dit que c'est fini et que tout va bien. Il ne savait pas que tu n'avais jamais subi de contrôle dans un État où le port d'arme est autorisé. Il t'explique qu'en te voyant te pencher vers la boîte à gants pour récupérer tes papiers, le policier a cru que tu allais sortir un pistolet. Diego est désolé de ne pas avoir pensé à te dire immédiatement de mettre tes mains en l'air, comme lui ! Avais-tu déjà ressenti une aussi grosse frayeur ? Si oui, pars en **286**. Sinon en **210**.

227.

Tu attaches ton sac à dos au porte-bagages à l'aide de ton cadenas et tu souffles enfin au moment où tu arrives à trouver une place assise. Mais ton soulagement est de courte durée : en glissant la main dans ta poche, tu te rends compte que ton portefeuille a disparu ! Tu as été tellement bousculé•e dans la gare et sur le quai que tu ne sais même pas à quel moment on a bien pu te le voler… Heureusement, ton passeport était rangé dans une autre poche qui a échappé au pickpocket ! Tu avais aussi dissimulé dans ton sac une de tes cartes de crédit et une partie de ton argent liquide pour te prémunir en cas de vol. Tu le déclares directement au contrôleur le plus proche, qui te fait comprendre qu'il y a peu de chances que tu retrouves ton portefeuille. Tu préviens donc ta banque sans perdre de temps pour faire opposition sur ta carte principale. C'est un peu plus pauvre, mais en ayant conscience que la situation aurait pu être plus grave, que tu te rends en **168**.

228.

En te réveillant le matin, l'estomac un peu vide malgré ton encas nocturne, tu comprends mieux pourquoi il y avait deux couvertures sur ton lit : il fait frais, ici ! Après tout, c'est logique à plus de 2 000 mètres d'altitude, mais toi qui croyais qu'il faisait chaud partout au Mexique, te voilà en train de superposer les épaisseurs de vêtements ! Tu sors ensuite réserver tes excursions pour les jours suivants, puis explorer la ville. Tu passes sur la place principale, que les Mexicains appellent *Zócalo*, puis tu montes les marches jusqu'à l'église de la Guadalupe (qui est le nom d'une Sainte Vierge typiquement mexicaine). De là-haut, tu as un beau point de vue sur la ville. L'après-midi, tu vas faire le tour des marchés.

Le lendemain, un minibus passe te chercher à l'auberge pour emmener ton groupe à San Juan Chamula. Il s'agit d'un village principalement habité par des Tzotzils. Et c'est justement pour en apprendre plus sur cette communauté indigène que tu as choisi ce tour organisé. Vous visitez d'abord le cimetière du village, puis vous vous rendez à l'église. À l'intérieur, il est interdit de sortir les appareils photo. La population locale, bien que catholique, pratique des rites assez inhabituels. Tous les bancs sont poussés contre les murs de la chapelle, et, au centre, des familles sont assises par terre, entourées de bougies multicolores ainsi que d'offrandes (poulets, œufs, bouteilles de

Coca…). Chaque groupe est accompagné d'un chaman qui fait des prières et se charge de purifier les fidèles. Le guide vous explique que certaines traditions tzotziles remontent à l'époque où le pays n'avait pas encore été colonisé et vous apprend qu'il y a d'autres villages dans les vallées alentour où les habitants s'adonnent à d'autres rituels préhispaniques, car le Chiapas est la région du Mexique avec la plus forte concentration de peuples autochtones.

Le jour suivant, tu as un programme un peu spécial. Depuis 1994, une partie des populations indigènes (l'Armée zapatiste de libération nationale) s'est insurgée contre le pouvoir en place. Plusieurs villages, estimant avoir été laissés à l'abandon par le gouvernement, ont décidé de s'administrer eux-mêmes pour vivre selon leurs propres règles. Intrigué•e par cette société alternative et déçu•e qu'aucun tour organisé ne permette d'aller à la rencontre d'une communauté zapatiste, tu décides de le faire par tes propres moyens. Tu réussis à convaincre deux autres voyageurs rencontrés à l'auberge de se joindre à toi pour diminuer le coût du taxi, et vous vous mettez en route. Ça n'est qu'une fois devant l'entrée d'Oventic (l'une de ces municipalités autonomes rebelles), qui est fermée par une barrière et gardée par deux personnes cagoulées, que tu prends conscience que c'est sans doute mieux de ne pas être seul•e. Une personne vous fait signer un papier sur lequel vous assurez ne pas avoir de mauvaises intentions, puis elle vous autorise à entrer après vous avoir avertis que vous ne deviez pas prendre de photos. Ici, tout le monde porte une cagoule pour protéger son identité et votre guide n'accepte de répondre qu'à très peu de vos questions. Vous vous contentez donc de vous imprégner de l'étrange atmosphère du lieu en regardant les bâtiments décorés de très belles peintures représentant des hommes et des femmes rebelles.

La région du Chiapas réserve décidément bien des surprises ! Où souhaites-tu te rendre à présent ? Si tu veux aller visiter le site archéologique de Palenque, rends-toi en **137**. Sinon tu peux retourner à Mexico et prendre un bus pour les États-Unis, en **66**, ou un avion pour l'Argentine, en **119**. Mais, attention, souviens-toi que tu ne peux pas retourner dans un pays que tu as déjà visité.

229.

Alors que tu entames ton chemin à pied pour te rendre à l'hôtel, la pluie se transforme en déluge, et en moins d'une minute, des torrents se forment sur le bord de la route. Tu n'as que 500 mètres à parcourir, mais tu arrives à ton logement trempé•e jusqu'aux os. En ouvrant ton sac, tu découvres que toutes tes affaires sont gorgées d'eau. Tu te souviens qu'au moment de t'équiper avant de partir, le vendeur avait essayé, sans succès, de te faire acheter une housse de protection pour ton sac à dos… Fort heureusement, tu as quand même investi dans une veste imperméable, qui vient de te permettre de garder ton passeport et ton argent bien au sec contre toi.

La pluie s'arrête aussi rapidement qu'elle est venue. Mais l'air est si humide dans ta chambre qu'il faut que tu trouves un moyen d'accrocher tes habits à l'extérieur pour avoir une chance qu'ils soient secs demain. Si tu es parti•e avec le sac 1, 2 ou 3, ou que tu n'as plus de sac, rends-toi en **287**. Si tu voyages avec le sac 4 ou 5, rends-toi en **274**.

230.

Eh non ! Des kangourous, tu en as vu lors de la première partie de ton voyage en train, mais maintenant, dans le désert, tu croises énormément de dromadaires. C'est normal d'être étonné•e, car, contrairement aux kangourous, ils ne sont pas natifs d'Australie. Ils ont été introduits au XIXe siècle par les colons anglais pour se déplacer dans le désert australien. Puis, après l'avènement des véhicules à moteur, ils ont été relâchés dans la nature et se sont reproduits de façon phénoménale.

Une fois au cœur de ce qu'on appelle « le Centre rouge », tu rejoins un groupe pour un tour organisé de quelques jours dans le désert. Tu te voyais mal conduire en solitaire sur des milliers de kilomètres à travers l'Outback. Tu fais rapidement connaissance avec les autres backpackeurs à l'intérieur du minibus inconfortable (sans suspensions ni climatisation) dans lequel vous allez vous déplacer. La première activité proposée est une randonnée à Kings Canyon. La balade démarre avec une ascension, difficile sous le soleil de plomb, qui doit vous amener, toi et ton groupe, au sommet des falaises pour profiter d'une vue impressionnante au-dessus du canyon.

Pendant que tu discutais dans le minibus, tu n'as pas bien prêté attention aux instructions de la guide. Tu as entendu qu'il fallait prévoir beaucoup d'eau, mais tu n'as aucune idée de ce qu'elle a dit ensuite. Avec quel sac à dos voyages-tu ? S'il s'agit du sac 1 ou 5, marche en **261**. S'il s'agit du sac 2, 3 ou 4, marche jusqu'en **194**. Si tu n'as plus de sac, va en **47**.

231.

Match nul : Nader a joué « ciseaux », lui aussi ! Vous jouez une seconde manche et tu décides de ne pas retenter « ciseaux ». Cette fois, est-ce que tu choisis « pierre », en **270**, ou « feuille », en **104** ?

232.

Tu pars pour un après-midi de nage guidée avec masque et tuba en compagnie d'un groupe d'une dizaine de personnes. Lors de votre premier arrêt, tu observes de magnifiques coraux et une multitude de petits poissons multicolores qui vivent dedans. Vous remontez ensuite sur le bateau et profitez d'une vue imprenable sur l'île de Moorea depuis la baie, avant de vous jeter de nouveau à l'eau. Très vite, vous repérez un groupe de tortues et nagez un moment à leurs côtés ; vous croisez même une raie au passage. Seulement les vagues sont de plus en plus fortes et certains nageurs paniquent. Toi-même, tu commences à avoir peur que le courant ne te projette contre le corail. Votre guide déclare alors qu'il est temps de retourner au bateau. Un peu déçus de laisser les tortues, mais tout de même soulagés, vous faites tous demi-tour. Mais, alors que le bateau n'est plus qu'à quelques dizaines de mètres, vous vous retrouvez soudain nez à nez avec un immense groupe de requins… La suite en **280**.

233.

Après votre merveilleux safari, tu décides de passer un peu plus de temps avec Alex et deux autres touristes pour visiter la capitale du Kenya, le temps d'une journée. Le matin, vous vous rendez dans un orphelinat qui recueille les éléphanteaux séparés de leur mère, souvent à cause du braconnage : le Sheldrick Wildlife Trust. Vous y apprenez comment les petits sont soignés avant d'être réintroduits dans la nature. C'est une visite émouvante et adorable, et vous êtes heureux de savoir que le prix de votre billet contribuera à aider ces petits pachydermes.

Au programme de l'après-midi : un peu de shopping et la visite du musée Karen Blixen, installé dans la demeure de la romancière danoise, autrice de la célèbre *Ferme africaine*, adaptée au cinéma sous le titre *Out of Africa.* Le lieu permet de découvrir le mode de vie sophistiqué et plein de contrastes des colons blancs du début du XXe siècle. Votre passage à Nairobi se termine par une excellente soirée dans un bar dansant.

Le lendemain, Alex et toi, partez tôt pour l'aéroport, où vous vous faites des adieux déchirants. Tu n'as pas apprécié tous les aspects d'un voyage en groupe, mais tu auras quand même fait de belles rencontres. Maintenant que tu as visité tous les continents comme tu le souhaitais, est-ce que tu veux rentrer tranquillement chez toi, en **163** ? Ou est-ce que tu souhaites continuer d'explorer l'Afrique en partant à la découverte de l'Égypte, en **187** ?

234.

Tu te rends directement au commissariat pour faire une déclaration de vol. Pendant qu'il note ta déposition, le policier met gentiment le téléphone à ta disposition au cas où tu voudrais appeler ta banque ou un proche. Le problème, c'est que tu ne connais aucun numéro par cœur, même pas ceux de ta famille. Dépité•e, dès que les formalités administratives sont terminées, tu retournes à ton hébergement afin de récupérer ton téléphone. Sauf que tous les bâtiments se ressemblent et, dans ton état de stress, tu n'arrives plus à retrouver l'immeuble où tu loges ! Tu te sens de plus en plus mal. Le jour se lève et tu ne sais toujours pas quoi faire.

Après plusieurs heures à errer au hasard des rues, tu retournes au commissariat. Tu expliques de nouveau ta situation et demandes au policier s'il veut bien te laisser accéder à ta boîte mail. Tu y retrouves l'adresse de ton logement et le numéro d'un ami que tu appelles tout de suite. Tu es soulagé•e de l'entendre. Tellement que tu lui demandes de t'acheter un billet retour. Après toute cette histoire, tu as juste envie de terminer l'aventure et de rentrer chez toi, en terrain connu. C'est en **41** que ça se passe…

235.

Vous arrivez en fin d'après-midi dans la charmante cité de Brașov. Vous commencez par vous rendre à l'hôtel choisi par Gabi, d'où tu peux contempler les Carpates, la chaîne de montagnes qui entoure la ville. Vous vous rendez ensuite au restaurant pour le dîner. Gabi t'apprend que la Roumanie est un pays viticole, sa situation géographique et son climat étant très favorables aux vignes. Gabi commande du vin de qualité à un prix très abordable, puis des *mici*, des saucisses grillées au barbecue, accompagnées de pommes de terre.

Après une nuit excellente, mais pas des plus reposantes, vous vous revigorez grâce à un petit-déjeuner traditionnel, avec, au choix, de la charcuterie, des œufs et des produits laitiers. Vous partez ensuite explorer les charmantes rues médiévales de Brașov. Gabi t'emmène visiter « l'église noire », un édifice gothique d'une hauteur impressionnante, renfermant des artefacts roumains. En sortant, tu remarques un homme visiblement en train de réprimander un groupe d'enfants roms. L'occasion pour Gabi de te parler un peu de la situation de ces populations nomades qui se déplaçaient librement pour faire du commerce avec les fermiers roumains depuis des siècles, jusqu'à ce que le régime communiste essaie de les sédentariser de force. Depuis, leur cohabitation avec les autres habitants du pays est devenue beaucoup plus complexe. Tout en discutant, vous vous éloignez du centre-ville pour une promenade dans la nature. Quand, soudain, une meute de chiens errants vous encercle ! Est-ce que tu leur jettes un snack qui traînait dans ta poche et t'enfuis en courant le plus vite possible dans la direction opposée, en **67** ? Ou est-ce que tu restes immobile, en **188** ?

236.

Oups ! Tu as beau avoir décollé la veille de ton anniversaire, tu atterris le lendemain. Ton vol n'a pourtant duré que cinq heures, mais l'information que tu as oublié de prendre en compte, c'est le décalage horaire de vingt-deux heures entre la Polynésie et la Nouvelle-Zélande. Techniquement, tu as donc raté ta propre journée d'anniversaire... Qu'à cela ne tienne, tu sors quand même le célébrer dans un pub ! Tu passes un bon moment avec un groupe rencontré alors que tu commandais ta boisson et qui se révèle être d'excellente compagnie pour faire la fête ! Vous passez une soirée mémorable tous ensemble, et l'un de tes nouveaux compagnons te fait même une liste de bons plans pour aller visiter Auckland demain.

Le jour suivant, tu suis ses recommandations et te rends à Myers Park en passant par le joli passage couvert de St Kevins Arcade, où tu flânes dans une librairie. Ensuite, tu te promènes sur le port et traverses le viaduc en admirant les yachts. Pour finir la journée, tu profites de la vue sur la ville et sa baie depuis le mont Victoria.

Il est maintenant temps pour toi de partir explorer l'île. Est-ce que tu préfères passer une journée dans une odeur nauséabonde, en **40**, ou en compagnie d'invertébrés, en **80** ?

237.

Tu rejoins ton hébergement en taxi depuis l'aéroport de Delhi. Cette immense ville du nord de l'Inde abrite en son sein New Delhi, la capitale du pays. Tu décides de te rendre à pied à la mosquée Jama Masjid depuis la maison d'hôte où tu as posé tes bagages. Dehors, la chaleur, le brouhaha et la poussière te surprennent par leur intensité. Tu traverses un marché où tu en prends plein les yeux et les narines, et dans lequel tu as bien du mal à te frayer un chemin entre les clients, les commerçants et les chèvres. Tu es l'unique touriste et, très vite, tu as la sensation que tous les regards se tournent vers toi. Les visages te paraissent froids et fermés. Du coup, tu te sens mal à l'aise et tu accélères le pas.

Tu te détends en entrant dans la superbe mosquée et entreprends la montée du minaret. Toi et les autres visiteurs êtes extrêmement serrés dans le petit escalier sans rambarde qui y mène, et le fait de croiser les gens qui redescendent par ses marches étroites te donne presque le vertige ! Cependant, là-haut, la vue sur la ville et le marché est impressionnante, et le coucher de soleil auquel tu assistes est absolument magnifique ! En sortant de la mosquée, tu regrettes de t'y être attardé•e car tu te sens un peu en insécurité dans la pénombre des rues du vieux Delhi. Pour couronner le tout, tu as du mal à trouver un chauffeur pour te ramener là où tu loges, ce qui t'oblige à marcher sur la route bondée en essayant de ne pas te faire écraser (par un véhicule ou une vache !) car il n'y a pas de trottoirs. On peut dire que cette première expérience indienne te sort de ta zone de confort !

De retour dans la maison d'hôte, tu t'installes avec soulagement pour dîner. Comme tu as l'air perdu devant les intitulés des plats, le gentil cuisinier de ce petit établissement vient te conseiller. Tu as le choix entre le *butter chicken* et le *dal makhani*. Il t'explique, dans un anglais parfait, que le *butter chicken* (poulet au beurre) se compose de morceaux de poulet désossés et marinés dans des épices et du yaourt, et cuits dans une savoureuse sauce au beurre. Quant au *dal*, il s'agit d'une soupe de lentilles aux épices qui est un plat incontournable dans toute l'Inde. Ces deux spécialités se dégustent en utilisant un pain plat nommé *chapati* en guise de couverts. Tu te régales.

Le lendemain, avant de poursuivre ton voyage en train, tu te connectes à l'ordinateur de l'hôtel. En consultant ta messagerie, tu découvres que ta meilleure amie est à l'hôpital. Tu n'as malheureusement aucune autre information et tu n'as pas le temps d'attendre qu'elle réponde aux questions que tu lui as posées par mail avant de partir ! En te rendant à la gare, tu sens monter l'inquiétude. C'est très dur d'être loin de tes proches dans ce genre de moment. Si tu essaies d'appeler ton amie pour savoir comment elle va, malgré le coût des appels internationaux, rends-toi en **180**. Si tu préfères attendre de pouvoir consulter tes mails quand tu auras de nouveau une connexion Internet, va en **301**.

238.

Votre guide profite de la longue route pour vous en apprendre plus sur le swahili. Cette langue est parlée en Afrique de l'Est sur un vaste territoire comprenant la Tanzanie mais aussi le Kenya, l'Ouganda et la République démocratique du Congo. En Tanzanie, où plusieurs centaines de langues cohabitent, le swahili (qui est l'une des deux langues officielles du pays avec l'anglais) permet à tout le monde de se comprendre. Votre guide vous apprend les mots qui vont vous être utiles : « *hakuna matata* » (« il n'y a pas de problème »), « *asante sana* » (merci beaucoup), « *jambo* » (bonjour), « *simba* » (lion), « *rafiki* » (ami). Tu connaissais déjà certains de ces termes et expressions depuis ton enfance grâce au film *Le Roi lion*. Ça te fait sourire de penser que le dessin animé de Disney t'a transmis du vocabulaire utile pour ton voyage.

Vous arrivez tard à votre logement et le guide vous prévient que la nuit sera courte car vous devrez partir tôt demain. Si tu voyages avec le sac à dos 2 ou 4, ou si tu n'as plus de sac, descends du bus en **100**. Si tu voyages avec le sac 1, 3 ou 5, rends-toi en **177**.

239.

Tu te régales d'un superbe petit-déjeuner de fruits exotiques, puis tu te rends au club de plongée. Une fois en mer, la première sortie est incroyable ! Après avoir observé des bancs de raies, tu as la chance de voir des tortues se reposer sur des coraux pendant que des petits poissons nettoient leur carapace. Après cela, toi et ton groupe faites une pause collation dans la baie d'Opunohu. Tu te sens très chanceux•se d'être face à un tel paysage, avec la vue sur l'île verdoyante de Moorea, les palmiers et les différentes nuances de l'eau.

Pour la deuxième et dernière plongée de la journée, le moniteur vous propose de vous faire découvrir un spot où il est possible de rencontrer des requins. Est-ce que cette perspective te fait peur ? Si oui, rends-toi en **290**. Sinon va en **280**.

240.

Tu te remets en route et fais une pause toutes les cinq minutes pour économiser tes forces. Au bout d'un moment, tu croises un couple de Colombiens qui, inquiets de ton état, t'aident à rejoindre le camping en te soutenant par les épaules. Tu vas tout de suite à l'infirmerie, où un secouriste t'invite à t'allonger. Mais, pris•e de vomissements et de diarrhée, tu es très vite obligé•e de te relever pour filer aux toilettes.

Devant tes symptômes préoccupants, le secouriste s'organise avec les rangers pour te faire sortir rapidement du parc. Comme tu es incapable de marcher, ils te font monter à cheval et, en passant par un chemin plus praticable que celui que tu as pris à l'aller, te ramènent jusqu'à la route. Là-bas, un véhicule t'attend pour te conduire à l'hôpital, où tu es mis•e sous perfusion. Apparemment, tu as réussi l'exploit de cumuler une insolation et une infection intestinale à cause de l'eau contaminée que tu as bue. Il va te falloir un peu de temps pour t'en remettre…

Après quelques jours de soins et une belle frayeur, te revoilà sur pied. Heureusement, ton assurance a pris tous les frais en charge et tu as juste perdu quelques jours sur ton plan initial. Tu te félicites d'avoir passé du temps à chercher la meilleure assurance possible avant ton départ. Elle est déjà rentabilisée alors que tu n'es encore qu'au début de ton voyage !

Tu prends un bus de nuit pour Medellín, l'une des plus grandes villes de Colombie. Pendant le trajet, tu discutes avec ton voisin qui en est justement originaire. Il t'apprend que les FARC (Forces armées révolutionnaires de Colombie), une guérilla communiste opposée au gouvernement, y ont séjourné pendant quelque temps. Sur une note plus légère, il te conseille un bar qu'il aime bien car on y pratique son activité locale favorite… Tu essaies d'en savoir plus, mais il te répond avec un sourire en coin que tu comprendras de quoi il s'agit en te rendant sur place. Es-tu curieux•se de découvrir cette mystérieuse occupation colombienne ? Si oui, rends-toi en **162**. Sinon rends-toi en **3**.

241.

En examinant le lit de Charlie, puis ton sac à dos, tu remarques des petits points noirs gorgés de sang. Maintenant que tu y penses, c'est vrai que, toi aussi, tu as des piqûres depuis plusieurs jours, mais tu croyais t'être fait dévorer par des moustiques... Tu te rends compte avec effroi qu'en réalité, tu trimballes les horribles punaises de lit avec toi partout où tu vas depuis que tu les as rencontrées à Londres ! Et, à l'évidence, cela veut dire que tu as contaminé l'appartement de tes amis, et sans doute aussi leur voiture ainsi que tous leurs bagages. Tu te sens tellement gêné•e. Ils se montrent extrêmement compréhensifs et ne t'en tiennent pas rigueur, mais ils sont tout de même très inquiets et décident d'écourter le road-trip pour rentrer vérifier l'état de leur logement. Avant leur départ, vous allez tous ensemble passer vos affaires au sèche-linge dans une laverie, en espérant que la chaleur tue les punaises. Tu continues donc ton voyage vers Los Angeles en transports en commun, en **284**, très mal à l'aise après cette mésaventure.

242.

C'est exact, les Néo-Zélandais ne sont pas surnommés « les Kiwis » à cause du fruit, mais en référence à l'oiseau éponyme, natif de Nouvelle-Zélande. Son long bec très fin le rend facilement reconnaissable, et son aspect duveteux explique qu'il ait donné son nom au fruit que nous connaissons. Tu aimerais beaucoup en voir, mais tu sais que c'est très difficile car ils sont en voie d'extinction, en grande partie à cause des prédateurs introduits sur l'île au moment de sa colonisation (entre autres, les rats et les opossums). Tu t'inscris tout de même pour une randonnée nocturne en forêt avec un guide. Il vous explique que les kiwis, qui ne volent pas, restent cachés le jour et sortent la nuit chercher leur nourriture. Après des heures de recherches, vous finissez par en apercevoir un ! Formidable ! Enfin… tu penses en avoir aperçu un, car il a été éclairé par la lampe du guide quelques secondes avant de s'enfuir dans les buissons. En tout cas, tout le monde se félicite de cet exploit. Le guide vous apprend beaucoup de choses intéressantes, notamment que les kiwis vivent en couples et que ce sont les mâles qui couvent les œufs. Et toi, entretiens-tu comme les kiwis une relation sérieuse avec quelqu'un ? Si c'est le cas, rends-toi en **173**. Si, au contraire, tu es célibataire, va en **305**.

243.

Tu as déjà beaucoup dépensé au cours de ce séjour au paradis ! Heureusement, tu as trouvé un logement bon marché proche de l'aéroport où passer tes derniers jours à Tahiti sans te ruiner. Est-ce que tu profites de la piscine de l'hôtel pour te reposer avant ton prochain vol international, en **288**, ou est-ce que tu décides de faire du stop pour te rendre sur une plage magnifique qu'un Tahitien t'a conseillée, en **308** ?

244.

Poer t'emmène dans la maison de ses beaux-parents et t'explique que, ce soir, tout le monde est réuni pour préparer une célébration religieuse qui aura lieu demain. En arrivant, tu as l'impression que les réjouissances ont déjà commencé : les préparatifs sont festifs, ici ! Les enfants, déjà en pyjama, s'amusent en courant dehors avec des pétards. Les hommes jouent aux cartes et aux dominos en fumant. Les perdants sont de corvée de gâteaux. Poer te montre les gâteaux en question et tu n'en reviens pas ! Ils sont cuisinés dans d'énormes marmites de près d'1 mètre de diamètre, et pour que la pâte ne colle pas, trois hommes la remuent en permanence à l'aide d'énormes bâtons. Ils se relaient toutes les cinq minutes pendant les cinq heures nécessaires à la cuisson. Tu es invité•e à t'asseoir par terre et tu observes les femmes qui établissent la liste des invités. En guise d'invitations, elles préparent des centaines de boîtes contenant du riz qui seront distribuées demain matin dans le village. Tu passes un très bon moment dans cette ambiance familiale.

Le lendemain, Poer te conduit à la petite gare où tu vas prendre le train pour rejoindre la capitale du pays, Jakarta. Durant le long trajet, tu fais un changement dans la ville de Yogyakarta. Est-ce que tu souhaites la visiter, en **179**, ou continuer sans t'arrêter, en **307** ?

245.

Sauf que tu sais bien que, contrairement à toi, voyager, ce n'est pas son truc. C'est d'ailleurs pour cette raison que tu es parti•e en solitaire. Mais la relation à distance est vraiment difficile à maintenir. Si tu veux sauver ton couple, tu comprends qu'il est temps de rentrer auprès de l'amour de ta vie, en **41**.

246.

Tu n'as pas prévu de snacks et, avant même de te coucher, tu es déjà mort•e de faim. Tu dors mal et, le lendemain matin, tu n'arrives pas à profiter du paysage, tellement la faim te tenaille. Cependant, en arrivant à la gare, plutôt que de grignoter sur place, tu décides de te rendre directement à l'enregistrement de ton bateau de croisière, où tu sais qu'un buffet de bienvenue t'attend.

Devant la multitude de bateaux à quai, tu te demandes si tu as fait le bon choix. Pour une croisière de quelques jours sur le Nil, tu avais vu qu'il existait en effet plusieurs options : prendre part à une croisière de luxe sur un bateau à deux voiles, voyager à bord d'une felouque traditionnelle (sans sanitaires et en dormant directement sur le pont) ou voyager sur un grand bateau moderne, plus polluant et moins authentique que les deux autres. C'est néanmoins l'offre que tu as choisie car cela te semblait être un bon intermédiaire en termes de budget et de confort. Sauf que, là, ta tête commence à tourner et tu n'arrives plus à penser à autre chose qu'à manger. Incapable de te repérer parmi tous les grands bateaux qui se ressemblent, tu erres sur le quai. Heureusement, un homme qui parle anglais vient t'aider. Coup de chance, ton nom est sur sa liste et il t'emmène enfin sur ton bateau : le *Ramsès II*. Épuisé•e et affamé•e, tu te jettes sur le buffet avant même de poser tes affaires dans ta petite chambre.

Tu n'as plus beaucoup de courage après toutes ces péripéties. Est-ce que tu te motives quand même pour aller visiter Assouan, en **115**, ou est-ce que tu préfères bronzer sur le pont et te reposer avant de te lever tôt pour ta sortie de demain, en **127** ?

247.

Tu te souvenais bien que *terima kasih* voulait dire « merci », ton sauveur est ravi ! Vous discutez et tu lui expliques que tu aimerais aller voir des tortues pondre sur une plage apparemment très difficile d'accès. Il te confirme qu'il n'y a aucun transport en commun pour s'y rendre et qu'il faut même traverser la jungle ! Il essaie de négocier la course pour toi auprès de quelques taxis, mais comme c'est en dehors des chemins touristiques, ils n'ont aucune envie d'y aller et demandent une somme exorbitante. Au final, ton bienfaiteur propose de t'y conduire lui-même pour un prix dérisoire (mais qui te semble correspondre à la couverture de ses frais). Est-ce que tu acceptes sa proposition, en **59**, ou est-ce que tu choisis finalement de prendre un bus touristique pour faire la visite d'un volcan, en **202** ?

248.

Alors que tu verses allègrement du vinaigre sur ta salade, deux campeurs t'interpellent d'un air agressif, avec un fort accent australien : « *What are you doing?* » Tu leur expliques que tu pensais que l'assaisonnement était offert avec le barbecue. L'un glisse alors à l'autre : « *Stupid tourist!* », avant de t'expliquer que le vinaigre n'est pas là pour cuisiner mais pour sauver des vies en cas de piqûres de méduses, car l'un de ses composants chimiques est un antivenimeux efficace. Ah ! C'était donc une méduse, le symbole sur le panneau à côté du bidon… Devant ton air surpris, ils insistent sur le fait que la baignade est interdite ici à cause des méduses-boîtes, qui sont parmi les animaux les plus venimeux au monde. De toute façon, après ce que tu as entendu sur les requins et sur les crocodiles en Australie, tu n'aurais pas osé te baigner… Tu te sens tout de même un peu bête et tu invites les Australiens à partager ton repas pour te faire pardonner ta maladresse. Ils acceptent et vous passez finalement une très bonne soirée ensemble.

Le lendemain, tu reprends la route en direction de Cairns, d'où tu comptes te rendre sur la Grande Barrière de corail. As-tu passé ta certification de plongée au Mexique ? Si oui, rends-toi en **220**. Sinon rends-toi en **312**.

249.

Soulagé•e de pouvoir t'hydrater, tu fais quelques pas en **262**.

250.

« *¡Arepa! ¡Arepa!* » Bien que tu t'égosilles, personne ne vient te sauver et l'angoisse commence à monter. La mygale se rapproche dangereusement de toi ! Tu es paralysé•e par la peur et tu transpires à grosses gouttes. Tu entends distinctement des gens parler dans le jardin, mais tu as beau appeler, aucun secours n'arrive. N'en pouvant plus, tu prends ton courage à deux mains et tentes d'ouvrir le rideau de douche tout en sautant par-dessus l'énorme insecte. En atterrissant, tu glisses sur le sol mouillé, mais, par miracle, tu ne tombes pas. Tu es enfin libre ! En retournant à ta chambre, enroulé•e dans ta serviette, tu vois un groupe de Colombiens qui te regardent avec étonnement. Ils t'ont visiblement entendu•e mais ne sont pas venus t'aider, ce n'est tout de même pas très gentil.

Plus tard, alors que tu te remets de tes émotions en te détendant dans l'un des fauteuils de la salle commune, une jeune femme vient te voir. Elle s'appelle Mariela et, dans un anglais approximatif, elle commence à t'indiquer le meilleur endroit pour manger de bonnes *arepas*... D'abord perplexe face à ses recommandations, tu finis par comprendre que tu n'as pas hurlé « à l'aide » tout à l'heure, mais le nom d'un plat colombien ! Après un bon fou rire avec Mariela, vous sortez manger ensemble le repas que, sans le savoir, tu as réclamé à cor et à cri sous la douche… Les *arepas* sont de petites galettes de maïs fendues dans l'épaisseur et remplies de multiples ingrédients. Cela t'évoque un sandwich dans lequel on peut choisir ce qu'on veut mettre. L'*arepa* que tu prends est garnie de haricots rouges et de légumes cuisinés avec quelques épices. Un régal !

Suite à cette nouvelle aventure, décides-tu de retourner dans un endroit plus civilisé avec des douches intérieures, en **55**, ou de continuer à vivre dangereusement, en **2** ?

251.

La guide emmène ton groupe au centre culturel d'Uluru pour vous faire découvrir l'histoire des peuples aborigènes d'Australie, et en particulier celle des Anangus, dont vous foulez aujourd'hui les terres. Tu découvres leurs traditions et leur mode de vie à travers leurs contes, leurs chansons, leurs peintures et leurs danses. Ce sont des chasseurs-cueilleurs nomades qui parviennent à se nourrir sans élevage ni agriculture, préservant ainsi la biodiversité de leur territoire. Grâce à cette visite, tu prends conscience du caractère sacré que le site d'Uluru revêt pour eux et de l'importance de l'interdiction d'escalader le rocher.

Vous avez ensuite une longue discussion de groupe avec la guide au sujet de la triste histoire de la colonisation européenne, qui a massivement décimé les premiers habitants du continent. Alors que ces derniers vivaient en Australie depuis des millénaires, ils ne sont devenus officiellement citoyens australiens qu'en 1967, et beaucoup d'entre eux ont été forcés d'adopter le style de vie britannique et d'abandonner leur culture.

Alors que tu essaies d'assimiler ces nouvelles informations, la guide vous laisse le choix entre une marche pour aller voir le soleil se coucher sur le rocher d'Uluru, en **211**, ou un temps de repos (sans mouches !) au coin du feu, en **313**.

252.

À peine débarqué•e à Mendoza, tu tombes sous le charme de la ville, mondialement connue pour son vin. D'ailleurs, dès le lendemain, tu pars faire la tournée des *bodegas*, les vignobles argentins. Pour cela, tu te rends en train à Maipú, dans le nord de la province, où tu loues un vélo pour te déplacer facilement d'une vigne à l'autre. Dès la première *bodega*, c'est un enchantement ! La personne qui te présente le domaine est passionnée par son métier et tu bois ses paroles. À la fin de la visite, ce ne sont plus ses paroles, que tu bois, mais les trois verres de malbec offerts à la dégustation. C'est le vin star en Argentine, un rouge délicieux ! Vient le moment de remonter sur ton vélo pour te rendre à la *bodega* suivante. Tu tangues un peu, mais tu arrives à destination sans problème. Ici, le vin est préparé différemment, avec des méthodes plus naturelles. C'est intéressant, mais le meilleur moment reste évidemment la dégustation finale ! Cette fois, quand tu te remets en route, il n'y a pas moyen de rouler droit… Heureusement, le conducteur d'un pick-up a pitié de toi et propose de te ramener à la gare. C'est donc pompette mais en un seul morceau que tu reviens à Mendoza.

Tu prends une journée pour te remettre de ta tournée des vins et profiter encore un peu du centre verdoyant de Mendoza et de son agréable climat. Pour la prochaine étape de ton voyage, as-tu envie d'aller passer une journée au Brésil ? Si oui, va en **88**. Sinon rends-toi en **147**.

253.

Tu pars de bonne heure visiter les sublimes temples de Bangkok. Tu commences par le temple de Wat Pho avec son bouddha couché, une statue dorée de 46 mètres de long. Rien que ses pieds te paraissent immenses lorsque tu passes à côté ! Tu te rends ensuite au Palais royal, où tu découvres, cette fois, une statue de bouddha tout en émeraude. Cette visite te permet d'en apprendre plus sur l'histoire de la Thaïlande et sur la famille royale. C'est manifestement un sujet sensible, et tu vois bien que la guide marche sur des œufs en répondant à tes questions. En effet, le roi est considéré comme une figure quasi divine, et le critiquer est un crime passible de prison.

Tu traverses ensuite en bateau le Chao Phraya (le fleuve qui divise la ville en deux) pour visiter le temple de Wat Arun : une prouesse architecturale, construite tout en hauteur. Pour finir cette journée, tu te rends dans le quartier chinois de Bangkok, qui est l'un des plus authentiques que tu aies eu l'occasion de découvrir. Tu commences à avoir faim et tu as du mal à décider où et quoi manger. Tu finis par t'asseoir à l'arrière d'un stand du marché pour déguster un assortiment de *dumplings*, des boulettes de pâte cuites à l'eau ou à la vapeur, parfois frites, qui peuvent être garnies de mille façons (salées ou sucrées). Quand tu te remets en route, la nuit est tombée et tout le quartier est illuminé !

Demain, tu souhaites t'éloigner de Bangkok pour voir des éléphants. Il y a beaucoup de manières d'aller à la rencontre de ces majestueux animaux en Thaïlande. Que préfères-tu faire ? Essayer (mais ce n'est pas garanti) d'admirer les pachydermes dans leur milieu naturel en te rendant dans un grand parc national, en **259** ? Une balade à dos d'éléphant, avec un organisme qui se dit éthique, en **217** ? Ou la visite d'un centre qui vient en aide aux éléphants sauvés de l'exploitation, en **32** ?

254.

Tu t'apprêtes à faire une croisière de trois jours en catamaran pour te rendre sur l'île de Bora Bora. Le budget est conséquent, mais c'est le cadeau de départ que t'ont fait tes amis et ta famille. Sur le bateau, tu partages une petite chambre très confortable avec un touriste russe. À bord, il y a aussi trois couples, ainsi que le capitaine et le cuisinier. Vous vous entendez tous bien et l'ambiance est super. La nourriture est absolument délicieuse, et à chaque arrêt tu as la possibilité de sauter dans l'eau pour plonger avec un masque et un tuba ou de partir en kayak admirer les eaux turquoise…

Le capitaine vous emmène nager dans des jardins de corail aux couleurs incroyables. Vous avez aussi la chance de croiser une vingtaine de raies léopards qui jouent ensemble. Tu ressens un vrai sentiment de liberté devant les paysages sublimes qui défilent ! Le dernier jour, vous êtes rejoints par un groupe de dauphins qui suit le bateau pendant près d'une heure. Le rêve ! Vous faites ensuite le tour de l'île de Bora Bora, dont le lagon abrite les villas sur pilotis d'hôtels de luxe. Mais aucun d'entre vous n'est jaloux, vous êtes tellement bien sur votre catamaran !

À la fin de la croisière, tu retournes à Tahiti en avion. Décides-tu d'y prolonger un peu ton séjour, en **243**, ou te rends-tu directement à l'aéroport international pour partir vers une autre destination, en **288** ?

255.

Tu trouves que porter des lunettes avec tous ces macaques autour de toi n'est pas très prudent. Tu te rends vite compte que tu as pris une sage décision en voyant d'autres touristes se faire voler leurs affaires : chapeau, portable, bouteille d'eau… Des groupes de singes agressifs se forment même autour des promeneurs qui les nourrissent ou sortent juste négligemment de la nourriture. Prudents, vous observez de loin les mères jouer avec leurs bébés, mais aussi des disputes et même des ébats amoureux… La forêt a des allures de jungle et abrite non seulement les macaques crabiers que vous êtes venus voir mais aussi des temples et de magnifiques ruines.

Tu as passé une excellente journée avec Klaus et Mei, qui te proposent maintenant de te joindre à eux pour un road-trip dans les zones moins touristiques de Bali. Acceptes-tu leur invitation, en **208**, ou préfères-tu aller à Nusa Penida, une autre petite île réputée très jolie, en **302** ?

256.

Tu n'as malheureusement pas de lampe torche. Tu demandes à Alex, qui n'en a pas non plus. Ce n'est vraiment pas de chance ! Ce serait extrêmement risqué de sortir dans la nuit noire, mais ton envie devient de plus en plus urgente. Tu te retrouves contraint•e de crier depuis l'entrée de ta tente pour que le guide vienne à ton secours. Tout le monde autour semble se réveiller, sauf lui. Il finit quand même par arriver, de très mauvaise humeur, et vous passe un savon, à Alex et à toi : vous auriez dû le prévenir que vous n'aviez pas de lampe, c'est très dangereux ! Il vous donne des torches et te tend une pelle avant de retourner dans sa tente.

Tu es déjà tellement gêné•e que tout le groupe t'ait entendu•e parler de ton caca que tu n'as pas envie, en plus, de devoir te soulager avec quelqu'un à tes côtés. Tu pars donc seul•e sans attendre Alex, alors qu'on vous a bien appris à ne jamais vous éloigner de la tente sans être accompagnés. Pour pouvoir creuser le trou qui te servira de toilettes, tu as besoin de tes deux mains et poses donc la lampe par terre. Tu as à peine saisi la pelle que tu ressens une douleur vive à la main et hurles. Alex accourt derrière toi et t'éclaire. Vous apercevez alors avec horreur un scorpion juste à côté de ta lampe. Il a tout l'air d'être le coupable qui t'a piqué. Dans le doute, le guide t'emmène directement à l'hôpital. Sur place, tu es pris d'une intense diarrhée. C'est sûrement dû à l'angoisse et au repas gargantuesque que tu n'avais pas encore pu évacuer, mais les médecins ne veulent prendre aucun risque et décident qu'il vaut mieux te rapatrier. Très déçu•e de finir ton voyage de cette façon, tu prends l'avion en **163**.

257.

Et non, les Néo-Zélandais ne sont pas surnommés « les Kiwis » à cause du fruit que nous connaissons ! Ce dernier tient lui-même son nom d'un adorable oiseau local au long bec, incapable de voler. Maintenant que tu as découvert l'existence de cette espèce, tu as très envie d'aller à la rencontre de ces animaux de nuit. Tu t'inscris à une promenade nocturne en forêt avec un guide, dans l'espoir d'en observer. Mais vous avez beau les chercher pendant plusieurs heures, vous n'en voyez aucun. Le guide vous explique que les kiwis sont malheureusement en voie d'extinction et qu'il est maintenant très rare d'en croiser dans leur habitat naturel… Il t'apprend aussi qu'ils vivent en couples et restent parfois pendant une trentaine d'années avec le même partenaire. Et toi, entretiens-tu comme les kiwis une relation sérieuse avec quelqu'un ? Si c'est le cas, rends-toi en **173**. Si, au contraire, tu es célibataire, va en **305**.

258.

Vous allez manger dans une échoppe qui sert du canard (*bebek* en indonésien bahasa). En rentrant, vous croisez un énorme gecko devant la porte de votre chambre. Une fois à l'intérieur, vous réalisez avec horreur qu'il a déféqué partout sur vos bagages… On dirait de la fiente d'oiseau, c'est vraiment dégoûtant ! Heureusement pour Mei et toi, vous avez juste à passer de l'eau et du savon sur l'extérieur de vos sacs. Pour Klaus, par contre, c'est une autre histoire. Toutes ses affaires sont couvertes d'excréments et il passe une bonne partie de la nuit à essayer de tout nettoyer, sans succès.

Le lendemain, Klaus et Mei t'accompagnent prendre ton ferry pour Java. Mei a prêté des vêtements à Klaus, qui est bien plus grand qu'elle et qui se retrouve tout saucissonné dans son short et son débardeur moulant. Vous rigolez bien de sa mésaventure, avant de vous dire au revoir avec tristesse. Depuis le bateau, tu fais signe à tes amis restés à Bali, qui rétrécit à l'horizon, avant de te tourner vers l'île de Java et la promesse de nouvelles aventures. Tes pensées sont interrompues par le karaoké qui occupe les passagers à l'intérieur. Est-ce que tu es du genre à te lever pour chanter, en **171**, ou à écouter discrètement dans un coin, en **202** ?

259.

Tu te rends dans le parc national de Kuri Buri. C'est l'un des rares lieux en Thaïlande où il est encore possible de voir des éléphants sauvages. Malgré la longue distance que cela te fait parcourir, tu ne manquerais pour rien au monde une occasion d'observer ces animaux dans leur milieu naturel. Tu n'as pas de garantie d'en croiser aujourd'hui, mais tu sais que tu pourras certainement observer des buffles d'eau sauvages dans le parc.

En arrivant sur place, tu constates que les consignes d'accès sont très strictes et que les visites guidées ne sont possibles qu'une fois par jour, pour préserver les animaux et la nature. Tu discutes avec d'autres touristes, et vous décidez de partager une jeep pour réduire vos dépenses et votre empreinte écologique. Pendant votre tour, vous êtes incroyablement chanceux ! Vous observez deux familles d'éléphants, dont une de treize membres avec des bébés. C'est un spectacle unique, ces animaux sont si impressionnants. En plus, les montagnes environnantes sont à couper le souffle. Tu es aux anges.

La tête pleine de souvenirs de cette merveilleuse expérience, tu comptes à présent te rendre au Cambodge. Deux compagnies proposent des bus directs au départ de Bangkok, et elles ont toutes les deux de mauvais commentaires en ligne… La première, Bangkok Transport, est moins chère mais encore plus mal notée que la deuxième, Naka Company. Si tu choisis Bangkok Transport, rends-toi en **206**. Si tu choisis Naka Company, rends-toi en **300**.

260.

Après une nuit à Dar es-Salaam, toi et ton groupe retrouvez votre chauffeur et votre guide de bon matin. À bord de votre petit bus tout-terrain, vous partez pour de longues heures de route afin de vous rendre dans la ville d'Arusha. Vous y faites un premier arrêt pour vous acheter à manger dans une supérette. Alors que tu sors du bus, plusieurs personnes s'approchent de vous en souriant et vous disent « *Jambo* » et « *Hakuna matata* », comme dans la chanson populaire du film *Le Roi lion*. Un couple qui descend derrière toi a l'impression qu'ils se moquent de vous, car vous partez manifestement faire un safari dans la savane où se déroule le fameux dessin animé. Est-ce que tu penses qu'ils ont raison ? Si oui, rends-toi en **195**. Sinon va en **238**.

261.

Aïe aïe aïe ! La randonnée était magnifique, mais, alors que vous êtes en chemin vers le campement pour la nuit, tu commences à sentir ton corps chauffer. La guide vous avait pourtant avertis qu'il fallait se protéger du soleil, seulement tu n'as pas pris de crème solaire avec toi pour ce voyage… En te déshabillant, tu t'aperçois avec horreur que ce que tu pensais être de simples coups de soleil sur tes bras et tes mollets ressemble plutôt à de sérieuses brûlures au second degré ! La guide, que tu as prévenue, te renvoie immédiatement à Alice Springs avec un groupe qui fait le trajet en sens inverse. Après un voyage très douloureux et inconfortable, tu vas voir un médecin et restes quelques jours au frais et sans bouger dans une chambre d'hôtel, le temps de cicatriser. Ce changement d'itinéraire a été contrariant et coûteux pour toi, du coup, tu décides de couper court à ton exploration de l'Australie. Tu retournes à Sydney, d'où tu prends un vol pour l'Inde, en **12**.

262.

Ton eau minérale à la main, tu as soudain un flashback du film *Slumdog Millionaire*, dans lequel le héros remplit des bouteilles d'eau au robinet avant d'en recoller les bouchons pour les revendre… Maintenant que tu l'examines, ta bouteille te paraît plutôt poussiéreuse et cabossée. Tu décides de ne pas prendre le risque de consommer cette eau et de tomber malade. Tu finis donc ton voyage complètement assoiffé•e après des heures passées sans boire dans l'environnement sec du train. Dès que tu arrives à la gare, tu fonces dans un café te commander un *chai*. Il s'agit d'un thé noir préparé à partir d'une décoction de feuilles et d'épices mélangées à du lait bouillant et à du sucre, que les Indiens boivent du matin au soir.

Une fois requinqué•e, tu te rends chez ton hôte. Il s'agit de la cousine d'un témoin du mariage auquel tu as assisté à Londres. Cela te touche beaucoup que cette vieille dame accepte de t'accueillir alors que tu connais à peine son cousin. Tu l'appelles *Aunty* (« Tantine »), comme le veut la coutume lorsqu'on s'adresse à une femme plus âgée que soi, même si elle n'est pas ta tante. Maintenant que vous avez fait connaissance, souhaites-tu passer plus de temps avec elle, en **299**, ou partir faire une visite de ton côté, en **149** ?

263.

Tu voyages léger depuis ta mésaventure, gambade en **319**.

264.

La traversée Tongariro Alpine Crossing est sûrement la randonnée la plus connue de Nouvelle-Zélande. Ce n'est pas une boucle, donc cela demande un peu d'organisation. Ainsi, même si tu as bien réservé ta navette pour t'y rendre, tu es un peu anxieux•se au réveil. Une petite « balade » de 19,4 kilomètres, avec 786 mètres de dénivelé positif et 1 086 mètres de dénivelé négatif, t'attend.

Une fois en route, tu te sens bien et tu profites à fond de la balade. Les paysages sont magnifiques et très variés. Le circuit traverse un désert alpin, passe entre des volcans et un cratère, autour de lacs émeraude, à côté de sources brûlantes, et finit dans une forêt. Le parc est classé par l'Unesco, mais ces paysages sont aussi connus pour avoir été utilisés lors du tournage des scènes du Mordor dans le film *Le Seigneur des anneaux* de Peter Jackson. Tu te sens comme Frodon gravissant la montagne du Destin durant l'ascension du volcan. Tu prends ton temps et finis en neuf heures ce trek, qui dure en moyenne six heures. Cela inclut trois pauses collation et tous les détours possibles !

Gros point négatif : tu dois avouer être tout de même déçu•e d'avoir croisé autant de monde… Vous étiez tellement de touristes agglutinés sur le chemin qu'il y avait des queues interminables pour les toilettes sèches (très sales) installées le long des sentiers…

Maintenant que tu as parcouru un bon bout de l'île du Nord, souhaites-tu prendre un ferry pour aller découvrir l'île du Sud, en **275**, ou préfères-tu retourner à Auckland pour prendre ton prochain vol international, en **304** ?

265.

Après six merveilleux jours de safari, vous vous dites adieu à l'aéroport de Nairobi. Le voyage en groupe est une expérience… que tu n'es pas certain•e de vouloir recommencer ! Même si c'était reposant de suivre le mouvement, c'était aussi souvent frustrant de ne pas être plus libre, et tu as eu la sensation que vous perdiez énormément de temps à vous attendre les uns les autres. Et puis tu t'es fait des amis, mais il y a aussi des personnes à qui tu n'es pas fâché•e de dire au revoir.

Maintenant que tu as visité tous les continents, que décides-tu de faire ? Si tu penses qu'il est temps de rentrer chez toi et de finir ton voyage sans encombre, envole-toi, en **163**. Si tu souhaites tout de même découvrir l'Égypte, prends l'avion, en **187**.

266.

Dès que tu mets le pied dehors, tu t'immerges dans ce qu'on appelle « l'hindouisme à la balinaise ». Tout d'abord, tu remarques des tas d'offrandes qui jonchent le sol et les tables, sur la plage, dans la rue, devant les commerces, dans les jardins… Il s'agit souvent d'une petite quantité de riz placée sur une feuille de banane pliée, parfois accompagnée d'une fleur ou d'un fruit. Tu vois aussi énormément de temples : dans les maisons, en ville, sur le bord des routes ou au milieu des rizières… Ils peuvent être de taille miniature (moins d'1 mètre de haut) ou prendre la forme d'immenses constructions, plus grandes qu'une église.

Vous décidez donc de visiter le majestueux temple de Pura Gunung Lebah. Devant l'entrée, vous êtes surpris de voir des loueurs de sarongs qui vous bloquent l'accès. Des sarongs, tu en vois partout depuis ton arrivée sur l'île : il s'agit d'une pièce de tissu rectangulaire qui se noue autour de la taille et forme une sorte de jupe longue. C'est un vêtement traditionnel mixte, courant en Asie du Sud-Est. Les loueurs vous font comprendre que vous devez impérativement passer par leur stand, mais Klaus et Mei ne sont pas d'accord à ce sujet. Klaus est persuadé qu'il n'a pas besoin de sarong et que les commerçants s'adressent uniquement à Mei. Mais Mei, elle, est convaincue qu'ils doivent tous les deux porter cette tenue. Leur dispute te fatigue et tu proposes de prendre la décision pour le groupe. Ils acceptent.

Si tu penses que Mei et Klaus se trompent tous les deux et que personne n'a besoin de sarong, puisque vous portez déjà tous des pantalons qui vous couvrent les jambes pour le scooter, allez en **10**. Si, pour toi, Mei doit effectivement louer un sarong parce que c'est une femme, alors que Klaus, qui est un homme, n'en a pas besoin, avancez en **178**. Si tu as le sentiment que vous devez tous les trois porter la tenue traditionnelle pour entrer dans le temple, dirigez-vous en **272**.

267.

Tu retrouves ton guide, Raju, pour partir à la découverte des rues de Jaipur, aussi appelée « la ville rose ». Tu te réjouis de pouvoir te balader en te sentant plus à l'aise grâce à sa présence et à ses explications. Vous flânez dans le vieux Jaipur, puis vous admirez la façade rose si finement ciselée du célèbre palais des Vents, avant de vous rendre dans un temple hindou. Tu suis Raju de près, de peur de te perdre dans la frénésie du marché aux fleurs ou dans les ruelles pleines d'étonnants ateliers de sculpteurs sur marbre et d'éclectiques arrière-cuisines de restaurants. Au cours de cette promenade, tu te fais la réflexion que, depuis ton arrivée en Inde, tu n'as croisé presque que des hommes dans la rue et tu n'as eu quasiment aucune interaction avec des femmes.

Au moment de manger, Raju t'indique où goûter la meilleure nourriture de rue et tu dévores des *kachoris*, des beignets fourrés de pois qui sont une spécialité du Rajasthan. Tu finis cette agréable matinée sur une note sucrée en te régalant d'un *jalebi* : un beignet gorgé de sirop, croquant à l'extérieur et fondant à l'intérieur, qui se présente sous la forme d'un serpentin enroulé et se mange tiède. Tu remercies chaleureusement Raju de t'avoir fait goûter cette douceur, qui se déguste aussi au Moyen-Orient.

Ton séjour dans le Rajasthan touche à sa fin, tu pars maintenant pour la gare, en **214**.

268.

Le lendemain, tu visites la ville de Sydney. Tu as un programme chargé le matin avec les visites de la plus vieille bibliothèque d'Australie (la State Library of New South Wales) et du musée national de la Marine, dans lequel il est possible d'entrer à l'intérieur de véritables bateaux et même d'un sous-marin. Tu te sens à l'étroit dans les couloirs de ce dernier, où tu dois te tortiller pour passer d'une pièce à l'autre… Tu te félicites de ne pas utiliser ce moyen de transport ! L'après-midi, tu essaies l'astuce qu'un backpackeur t'a donnée au petit-déjeuner à l'auberge : plutôt que de faire une coûteuse croisière le long du port pour observer l'architecture iconique de Sydney, tu prends un ferry que tu paies avec la carte de transports en commun locaux. En chemin vers Manly Beach, tu peux ainsi profiter de la vue sur le pont Harbour Bridge et le bâtiment le plus connu d'Australie : l'Opéra de Sydney. Le ferry te dépose à côté de la plage, sur laquelle tu dégustes une glace en faisant un tour.

Maintenant, as-tu envie d'aller voir l'Opéra de plus près et de visiter l'intérieur, en **70**, ou préfères-tu rentrer rapidement à l'auberge pour te coucher tôt et aller faire du surf demain de bonne heure, en **278** ?

269.

Tu visites le temple funéraire d'Hatchepsout, tristement connu à cause de l'attentat qui s'y est déroulé en 1997 et au cours duquel une soixantaine de touristes ont été massacrés. L'architecture de cet imposant édifice en calcaire est saisissante. C'est Hatchepsout, l'une des premières femmes pharaonnes de l'Égypte antique, qui fut à l'origine de sa construction. Ton guide t'apprend qu'il s'agit de l'une des premières femmes dont l'histoire égyptienne se souvienne. Les statues la représentent même parfois comme un homme, vêtue de la tenue des pharaons et avec une barbe postiche (symbole de pouvoir).

Au moment de réintégrer ta croisière, plusieurs bateaux très similaires au tien sont à quai. Te rappelles-tu le nom de ton bateau ? Si tu penses que c'est *Hibiscus égyptien*, rends-toi en **82**. Si tu penses que c'est *Ramsès II*, rends-toi en **24**. Si tu penses que c'est *Princesse du Nil*, rends-toi en **315**.

270.

Après un repas délicieux et une bonne nuit de sommeil, tu pars enfin à la découverte des fameuses pyramides de Gizeh ! Tu as toujours rêvé de voir de tes propres yeux ces monuments emblématiques de l'Égypte, destinés à l'inhumation des pharaons. La pyramide de Khéops est la seule des sept merveilles du monde antique encore debout, et tu ressens une grande émotion en te retrouvant au pied de l'un des plus anciens bâtiments du monde ! Devant les trois grandes pyramides iconiques, tu en découvres quelques autres plus modestes. Tu vas ensuite admirer le célèbre Sphinx au nez cassé. Tu avais entendu dire qu'en vrai, il paraissait petit, mais toi, tu le trouves majestueux et énigmatique ! C'est stupéfiant de pouvoir flâner ainsi, à mi-chemin entre le désert, d'un côté, et la ville du Caire, de l'autre. Il te suffit de tourner la tête pour que la vue change radicalement ! Tu remarques aussi qu'il n'y a pas autant de monde que tu t'y attendais sur le site. Depuis le début de ton séjour, tu as l'impression que le secteur du tourisme, si important pour l'économie égyptienne, fonctionne au ralenti. C'est probablement en partie à cause de la mauvaise réputation dont souffre le pays, qui a été victime de plusieurs attentats.

Malgré leur insistance, tu déclines les propositions des chameliers. Tu ne souhaites pas faire de balade à dos de chameau par souci du bien-être de ces animaux. Par contre, il est possible d'acheter un ticket pour pénétrer à l'intérieur de la pyramide de Khéops. Cela te tente-t-il ? Si oui, rends-toi en **145**. Sinon en **63**.

271.

L'autre touriste te fait remarquer que ta bouteille a l'air un peu crasseuse et qu'il n'est pas sûr qu'il s'agisse vraiment d'eau minérale. Tu t'aperçois qu'il a raison et tu verses donc le contenu de la bouteille dans ta gourde filtrante, en le remerciant. Tu peux t'hydrater l'esprit tranquille, maintenant.

Ton train arrive en gare de Mumbai (anciennement Bombay), où tu es accueilli•e par la personne qui va t'héberger. Il s'agit de la cousine d'un témoin du mariage auquel tu as assisté à Londres. Il vous a mis en contact en prévision de ton séjour à Mumbai. La gentille vieille dame t'a alors immédiatement invité•e à séjourner chez elle, bien que vous n'ayez échangé qu'un seul mail. Tu l'appelles respectueusement *Aunty* (« Tantine »), comme le veut la tradition lorsqu'on s'adresse à une femme plus âgée que soi, même si elle n'est pas ta tante.

Son accueil est très chaleureux et tu vois qu'elle a essayé de tout prévoir dans sa maison pour que tu t'y sentes comme chez toi. Elle a même acheté du papier toilette, au cas où tu préférerais en utiliser plutôt que de te rincer les fesses à l'eau, comme cela se fait en Inde. Elle a aussi eu à cœur de te préparer un programme d'activités. Pour ton premier jour, elle te laisse le choix entre une balade en ville pour découvrir la nourriture de rue de Mumbai en sa compagnie, en **299**, et la visite d'un studio de cinéma de Bollywood, sans elle, en **149**.

272.

Vous entrez dans le temple après avoir tous les trois loué des sarongs. À l'intérieur, vous tombez sur un groupe de touristes australiens accompagné d'un guide, qui vous proposent de vous joindre à leur visite. En plus d'observer la superbe architecture des lieux, vous en apprenez plus sur la culture balinaise. Le guide vous explique que la forme d'hindouisme qui se pratique à

Bali repose sur deux principes : l'animisme, qui attribue une âme à tout être et à toute chose, et le culte des ancêtres, qui doivent être traités avec respect, car les morts auraient le pouvoir d'influencer les vivants. Il vous confirme aussi que, comme Mei et toi le pensiez, tout le monde doit mettre un sarong pour visiter les sites religieux, sans distinction de genre et quelle que soit la tenue portée en dessous. Il vous suggère de vous en acheter un afin de pouvoir entrer dans les nombreux *puras* (« temples », en balinais) que vous trouverez sur votre route en Indonésie et dans le reste de l'Asie.

C'est déjà la fin de la visite, mais le groupe auquel toi et tes amis vous êtes joints reste sur place pour assister à une démonstration de danse traditionnelle balinaise. Vous profitez, vous aussi, du spectacle, dont vous appréciez les instruments de musique hors du commun et les costumes chatoyants. Cette danse, dont la précision des gestes se retrouve jusqu'au bout des doigts et dans les mouvements des yeux, t'hypnotise complètement.

En rentrant, vous discutez de votre journée du lendemain. Tu as passé un très bon moment avec Klaus et Mei aujourd'hui, mais tu avais initialement prévu de quitter Ubud demain. Restes-tu un jour de plus pour aller voir des cascades avec Klaus et Mei, en **196** ? Ou, fidèle à ton plan de départ, préfères-tu partir en solo pour l'île de Nusa Penida, en **302** ?

273.

Un détail t'a échappé : le décalage horaire de vingt-deux heures entre la Polynésie et la Nouvelle-Zélande…

Bien que ton vol ait duré à peine un peu plus de cinq heures, tu atterris le surlendemain de ton départ. Du coup, aussi improbable que cela puisse paraître, tu as loupé ton propre anniversaire, et, malheureusement, le restaurant que tu avais réservé pour hier est complet aujourd'hui ! C'est fichu pour le dîner gastronomique avec vue panoramique en haut de la Sky Tower, la tour iconique d'Auckland. Tu étais déjà triste de passer ce moment seul•e, mais ne même pas pouvoir le célébrer, c'est le coup de grâce… Tu passes la fin de la journée à visiter le centre d'Auckland, mais rien ne te remonte le moral. Tu décides finalement de passer la soirée dans ton auberge à lire les messages envoyés la veille par ta famille et tes amis.

Pour te changer les idées, tu réfléchis à la suite de ton voyage. As-tu envie de visiter la Nouvelle-Zélande à la recherche des lieux de tournage de la saga du *Seigneur des anneaux* ? Si cette perspective te fait rêver, va en **209**. Si les Hobbits ne sont pas ton truc, rends-toi en **80**.

274.

La corde à linge : voilà un objet que tu as beaucoup hésité à emporter mais qui s'avère finalement si pratique ! Tu sens tellement vite le bouc après tes longues journées de marche que tu fais beaucoup plus de lessives que tu ne l'avais anticipé. Il faut dire aussi que c'est plus facile de se faire des amis lorsqu'on ne sent pas la transpiration. Une fois ton linge étendu sur ton balcon, tu peux partir l'esprit tranquille.

Tu es venu•e au Cambodge parce que tu rêvais de visiter les temples d'Angkor, mais après la nuit que tu as passée dans le bus, tu manques d'énergie pour marcher sous le soleil. Décides-tu de t'accorder un peu de repos au bord de la piscine de l'hôtel, en **113** ? Ou préfères-tu prendre sur toi pour ne pas manquer une journée de visite, en **221** ?

275.

L'île du Sud offre des paysages magnifiques et très variés, plus sauvages que ceux que tu as traversés jusque-là. Tu as prévu d'y passer deux semaines et tu t'es concocté un itinéraire fabuleux entre plages, montagnes, lacs, forêts, fjords et glaciers. Le temps est moins clément que sur l'île du Nord et, dès que tu te retrouves en altitude, tu as très froid, mais le jeu en vaut la chandelle !

Dans la dernière ville que tu visites, Akaroa, tu sympathises avec des Néo-Zélandais qui passent le week-end dans le même camping que toi. Koa et Sam t'emmènent au restaurant afin de déguster un plateau de fruits de mer locaux, sur lequel tu découvres les plus grosses moules que tu aies jamais vues ! Au cours du repas, tu confies à tes deux amis ta surprise de retrouver si peu de traces de la présence maorie sur l'île du Sud. La Nouvelle-Zélande te paraît étonnamment européanisée et le style de vie (la langue, la nourriture et même l'architecture) te rappelle beaucoup celui du Royaume-Uni. Koa t'apprend qu'il reste très peu de populations autochtones dans l'archipel et que, effectivement, la grande majorité de la population actuelle y est blanche et d'origine européenne. Cela te fait encore une fois réfléchir aux conséquences de la colonisation. Tes réflexions sont interrompues par un serveur qui vous apporte des kiwis pour le dessert. Sam t'explique fièrement que son pays est le troisième exportateur de ce fruit. À ton avis, est-ce pour cette raison que les Néo-Zélandais sont surnommés « les Kiwis » ? Si tu penses que oui, rends-toi en **257**. Si tu penses que non, rends-toi en **242**.

276.

Tu t'éloignes du muletier pour faire le tour de l'enclos et te rapprocher des alpagas, mais deux chiens à l'allure menaçante te bloquent le passage. Tu commences à faire demi-tour, quand, soudain, l'un d'eux s'élance vers toi et te mord le bas de la jambe ! En entendant ton cri de douleur, ton compagnon, qui n'était pas loin, accourt et chasse les molosses avec un bâton. Malheureusement, le mal est fait et tu as une grosse plaie en travers du mollet. Tu es incapable de marcher et le muletier doit te soutenir pour rejoindre la route. Heureusement, il parvient à trouver une voiture pour t'emmener à l'hôpital le plus proche. Une fois la plaie désinfectée, le médecin t'apprend que tu vas devoir te faire vacciner d'urgence contre la rage. Tu es bien content•e d'avoir souscrit une assurance, car les soins coûtent cher : au moins, ce ne sera pas à tes frais. Le plus embêtant, c'est que tu dois subir cinq injections sur un laps de temps de vingt-huit jours. Tu regrettes de ne pas avoir fait le vaccin avant de partir !

Te voilà donc bloqué•e pour un mois au Pérou avec une patte folle. Comme tu as déjà visité Cuzco et ses environs, tu décides d'aller passer ta convalescence forcée à Lima. De toute façon, tu n'as pas beaucoup d'autres choix car tu veux impérativement être dans une grande ville avec un hôpital qui dispose du vaccin contre la rage. Et quoi de mieux que la capitale pour cela ? Déçu•e de ne pas avoir pu découvrir le Machu Picchu, tu fais contre mauvaise fortune bon cœur et explores tant bien que mal la ville en boitillant. Pour te consoler de tes mésaventures, tu passes du temps à la plage, et tu te régales de *ceviche* dans les restaurants du front de mer. C'est l'un des plats les plus connus du Pérou, à base de poisson cru mariné dans du citron vert. Ça te remonte un peu le moral.

Finalement, quand vient le moment de poursuivre ton voyage, tu te rends compte que si tu veux aller au bout de ton tour du monde, tu n'as plus assez de temps ni d'argent pour continuer à visiter l'Amérique du Sud. Dépité•e de ne pas pouvoir visiter la Colombie comme prévu, tu pars prendre un avion pour le Mexique, en **50**. Si tu y es déjà passé•e, file directement pour la Polynésie, en **25**.

277.

Tu mets immédiatement ton chapeau et tes lunettes de soleil, puis tu te barbouilles de crème solaire avant de te remettre en route. Le sentier longe maintenant la côte, entre sous-bois et plages magnifiques. Tu as bien envie d'aller te baigner pour te rafraîchir, mais la force des vagues t'en dissuade. À un moment, les arbres s'écartent pour laisser place à un étang. Cette fois-ci, tu sors ton maillot sans hésiter, mais un mouvement sur la rive opposée te coupe dans ton élan. Un crocodile est en train de se laisser glisser doucement dans l'eau… Après réflexion, tu peux attendre encore un peu pour faire trempette ! Tu arrives enfin au camping, situé dans une petite crique. Ici, il n'y a ni vagues ni crocodile à l'horizon, l'eau est calme et transparente. Tu installes ton hamac pour la nuit et fonces profiter de ce bain bien mérité. Tu barbotes dans la mer jusqu'au soir et assistes même à un magnifique coucher de soleil avant de sortir de l'eau.

Après une nuit de rêve, bercé•e par ton hamac et le bruit du ressac, tu te remets en route. De ce côté du parc, il y a plusieurs plages où il est possible de nager sans danger, et au cours de ce deuxième jour tu fais donc alterner marche et baignades. L'une des anses t'offre même la possibilité d'admirer des poissons : ils sont si nombreux et l'eau si claire que tu n'as même pas besoin de masque pour les observer.

Tu rentres émerveillé•e de ces deux jours dans le parc de Tayrona. Cependant, la chaleur a été éprouvante, et tu estimes qu'il est temps de te mettre en chemin pour Medellín. Un bus de nuit plus tard, te voilà arrivé•e dans la deuxième plus grande ville de Colombie. Est-ce que tu te lances immédiatement à la découverte d'un jeu local, en **162**, ou est-ce que tu préfères en apprendre plus sur l'histoire tumultueuse des lieux, en **3** ?

278.

Malgré ta rencontre en fin de journée avec les impressionnantes *flying foxes* (ces chauves-souris dont le corps est aussi gros que celui d'un renard !), tu passes une très bonne nuit. Le lendemain, tu te lèves tôt et prends un bus pour te rendre sur la célèbre plage de Bondi, réputée pour son sable fin et pour ses rouleaux propices au surf. C'est pour cette raison que tu as eu envie de t'initier à cette discipline en y prenant un cours, mais ce n'est pas une mince affaire ! Le moniteur explique à ton groupe de débutants comment se lever sur sa planche, avant de vous laisser faire des essais au sec sur le sable. Tu t'en sors très bien et pars confiant•e vers l'eau. Pourtant, à peine commences-tu à ramer à plat ventre sur ton surf pour aller te mettre en position que tes bras te font déjà mal. Quand ton tour arrive, le moniteur te pousse dans les rouleaux. L'adrénaline monte, ton surf glisse sur la vague et tu essaies de te mettre debout dessus... Mais un quart de seconde plus tard, tu tombes lourdement sur ton coccyx en évitant de justesse de te faire assommer par ta planche ! C'est extrêmement douloureux, et tu as besoin de t'asseoir quelques minutes sur la plage pour reprendre tes esprits. Est-ce que tu renonces à continuer et te contentes de regarder les autres ramer depuis le bord, en **222**, ou est-ce que tu décides de continuer malgré la douleur et remontes sur ta planche, en **52** ?

279.

Tandis que tu roules vers l'aéroport, tu repenses à tout ce que le voyage t'a apporté. As-tu vécu une idylle dans la ville de Jaipur, en Inde, avec Gabi ? Si oui, souviens-toi de votre histoire, en **62**. Si tu n'as pas eu la chance de rencontrer Gabi, pars en **163**.

280.

Te voilà face à des requins à pointes noires ! Ils font un peu plus d'1 mètre de long et sont facilement reconnaissables aux extrémités noires de leurs nageoires. Ils passent paisiblement à côté de ton groupe et continuent leur route sans même vous accorder un regard… Un peu plus loin, vous observez un requin-citron (qui doit son nom à sa couleur jaunâtre), deux fois plus grand que les précédents : cette espèce est très impressionnante ! Au final, la situation est intimidante, mais tu ne te sens pas en danger malgré tes premières appréhensions. Tu n'en reviens pas, c'est une expérience dont tu te souviendras longtemps !

Une fois que toi et ton groupe êtes remontés sur le bateau, le guide vous fait un petit exposé sur les requins. Ils ont, injustement, une très mauvaise réputation, que le cinéma et les médias contribuent grandement à entretenir. Nous avons tous en mémoire les images effrayantes du film *Les Dents de la mer* ! Pourtant, les requins n'attaquent les humains que lorsqu'ils les confondent avec l'une de leurs proies naturelles. D'ailleurs, le risque de mourir d'une piqûre de méduse ou de moustique (et même d'une chute de noix de coco !) est bien plus élevé que celui d'être agressé par un requin. En revanche, des centaines de milliers d'entre eux sont pêchés chaque année, et la grande majorité des espèces sont menacées d'extinction. Le guide ajoute qu'il est très important de refuser de prendre part à des activités lors desquelles ils sont appâtés avec de la nourriture. Cela vaut d'ailleurs pour toutes les créatures marines ! En perturbant leur comportement et leur écosystème, ces pratiques leur sont extrêmement nuisibles et peuvent conduire à des accidents.

Après cette excursion hors du commun, tu passes encore deux jours à explorer les fonds marins avec masque et tuba depuis la plage qui se trouve à côté de ton bungalow et à te reposer sur cette île idyllique. Tu visites aussi une ferme perlière, mais les perles de culture locales étant parmi les plus chères du monde, tu ne peux pas du tout te permettre d'en acheter une en souvenir…

Pour la suite de ta découverte des îles polynésiennes, décides-tu de prendre un vol pour l'île de Huahine (qui est moins visitée par les touristes), en **296**, ou de monter sur un catamaran pour plusieurs jours de voyage en direction de la populaire île de Bora Bora, en **254** ?

281.

Alors que tu cherches une place dans le train en portant à bout de bras les quelques affaires qui te restent, tu te fais violemment bousculer. Tu t'étales par terre et les autres voyageurs t'enjambent sans s'arrêter. Deux personnes te rentrent même carrément dedans avant de partir en courant. Quelqu'un te tend finalement la main, et tu te remets péniblement debout.

Une fois sur pied, tu te rends compte que tes affaires ont disparu ! Pire encore, tes poches, dans lesquelles tu avais rangé ton portefeuille et ton passeport, sont vides ! Tu alertes tout de suite le contrôleur, mais, malheureusement, les malfrats qui t'ont dépouillé•e ne sont pas retrouvés. À l'arrivée à Agra, le contrôleur t'aide gentiment à trouver le poste de police pour que tu puisses te mettre en contact avec l'ambassade et organiser ton rapatriement avec un passeport d'urgence. Rends-toi en **41**.

282.

Maintenant que tu as rendu ton van, il est temps de réaliser l'un de tes rêves : partir à la découverte de la Grande Barrière de corail ! As-tu passé ta certification de plongée au Mexique ? Si oui, rends-toi en **220**. Sinon va en **312**.

283.

À l'intérieur du confortable tuk-tuk motorisé dans lequel tu as pris place, tu es à l'abri de la pluie. Malgré la fatigue du trajet en bus depuis la Thaïlande, tu engages la conversation avec ton sympathique chauffeur, Sethy. Après quelques échanges de banalités, il t'encourage à lui poser des questions sur le Cambodge. Tu t'étonnes :

— Beaucoup de monde semble parler anglais et même français, ici.

— Pour le français, ce sont surtout les vieux comme moi qui le parlent, te répond-il en éclatant de rire. Il faut dire que notre pays a été sous protectorat français pendant quatre-vingt-dix ans !

— Ah oui ? Et quand est-ce que les Français sont partis ?

— En 1953. Avec le conflit qui secouait à l'époque notre voisin, le Vietnam, ça n'était déjà pas facile d'être un pays nouvellement indépendant. Mais les choses ont empiré quand les Khmers rouges sont arrivés au pouvoir.

— Les Khmers rouges ?

— Oui. Au début, il s'agissait d'une guérilla communiste qui se battait contre la monarchie en place au

Cambodge, puis, en 1975, leur chef, Pol Pot, a instauré une dictature et l'horreur a commencé…

Sethy déglutit, et tu ne peux t'empêcher de lui demander ce qui s'est passé.

— Ceux qui n'ont pas été massacrés n'avaient plus rien à manger et ont été contraints au travail forcé. Des membres de ma famille, il ne reste que moi, soupire Sethy.

La conversation s'arrête durant quelques instants. Vous êtes trop émus pour continuer à parler. Tu essaies maladroitement de trouver un sujet de discussion plus léger.

— Maintenant, le pays est une destination touristique renommée et semble devenu sûr, non ?

— La reconstruction est très lente et la vie reste difficile. Nous vivons en paix depuis 1999, mais on a toujours faim et notre système d'éducation évolue au ralenti. En même temps, ça n'est pas étonnant, puisque les Khmers rouges ont tué tous les intellectuels ! Même porter des lunettes ou savoir lire pouvait être une raison d'être exécuté quand j'étais enfant…

Tu aimerais continuer à échanger avec Sethy pour en apprendre plus sur son pays. Sans hésiter, tu lui demandes d'être ton chauffeur durant le reste de ton séjour. Pour le lendemain, choisis-tu de t'instruire sur l'histoire récente du Cambodge, en **221**, ou de partir à la découverte des ruines de son passé lointain et glorieux, en **113** ?

284.

Los Angeles est une ville américaine très connue grâce aux films hollywoodiens. Tu la visites rapidement car tu n'as que vingt-quatre heures devant toi avant ton prochain vol. Tu te rends vite compte que les lieux que tu avais envie de voir sont extrêmement éloignés les uns des autres, et les bouchons, terribles. Cependant, tu arrives à bien profiter de ta journée. Tu te rends sur la plage iconique de Venice Beach ainsi que sur Hollywood Boulevard. Si tu as encore ton appareil photo, tu demandes à un passant de faire quelques clichés de toi à côté des étoiles de tes stars favorites sur le Walk of Fame. Tu finis ta journée en te rendant sur la colline de l'observatoire Griffith d'où la vue sur la ville est très impressionnante. Tu t'assois sur ce que tu penses être le banc du film *La La Land*, mais ni Ryan Gosling ni Emma Stone ne viennent à ta rencontre…

Dans la soirée, tu rejoins l'aéroport pour ton vol qui part à minuit. C'est avec soulagement, mais sans surprise, que tu constates qu'il est bien plus facile de quitter le territoire américain que d'y entrer. Une fois dans l'avion, tu as du mal à t'endormir malgré l'heure tardive, à cause de l'excitation qui te gagne. En effet, te voilà en route pour la Polynésie française, et ses 118 îles paradisiaques nichées au cœur de l'océan Pacifique. Tu atterris huit heures plus tard à l'aéroport de Papeete, sur l'île de Tahiti, dans l'archipel de la Société. En descendant de l'avion, tu es accueilli•e par un groupe tahitien dont la musique te paraît envoûtante, et à peine as-tu récupéré ta valise qu'on te passe un collier de fleurs fraîches autour du cou ! Tout le monde te sourit et te salue en te disant « *'ia ora na* » (bonjour) et « *maeva* » (bienvenue). Décidément, tu n'as encore rien vu en dehors de l'aéroport, mais tu te sens déjà très bien ici ! Tu vas poser ton sac à dos à ton hôtel et, alors qu'il n'est que 8 heures du matin, tu réfléchis au programme de ta première journée. Souhaites-tu visiter le centre de l'île de Tahiti, en **92**, ou te glisser discrètement sur la plage d'un hôtel de luxe, en **103** ?

285.

Tu n'aurais pas dû pouvoir arriver jusque-là avec le sac 1. Ce qui veut dire que tu t'es trompé•e quelque part sur ta route ou que tu as triché… Ton voyage s'arrête donc ici, c'est perdu pour toi ! Mais tu peux retenter ta chance en repartant du point de départ, avec un autre sac à dos et en faisant un peu plus attention.

286.

Vous allez rendre visite à la famille de Diego, dans l'Utah, un État voisin de l'Arizona. Ils vous accueillent dans la ville de St. George et tu découvres que ses proches sont aussi sympathiques que ton ami. Vous passez trois jours chez eux à faire des barbecues et des jeux de société. Ils t'emmènent aussi visiter les attractions locales et tu découvres encore de magnifiques paysages. Tu apprends que la majorité des habitants de l'Utah font partie de l'Église mormone, dont les membres sont connus pour être très conservateurs. Vous reprenez ensuite la route pour la ville de San Francisco, où vit Diego, dont les vacances sont bientôt terminées. Comme il lui reste quelques jours devant lui, il te propose de passer par le parc national de Yosemite. Il profite du trajet pour te raconter la triste histoire des premiers habitants des lieux. Les tribus amérindiennes qui vivaient sur ces terres depuis plus de quatre mille ans furent massacrées par les trappeurs européens arrivés au moment de la Ruée vers l'or. Après de longues heures de route, vous atteignez enfin la Sierra Nevada, une chaîne de montagnes dans l'est de la Californie. Vous vous rendez d'abord à Yosemite Valley pour vous ravitailler avant d'aller camper en pleine nature.

Le paysage grandiose qui s'offre à toi n'a plus rien à voir avec le désert ! Vous faites face à des sommets enneigés et randonnez dans des forêts de séquoias géants, ponctuées de cascades hautes de 200 mètres. La zone étant préservée des activités économiques et de l'habitat humain, la faune y est très variée. Vous avez la chance de tomber nez à nez avec des cerfs au cours d'une promenade et, une nuit, vous entendez même le cri d'un puma ! Plus incroyable encore, au cours de votre deuxième journée de marche, vous croisez un ours noir à une dizaine de mètres de vous qui regarde dans votre direction. Ton cœur manque de s'arrêter ; heureusement, il poursuit son chemin. Diego et toi ne parlez plus que de ça pendant toutes les promenades suivantes, et vous vous répétez constamment les règles à observer si vous faisiez une nouvelle rencontre, comme ne pas tourner le dos à un ours et ne pas courir. Vous faites aussi bien attention à jeter vos déchets dans les poubelles blindées mises à disposition par le parc et que les ours ne peuvent pas ouvrir, et vous placez tout ce qui a une odeur (nourriture, mais aussi produits d'hygiène) dans les boîtes prévues à cet effet, les « *bear boxes* ».

Après ces quelques jours hors du temps, vous regagnez San Francisco. À regret, tu quittes Diego, que tu considères maintenant comme un ami proche. As-tu déjà visité la ville de San Francisco ? Si oui, pars en **284**. Sinon reste dans le coin, en **13**.

287.

La corde à linge : voilà un objet qui ne te paraissait pas indispensable au départ mais qui est pourtant si utile. Aujourd'hui, tu regrettes particulièrement de ne pas en avoir une. Faute de mieux, tu étales tes vêtements mouillés sur les chaises longues de la terrasse qui se trouve sur le toit de l'hôtel. Puis, fatigué•e par le trajet depuis la Thaïlande, tu te laisses tenter par une courte sieste. Seulement tu oublies de mettre un réveil et tu émerges à la tombée de la nuit.

Tu te souviens alors de ton linge et te dépêches de monter sur la terrasse pour le récupérer. Sauf qu'il y a eu du vent pendant que tu dormais et que tout s'est envolé ! Les personnes installées autour de la piscine te racontent, avec un air mi-désolé, mi-amusé, comment tes vêtements ont virevolté avant de tomber en contrebas de l'immeuble. Tu n'es pas sûr•e de bien comprendre (ou tu ne veux pas comprendre), mais ils joignent le geste à la parole. Tu descends en courant dans la rue, où tu ne retrouves qu'un tee-shirt et un sous-vêtement.

Tu aimerais bien rire de ce qui vient de se produire, mais, pour l'instant, c'est difficile à avaler. En comptant ce que tu portes sur toi, il ne te reste plus que deux sous-vêtements, deux tee-shirts et un short. Tu risques d'avoir froid (en plus d'avoir les fesses à l'air à chaque lessive !), mais tu préfères quand même ne rien racheter pour ne pas impacter ton budget et devoir rentrer plus tôt de voyage.

Le réceptionniste de l'hôtel, qui t'a vu•e te précipiter dehors, a visiblement de la peine pour toi. Il veut t'aider à organiser ta journée de demain, pour te remonter le moral, et te propose de visiter un refuge qui œuvre pour la réhabilitation de la faune locale. Si tu acceptes, rends-toi en **190**. Si tu préfères ne pas contrarier tes plans alors que tu viens déjà de perdre une journée, va en **113**.

288.

Te voilà en route pour la Nouvelle-Zélande. Tu sais que les peuples maoris, qui furent les premiers habitants de ce pays, étaient originaires de Polynésie et tu as hâte d'atterrir pour découvrir leur culture. En prévision, tu as déjà appris la formule de salutation, « *kia ora* », et tu te demandes si tu auras l'occasion d'assister à une démonstration de haka, cette danse traditionnelle maorie reprise par les All Blacks (l'équipe de rugby néo-zélandaise) lors des compétitions internationales.

Ce qui est certain en tout cas, c'est que demain, c'est ton anniversaire ! Et pour éviter la déprime d'être loin de tes proches, tu as prévu de fêter ça dignement dès ton arrivée à Auckland, la capitale du pays. Est-ce que tu décides d'aller dans un pub britannique, en **236**, ou est-ce que tu as réservé une table pour dîner avec une vue panoramique sur la ville, en **273** ?

289.

Tu as dormi comme un bébé sous ta moustiquaire. Durant le petit-déjeuner, tu rencontres Marco, qui occupe un bungalow voisin. Lui ne fait pas un tour du monde, mais un tour des îles du Pacifique d'une durée de deux ans ! Il s'apprête aussi à partir en kayak et vous décidez de passer la journée ensemble.

Vous faites un premier arrêt au large du motu Vaiorea (un îlot couleur d'émeraude au milieu de l'eau turquoise du lagon), où vous plongez avec des masques et des tubas à la découverte du jardin de corail. Vous vous rendez ensuite sur la plage abandonnée d'un ancien hôtel de luxe, qui a été détruit par un cyclone il y a quelques années. Il vous faut beaucoup d'huile de coude pour ramer jusque-là, à cause du courant et des vagues, mais après trente minutes d'efforts, vous accostez sur un magnifique banc de sable fin. Alors que vous vous réjouissiez d'avoir la plage pour vous tout seuls, vous voyez arriver par la mer une embarcation de fortune, avec de vieux bidons en guise de flotteurs. Le radeau accoste sur la plage et l'homme à l'allure de Robinson Crusoé qui en descend vous adresse un sourire édenté. Il a beau se présenter comme le gardien de la plage, tu n'es pas très à l'aise, et visiblement Marco non plus, à en croire les regards qu'il te lance. Pourtant, au fil de la conversation, cette personnalité locale gagne votre sympathie en vous racontant plein d'histoires incroyables. Il aurait, par exemple, rencontré Barack et Michelle Obama alors que ces derniers visitaient la plage sur laquelle vous vous trouvez, au cours de vacances incognito en catamaran… Il vous apprend aussi à choisir et à ouvrir les noix de coco, et vous montre comment fabriquer des bijoux à partir de coquillages et de graines ramassés sur le sable. Quand vient le moment de repartir, Marco et toi êtes tristes de devoir quitter le gardien : vous savez qu'il s'agit d'une rencontre que vous n'oublierez jamais.

Après une journée supplémentaire à faire le tour de Huahine avec un guide, ton séjour sur cette île touche à sa fin. Deux options s'offrent à toi maintenant : passer quelques jours en mer sur un catamaran pour te rendre à Bora Bora, en **254**, ou prendre l'avion pour Tahiti et dormir sur la terre ferme pendant quelques jours avant de partir vers une autre destination, en **243** ?

290.

Tu décides de ne pas faire cette deuxième sortie qui s'annonce forte en sensations. Un autre groupe sur le bateau s'apprête à faire de la nage guidée avec des masques et des tubas. Décides-tu de prolonger le plaisir en te joignant à eux, en **232**, ou de dormir sur le pont du bateau pour te reposer un peu avant de prendre ce soir un avion pour l'île de Huahine, en **296** ?

291.

Tu connais la réputation de la cuisine thaïlandaise et tu as entendu dire que Bangkok était l'endroit parfait pour goûter des mets de toutes les régions du pays. Il y a des stands de nourriture partout dans la ville et tu ne sais pas comment faire ton choix. Tu suis donc le conseil d'Emma en t'inscrivant pour prendre part à un tour organisé.

Tu retrouves la guide, Chanya, et un groupe de cinq touristes avec qui tu vas passer la soirée. Vous rigolez bien en montant dans les tuk-tuks, ces tricycles motorisés servant de taxis, qui vous emmènent dans une course infernale à travers la circulation de Bangkok. Pour votre première étape, vous vous rendez dans un lieu recommandé par le guide Michelin, et tu n'en reviens pas qu'il s'agisse d'un stand de rue avec deux chaises en plastique posées devant. Vous y goûtez un plat incontournable : le fameux *pad thaï*, composé de délicieuses nouilles sautées. Rien à y redire, c'est excellent, même si tu regrettes d'avoir choisi l'option légèrement épicée. C'est déjà bien trop fort pour toi ! Chaque arrêt te permet de découvrir des plats savoureux, et tu te demandes comment tu fais pour manger autant... ce qui ne t'empêche pas de finir toutes tes assiettes ! Il est plus de minuit quand vous passez aux desserts, que tu trouves encore meilleurs que les plats salés ! Tu avais déjà goûté le *mango sticky rice* (riz gluant coco-mangue), mais là, tu découvres plein de nouvelles sucreries absolument exquises. Ta gourmandise favorite : les *kanom krok* (des pancakes à la farine de riz et au lait de coco) au pandan (une plante de couleur verte dont les feuilles sont utilisées pour parfumer et colorer les plats). Tu quittes le groupe repu•e après cette super soirée.

Demain, tu souhaites t'éloigner de Bangkok pour voir des éléphants. Il y a beaucoup de façons d'aller à la rencontre de ces majestueux animaux en Thaïlande. Que préfères-tu faire ? Une balade à dos d'éléphant, avec un organisme qui se dit éthique, en **217** ? Essayer (mais ce n'est pas garanti) d'admirer les pachydermes dans leur milieu naturel en te rendant dans un grand parc national, en **259** ? Ou la visite d'un centre qui vient en aide aux éléphants sauvés de l'exploitation, en **32** ?

292.

Après une nuit à Dar es-Salaam, tu rejoins ton groupe au petit matin. Vous êtes dix-huit personnes, âgées de 18 à 70 ans, et même si quelques-unes sont venues à deux, la plupart voyagent seules. Après de brèves présentations avec votre guide et votre chauffeur, vous prenez le ferry pour l'île de Zanzibar. La traversée dure une heure trente, mais vous attendez longtemps avant de pouvoir embarquer car, bien que l'île fasse partie de la Tanzanie, tous les bagages et les passeports font l'objet de contrôles. À bord, tu apprends que ce n'est pas la saison pour observer les baleines à bosse. Pour ça, il faudra revenir une autre fois. Tu découvres que l'île de Zanzibar a été historiquement au centre de nombreux échanges commerciaux, et que cela se ressent dans le mélange des cultures perse, indienne, arabe et africaine sur place. En 1890, l'île est devenue un protectorat britannique, puis a acquis son indépendance en 1963.

Avec ton groupe, vous commencez vos visites par la ville de Stone Town et son marché couvert, Darajani. On y trouve de tout, mais vous remarquez surtout les épices et les poissons, dont les odeurs plus ou moins plaisantes vous assaillent. Vous visitez ensuite la vieille ville. Tu en prends plein les yeux : chaque coin de rue réserve une jolie surprise architecturale colorée. Les nombreuses influences qu'a connues Zanzibar s'y reflètent : tu peux admirer des bâtiments coloniaux, des palais omanais, des temples hindous et des mosquées. Tu t'émerveilles devant les centaines de magnifiques portes anciennes en bois sculpté qui ornent les bâtiments. Tu aimerais te perdre dans ce labyrinthe de petites rues étroites, mais le guide ne vous en laisse pas l'occasion.

Vous poursuivez votre visite par l'ancien marché aux esclaves (*Old Slave Market*), un triste lieu, où, jusqu'à la fin du XIXe siècle, des centaines de milliers d'individus furent monnayés comme de simples marchandises. Vous observez d'abord d'émouvantes statues commémoratives représentant des esclaves enchaînés, puis descendez dans les cachots où ces derniers étaient retenus prisonniers avant d'être vendus. Une exposition retrace ensuite l'histoire personnelle de certains captifs. Cela te permet aussi d'en apprendre plus sur le contexte historique et géopolitique de l'époque, ce qui t'intéresse énormément. Tu prends donc le temps de lire chaque panneau et tu ressens une grande frustration lorsque le guide t'interrompt pour partir, alors que tu n'as pas encore fini la visite. Il va te falloir quelques jours pour t'adapter au rythme du voyage en groupe…

Est-ce que tu as passé ta certification de plongée sous-marine au Mexique ? Si c'est le cas, rends-toi en **148**. Sinon va en **56**.

293.

Le village côtier de Pemuteran, dans le nord-est de l'île de Bali, est un très bel endroit, paisible, au milieu de la nature. Pour votre dernière soirée tous les trois, vous allez manger au restaurant. Tu commandes un *mie goreng*, une variante avec des nouilles du fameux *nasi goreng* (riz frit), qui s'avère beaucoup plus épicé que ce à quoi tu t'attendais. En rentrant vous coucher, vous croisez un énorme gecko qui sort de votre chambre. Il t'a laissé un cadeau : un énorme excrément au beau milieu de ton sac resté grand ouvert… C'est blanc, ça pue et ça dégouline sur tous tes vêtements ! Le pire, c'est que tu as prévu de partir demain matin pour l'île de Java et que tu n'auras même pas le temps de faire une lessive…

Le lendemain, Klaus te donne un de ses tee-shirts (bien trop grand pour toi !) pour que tu puisses voyager dans des vêtements propres. Tu apprécies le geste, et c'est le cœur gros que tu quittes tes deux compagnons en espérant avoir l'occasion de les revoir. Sur le bord de la route, tu attends pendant un long moment un bus qui semble ne jamais vouloir arriver. Il est en effet difficile d'obtenir des informations sur les transports publics car les Balinais préfèrent que les touristes utilisent leurs services de taxis. Finalement, tu parviens à suivre la vague consigne qu'on t'a donnée de faire signe au bus rouge, et te voilà en route pour aller prendre ton ferry. Tu te rends malheureusement vite compte que le chauffeur t'a fait payer trois fois plus cher qu'aux habitants de l'île. D'ailleurs, ton ticket de ferry pour Java ne te coûte presque rien, comparé au prix du bus… Est-ce que tu pars maintenant vivre une aventure loin des sentiers battus dans la campagne indonésienne, en **171** ? Ou est-ce que tu en as assez des geckos et préfères retourner en ville, en **179**, où tu pourras facilement faire une lessive ?

294.

Dès les premières minutes de la randonnée, tu as la certitude que ton achat était justifié. En effet, les voyageurs non équipés d'un filet sont contraints d'agiter constamment leurs bras devant leur tête, et même comme ça, ils n'ont pas l'air sereins. Au cours de la randonnée, tu entends quelqu'un dans le groupe raconter comment une personne lui a donné son filet à la gare après l'avoir elle-même reçu à l'aéroport d'un autre voyageur. Tu aimes beaucoup l'idée et décides de faire de même en quittant le désert !

Vous remontez dans le minibus pour vous rendre à Uluru, l'immense rocher rouge qui domine l'Outback et symbolise souvent l'Australie sur les cartes postales. En chemin, vous apercevez des émeus ! Ils ressemblent aux autruches d'Afrique, et ces deux espèces font d'ailleurs partie des plus grands oiseaux du monde. Comme l'autruche, l'émeu ne vole pas et se déplace en courant sur de longues distances. Vous êtes éblouis en arrivant devant Uluru. Certains de tes compagnons de tour demandent à la guide s'ils pourront escalader le rocher demain, mais, à leur grande déception, elle leur répond que c'est désormais interdit. Et toi, aurais-tu aimé escalader cet emblématique rocher australien ? Si oui, rends-toi en **170**. Sinon rends-toi en **251**.

295.

Tu te réveilles au son de la savane. Quand tu sors de ta tente, il y a déjà du café sur le feu, que tu bois en admirant la fin du lever du soleil. Vous êtes tous fous de joie de passer votre première journée à observer les animaux. Et vous n'êtes pas déçus : après avoir vu de beaux oiseaux, vous tombez nez à nez avec un lion et deux lionnes ! Ils sont en train de finir de manger ce qui semble être un zébu. Vous les admirez un moment avant de reprendre la route. Tu aurais pu rester là toute la journée, tant ces carnivores te fascinent. Pendant le trajet, le guide vous apprend que, bien que cette pratique soit réglementée, chasser les félins (moyennant une grosse somme d'argent) est toujours une activité autorisée en Tanzanie.

Vous vous rendez ensuite à un point d'eau où des zèbres se désaltèrent. Quelques buffles d'Afrique, aux longues cornes, sont aussi présents. Pour votre plus grand plaisir, deux girafes et un girafon se joignent à eux. Ils sont tout proches de vous et la taille des majestueuses girafes (au moins 5 mètres de haut selon votre guide) t'impressionne particulièrement. Après quelques minutes, c'est au tour d'une famille de cinq éléphants d'arriver avec un tout petit bébé qui suit sa mère, et une femelle que le guide estime avoir 50 ans. Dans cette organisation matriarcale, c'est elle, la cheffe. Tu remarques que trois des éléphants n'ont plus de défenses et tu questionnes le guide à ce sujet. Il vous explique qu'aujourd'hui encore, l'ivoire est vendu à prix d'or (pour faire des bijoux et des objets de luxe), en dépit des interdictions internationales. Pour alimenter ce marché juteux, les braconniers n'hésitent pas à tuer les éléphants. Pour leur éviter d'être pris pour cibles, les gérants du parc préfèrent donc anesthésier les pachydermes afin de prélever eux-mêmes leurs défenses, empêchant ainsi qu'ils ne soient abattus pour leur ivoire. Après cette journée riche en émotions, vous campez de nouveau dans la savane.

Le lendemain, vous continuez votre safari dans le cratère du Ngorongoro. Mais le tour organisé touche bientôt à sa fin et tu dois prévoir la suite de ton voyage. Souhaites-tu visiter Nairobi, où votre groupe va se séparer, en **233** ? Ou préfères-tu partir directement à l'aéroport pour ta prochaine destination, en **265** ?

296.

Le vol pour Huahine est le plus court de ta vie, moins d'une demi-heure ! Et comme l'avion est très petit, on peut profiter de la vue quel que soit le siège. Si tu as encore un appareil photo, tu prends des clichés sensationnels de l'île avant l'atterrissage.

Aiata, la propriétaire de la pension de famille dans laquelle tu séjournes, vient te chercher à l'aéroport, qui est minuscule. Elle te parle de son île, plus préservée et authentique que Tahiti, Moorea ou Bora Bora. Selon elle, vivre ici, c'est être toujours en vacances. Sur la route, elle s'arrête pour te montrer un *marae* : ces ensembles de pierres volcaniques sont les vestiges des lieux de culte traditionnels polynésiens. Devant ce site chargé de spiritualité, Aiata te raconte une légende de Huahine : « Un jour, alors que le dieu Hiro essayait de se rendre sur l'île, le vent se leva, et sa pirogue fonça droit sur l'île et la coupa en deux, formant ainsi Huahine Nui (la grande) et Huahine Iti (la petite). » D'ailleurs, la pirogue reste le sport national de la Polynésie, et une grande course entre les îles est organisée chaque année. Le mari d'Aiata fait partie de l'équipe de Huahine.

Vous remontez dans la voiture et traversez un pont pour vous rendre sur la plus petite des deux îles, où se trouve la maison d'Aiata. Elle t'accueille dans son abondant jardin tropical aux mille senteurs, où tu découvres ton bungalow. C'est un logement polynésien typique, construit avec des matériaux traditionnels.

La salle de bains est ornée de coquillages, et un grand lit à baldaquin recouvert d'une moustiquaire est installé au centre de la chambre, ouverte sur l'extérieur. Aiata n'en finit pas de te surprendre par sa gentillesse : elle a décoré ton espace de fleurs fraîches et placé dans ton frigo un très alléchant plateau de fruits du jardin. Bien que ce logement ne donne pas directement sur une plage ou un lagon, tu le trouves absolument charmant.

Tu es affamé•e. Est-ce que tu sors tout de suite chercher un endroit où manger, en **324**, ou est-ce que tu grignotes un fruit et prends le temps de te rafraîchir sous la douche avant de sortir, en **28** ?

297.

« *¡Ahora! ¡Ahora!* » Tu entends rigoler dans le jardin, mais personne ne vient te secourir. À moitié en pleurant, tu appelles plus fort, au cas où on n'aurait pas compris que tu avais besoin d'aide. Cela a pour seul effet de faire redoubler les rires. Au bout de dix longues minutes, la mygale finit par se décaler, juste assez pour que tu puisses te glisser hors de la douche. En ouvrant la porte du couloir, tu tombes nez à nez avec des Colombiens qui te regardent en gloussant : « *¿Que tal estuvo la ducha?* » Qu'est-ce qui peut bien les amuser autant ? Tu te rends à la réception et expliques la situation au gérant pour que quelqu'un s'occupe d'enlever l'araignée de la salle de bains et que tu puisses enfin te laver. Tu racontes ce qui vient de se passer au gérant, qui t'explique que tu criais en fait : « Maintenant ! Maintenant ! » Entre ça et les gémissements que tu poussais, tu comprends mieux le quiproquo et le fou rire que cela a pu provoquer…

Après cette prestation comique involontaire, tu passes encore deux jours à Salento pour visiter les villages environnants, tous plus colorés les uns que les autres. Où souhaites-tu aller pour la suite de ton voyage ? Si tu veux vivre des aventures de pirate, rends-toi en **55**. Si tu préfères jouer les explorateurs, rends-toi en **2**.

298.

Vous remontez sur vos scooters pour aller passer l'après-midi dans une réserve naturelle et un lieu sacré : la forêt des singes, habitée par des colonies de centaines de macaques. Mei s'arrête pour lire scrupuleusement les informations sur le panneau d'affichage à l'entrée de la forêt. Klaus, lui, est impatient et insiste pour que vous vous dépêchiez car il y a déjà la queue pour acheter son ticket. Dans la file d'attente, tu demandes à Mei ce qu'elle a lu. Elle t'explique qu'il s'agit de consignes de sécurité qui mettent en garde les visiteurs sur la conduite à tenir avec les singes. Il est notamment écrit qu'il ne faut pas les nourrir.

Klaus avait vu juste : vous attendez longtemps pour entrer et le soleil tape fort… Te voyant ébloui•e, Klaus te propose ses lunettes de soleil. Si tu décides de les porter, rends-toi en **321**. Sinon va en **255**.

299.

Tu trouves qu'il est plus facile de se déplacer dans les rues de Mumbai que dans celles des autres villes indiennes que tu as visitées. D'abord, il y a des trottoirs. Ensuite, la circulation est mieux organisée et tu reçois moins de sollicitations de la part de chauffeurs et de vendeurs.

Tu pars découvrir la gare de Chhatrapati Shivaji Terminus avec *Aunty*. Cette gare, l'une des plus actives d'Inde, est un édifice à l'architecture victorienne, bâti durant l'occupation britannique et désormais classé au patrimoine mondial de l'Unesco. *Aunty* vous fait ensuite conduire par son chauffeur privé à la maison de Gandhi, qui a été une figure majeure de l'histoire récente du pays. Il a notamment été pionnier dans le mouvement pour l'indépendance de l'Inde. Vous allez ensuite déjeuner sur le meilleur stand de la ville (selon *Aunty*) pour déguster des *panipuris*. Ce sont de petites boules de pain creuses, qu'on remplit de condiments et d'une sauce très liquide, avant de les manger en une seule bouchée ! C'est surprenant et délicieux ! Par contre, *Aunty* te conseille de faire attention à l'établissement où tu en consommes car l'eau servant à diluer la sauce n'est pas bouillie, il faut donc avoir la certitude qu'elle est potable.

Vous finissez l'après-midi sur la plage de Juhu, où vous admirez la vue sur l'océan Indien, comme le font de nombreux habitants des alentours. Pour le dîner, *Aunty* te propose d'aller manger un *biryani*, un plat (végétarien ou non) composé de riz basmati, de légumes et de yaourt cuits avec une variété d'épices. Tu passes une excellente dernière soirée en sa compagnie et te décides à lui poser des questions que tu n'as pas vraiment osé aborder jusqu'ici. Vous discutez notamment de la difficile condition des femmes indiennes et du système de castes qui divise la société de façon héréditaire en classes sociales très fermées. C'est un système complexe, constitué de centaines de castes différentes, qui influe sur tous les aspects de la vie des Indiens : de leur nom de famille à leur profession, en passant par leur style vestimentaire et leur façon de parler. Bien qu'officiellement abolie, cette structuration de la société indienne a perduré jusqu'à aujourd'hui, contribuant à maintenir de grandes inégalités entre les individus.

Cette discussion passionnante marque la fin de ton séjour en Inde ! En te rendant à l'aéroport, t'apprêtes-tu à t'envoler pour l'Égypte, en **187**, ou pour la Tanzanie, en **174** ?

300.

Le trajet en bus est plutôt confortable, mais le changement d'ambiance à la frontière te surprend. La réalité de la pauvreté du Cambodge est saisissante. Des enfants mendient à 1 mètre à peine derrière le bureau de l'émigration où tu dois remplir des papiers. Ton visa en poche, tu remontes dans le bus en te félicitant d'avoir pris des photos d'identité avec toi, comme on te l'avait conseillé pour ce genre de situation.

Il n'y a que deux saisons ici, c'est facile à retenir : la saison sèche et la saison des pluies. Il fait chaud toute l'année, mais plus encore pendant la saison des pluies, qui est justement en cours. Tu arrives à Siem Reap en fin d'après-midi. Pour prendre la température de cette ville, préfères-tu te dégourdir les jambes en te rendant à pied à ton hôtel, en **229**, ou faire le trajet dans l'un des nombreux tuk-tuks qui t'attendent à la sortie du bus, en **283** ?

301.

Tu paniques dans le tumulte de la gare de Delhi et tu ne parviens pas à trouver la voie de ton train pour Agra, la ville où se trouve le Taj Mahal. Tu essaies de demander autour de toi, mais les gens semblent tous pressés et peu disposés à t'aider. Tu tentes de nouveau en utilisant la formule de salutation en sanskrit : *namasté*. Quelqu'un pointe alors du doigt la direction d'un guichet pris d'assaut. Après une longue attente dans une queue complètement désorganisée, tu penses avoir compris où aller. Des voyageurs qui patientent assis sur leurs énormes bagages te confirment que le train à quai part pour Agra dans quelques minutes.

Tu montes à bord. Dans les wagons, l'agitation est à son comble et tout le monde se tasse pour trouver une place. Tu vas devoir laisser ton sac sur un porte-bagages si tu espères pouvoir t'asseoir. Avec quel sac es-tu parti ? S'il s'agit du sac 1, 2 ou 5, va t'asseoir en **227**. Si c'est le sac 3 ou 4, va en **322**. Si tu n'as plus de sac, va en **281**.

302.

Rejoindre le bateau qui va à Nusa Penida depuis la plage de Sanur est une vraie aventure : les vagues sont très fortes et te trempent jusqu'aux fesses. C'est le début du cauchemar car, au cours de la traversée, une tempête se déchaîne. La moitié des passagers sont malades et certains font une crise de panique. Les gilets de sauvetage sont sortis et tu en enfiles un rapidement, la boule au ventre. Vous arrivez finalement sains et saufs à Nusa Penida, et tu n'as jamais été aussi heureux•se de retrouver la terre ferme ! Pour te remettre de tes émotions, tu te rends dans un *warung* (une petite échoppe pour se restaurer) qui te change des restaurants touristiques de Bali. Tu joues la carte de la sécurité en commandant, sans même essayer de déchiffrer le menu, le plat le plus commun d'Indonésie : un *nasi goreng*, un riz frit qui se déguste à tous les repas (même au petit-déjeuner).

Dès le lendemain, tu explores l'île en louant de nouveau un incontournable scooter. Celle-ci est beaucoup plus sauvage et paisible que Bali, et tu profites de ses paysages époustouflants et de ses immenses falaises. Le dernier jour, tu réserves une excursion pour aller nager avec des raies manta. Nusa Penida est un endroit privilégié pour observer ces majestueux poissons, qui peuvent faire jusqu'à 7 mètres d'envergure ! Tu n'étais pas rassuré•e à l'idée de t'approcher de créatures si imposantes, mais le spectacle est féerique, et, alors qu'elles dansent autour de toi, tu oublies vite tes appréhensions.

En rentrant pour ta dernière nuit dans le petit bungalow que tu as loué sur l'île, tu trouves un message de Klaus et Mei dans tes mails. Tu pourrais encore les rejoindre dans leur road-trip autour de Bali. Tu hésites, car tu avais prévu de partir pour Jakarta, la capitale de l'Indonésie, avant de poursuivre ton voyage en Thaïlande. Si tu as envie de passer plus de temps à Bali avec Klaus et Mei, va en **208**. Si tu préfères prendre un avion pour la Thaïlande, va en **318**.

303.

Vous arrivez dans le delta du Danube, où vit la famille de Gabi. Ses parents, son frère et sa sœur t'accueillent sur le pas de la porte de leur jolie petite maison colorée. Ils te servent directement l'apéritif dans leur magnifique jardin ! Tu te retrouves au milieu d'un verger avec le père de Gabi, qui apporte des tartinades de tomates et d'aubergines maison, ainsi que de l'eau-de-vie. Il s'agit de *țuică*, une liqueur de prunes qu'ils ont réalisée eux-mêmes avec les fruits du verger. Tout le monde trinque au plaisir de faire ta connaissance et vous dînez d'un poisson pêché par la famille, cuisiné en ragoût. Tu te détends rapidement grâce à l'attitude très chaleureuse de la famille, à l'image de celle de Gabi.

Le lendemain, Gabi, son frère, sa sœur et toi partez faire un tour du delta sur la petite embarcation amarrée au fond du jardin. Le paysage qui se déploie devant tes yeux tandis que vous traversez les canaux est très beau ; vous passez par des lacs et des marais où vous observez les oiseaux. La sœur de Gabi est passionnée d'ornithologie et elle te prête ses jumelles. Il y a plus de 300 espèces d'oiseaux qui nichent ici chaque année avant de s'envoler vers le sud pour l'hiver. Vous poussez votre promenade jusqu'à la mer Noire avant de revenir.

En fin de journée, Gabi t'emmène te balader dans la forêt de Letea, où vous croisez des hordes de chevaux sauvages. Pour finir cette journée magique, Gabi te confie son envie de rencontrer tes proches à son tour. Est-ce que tu lui proposes de t'accompagner chez toi, en **73** ? Ou est-ce que tu as plutôt envie de continuer à découvrir tranquillement la Roumanie à ses côtés, en **99** ?

304.

Tu pars tôt pour l'aéroport. Alors que tu es dans le bus, tu te rends compte que tu as oublié ton passeport dans le coffre-fort de ta chambre d'hôtel. Heureusement, tu es en avance et tu as encore le temps de faire demi-tour. Après avoir récupéré ton passeport, tu commences à angoisser d'arriver en retard et décides de prendre un taxi. Tu lui demandes de te déposer au plus près de l'entrée de ton terminal et tu sors en trombe de la voiture avec toutes tes affaires. Tu te mets à courir sans t'apercevoir que tu es au mauvais endroit ! Quand tu réalises que ce n'est pas le bon terminal, le taxi est déjà reparti, mais tu as encore le temps d'avoir ton avion en traversant tout l'aéroport en courant ! Si tu as le sac à dos 4, cours en **42**. Si tu as le sac 1, 2, 3 ou 5, tu arrives de justesse pour passer les contrôles et embarquer. Avais-tu réservé un vol pour l'Australie, en **157** ? Ou pour l'Indonésie, en **189** ?

305.

Le plus simple, quand on part pour un voyage en solitaire de cette ampleur, c'est d'être célibataire ! Cela évite de longues heures passées à chatter en ligne à n'importe quelle heure du jour et de la nuit à cause des décalages horaires. C'est donc l'esprit tranquille que tu vas prendre ton avion, en **304**.

306.

Pour éviter de prendre l'avion, tu t'embarques dans un voyage de quatre jours pour rejoindre la côte ouest du pays. Première partie du périple : vingt heures de train pour rallier la ville de Chicago. En arrivant sur place, tu t'accordes une pause de vingt-quatre heures pour découvrir les principaux sites touristiques, notamment la Willis Tower, l'un des gratte-ciel les plus hauts du pays ! Tu décides cependant à contrecœur de ne pas vivre l'expérience du Skydeck (qui offre une vue panoramique du sommet de la tour), car tu as déjà bien entamé ton budget à New York. Après avoir flâné dans les rues commerçantes et les grands magasins, tu te rends au Millenium Park. Tu y admires le Cloud Gate, une sculpture urbaine dont le nom se traduit par « porte des nuages » et qui a été surnommée « The Bean » (le haricot) en raison de sa forme. Tu dégustes un plat local, la *deep dish pizza* : une tourte généreusement garnie de fromage et de sauce tomate sur laquelle il est possible d'ajouter de la charcuterie. Après le dîner, tu t'offres une promenade digestive en allant observer les illuminations sur la jetée, appelée Navy Pier.

Le lendemain, tu reprends un train, le légendaire *California Zephyr*, pour un trajet de cinquante-deux heures. Il te mène des plaines du Midwest aux grands espaces de l'Ouest américain en passant par les Rocheuses et la Sierra Nevada, ce qui représente environ 4 000 kilomètres, 7 États à traverser et 32 arrêts ! Tu te régales des paysages, confortablement installé•e dans le wagon qui dispose d'une vue panoramique ! Tu vois tour à tour défiler des villages de l'Iowa, un lever de soleil sur les plaines céréalières du Nebraska, les montagnes Rocheuses, le fleuve Colorado, les canyons de l'Utah, les lacs et les forêts de Californie… Voici une parenthèse hors du temps que tu n'oublieras jamais.

Pour ton premier jour à San Francisco, où ton train vient d'arriver, tu as bien besoin de te dégourdir les jambes. Que préfères-tu faire ? Une visite de la prison d'Alcatraz, en **164**, la traversée du Golden Gate Bridge, en **13**, ou une balade dans le quartier de Haight-Ashbury, en **71** ?

307.

Pour te rendre de Jakarta, la capitale de l'Indonésie, à Bangkok, en Thaïlande, tu aurais pu prendre l'avion. Mais, une fois encore, tu as décidé de choisir des moyens de transport alternatifs. Tu commences par embarquer pour trente-quatre heures sur un ferry qui fait la navette une fois par semaine entre Jakarta et Singapour. La traversée est intéressante… Tu as réservé une cabine individuelle en première classe, dans laquelle tu découvres des cafards et des toilettes à la turque. Bien que tu commences à être habitué•e aux situations acrobatiques dans les toilettes (inévitables en voyage), tu as mal évalué la force des vagues au moment précis où tu te décides à les utiliser. S'ensuit un dérapage… et c'est le drame ! Sans rentrer dans les détails, tu ne vas pas avoir d'autre choix que de te laver intégralement. Sauf que ta salle de bains ne dispose que d'un lavabo, rien de plus.

Est-ce que tu voyages avec ton savon ? Si tu as le sac 2, 4, 5, ou que tu n'as plus de sac, ça sent mauvais pour toi, en **331**.

Si tu as le sac 1 ou 3, tu vas pouvoir te décrotter, quel soulagement ! Aussitôt débarqué•e à Singapour, tu prends un bus qui traverse la Malaisie pendant treize heures. Une fois à la frontière avec la Thaïlande, tu as bien du mal à trouver ton chemin dans la gare, où toutes les indications sont écrites en thaï, une langue dont tu ne connais pas l'alphabet. Finalement, tu parviens à embarquer dans un train de nuit. Dans quatorze heures, tu te réveilleras à Bangkok, en **318**.

308.

Faire du stop en Polynésie est extrêmement facile. Une route principale fait le tour de chaque île, il suffit donc de se mettre du bon côté pour trouver un véhicule allant dans la direction qu'on souhaite emprunter. Tu lèves timidement le pouce, et, moins de dix secondes plus tard, une voiture s'arrête pour te prendre. La personne qui conduit s'appelle Teavanui et propose de t'accompagner jusqu'à la plage qui t'a été conseillée, qui est justement sa favorite ! Vous faites un crochet par sa maison pour vous préparer un pique-nique, puis vous rejoignez la charmante plage déserte. Vous passez la journée à boire de l'eau de coco fraîche, à vous baigner et à vous raconter vos vies. Alors que la nuit commence à tomber, tu dois bien admettre que l'idée de devoir quitter Teavanui te fend le cœur. Tu aimes sa personnalité et son esprit affûté. Sans parler du parfum enivrant de monoï qui émane de sa peau et de ses longs cheveux soyeux… Tu ne sais pas si c'est le soleil ou la coco qui te monte à la tête, mais ses yeux te font fondre. Encore plus troublant : Teavanui ne semble pas non plus insensible à ton charme et propose de venir te chercher demain matin pour te faire découvrir une autre plage. Seulement tu as besoin de temps pour faire ton sac et organiser ton départ. Pour te rassurer,

Teavanui promet de te ramener à temps. Si tu acceptes sa proposition, va en **314**. Sinon pars en **288**.

309.

Se rendre sur l'île de Pâques n'est vraiment pas facile. Après tout, c'est l'île du monde la plus éloignée de toute terre habitée. Cela implique un vol avec une escale, mais tu es prêt•e à faire une entorse à ta résolution de prendre le moins possible l'avion pour aller admirer les gigantesques statues de basalte qui font la renommée de ce mystérieux territoire. Le premier vol, qui t'emmène à Santiago du Chili, où tu feras ta correspondance, se déroule de façon terrifiante ! Il y a énormément de turbulences, et certains de tes voisins ont même sorti leur chapelet…

Après l'atterrissage, tu te rends directement au guichet d'information pour demander où aura lieu l'embarquement de ton deuxième vol. Tout en regardant ton billet, l'hôtesse te questionne sur ta date de retour. Tu lui expliques que tu ne comptes pas revenir à Santiago, mais te rendre directement en Polynésie française depuis l'île de Pâques. Ton interlocutrice t'apprend alors que ces vols ont été arrêtés depuis peu. Tu étais déjà livide en arrivant à l'aéroport, mais là, tu es carrément vert•e de rage de voir tes plans chamboulés. Tu n'as pas l'intention de revenir sur tes pas, c'est contraire aux règles que tu t'es fixées, mais tu n'as que vingt minutes pour revoir tout ton itinéraire et tu es encore fébrile après ton vol épouvantable. Tu cours dans une agence de voyages pour modifier ton billet et découvres que la seule option possible pour ne pas te ruiner est de partir dans une heure pour l'Australie.

Comme tu comptais de toute façon visiter ce pays, tu acceptes immédiatement, sans te préoccuper des destinations que tu vas sans doute manquer. Tu pars en **157** avec l'espoir que ce long vol sera plus tranquille que le précédent.

310.

Tu pensais pouvoir louer une voiture dans une agence locale, mais pendant que tu attends ton tour au guichet, tu désespères en découvrant leurs tarifs exorbitants. Un autre client patiente à côté de toi et vous commencez à discuter. Lui aussi voudrait louer une voiture pour faire un road-trip dans l'Ouest américain et rendre visite à sa famille, mais c'est trop cher pour une personne seule ! De fil en aiguille, ce sympathique Américain finit par te proposer que vous partiez ensemble pour partager le coût de la location. Vous décidez d'aller déjeuner tous les deux dans un fast-food proche de l'agence pour apprendre à vous connaître un peu plus et étudier votre éventuel trajet commun. Diego se montre rassurant et le courant passe tout de suite entre vous. Tu décides donc d'accepter sa proposition un peu folle, qui va te permettre de faire le road-trip dont tu rêves. Rends-toi en **192**.

311.

Un restaurant hors de prix, un hôtel réservé à la dernière minute et un taxi pour t'y rendre si tard le soir… As-tu oublié que ton budget n'était pas illimité ? Si tu commences à changer d'hébergement à chaque fois que tu croises un cafard, cela va être difficile de boucler ton tour du monde. Et, effectivement, tu as épuisé tes économies. Rends-toi en **41**.

312.

Tu ne fais pas les choses à moitié : pour réaliser ton rêve, tu as décidé de faire une croisière de trois jours, consacrée à la plongée au-dessus de la Grande Barrière de corail. Ce récif est si grand qu'on peut le voir depuis l'espace !

Plusieurs fois par jour (et même la nuit !), tu pars pour des nages guidées, avec masque et tuba, en compagnie de ton groupe et de votre moniteur. Vous explorez les différents lieux du récif et observez une grande variété de coraux. La diversité de la faune est aussi étonnante : il y a beaucoup d'espèces de requins, de raies, de tortues et de dauphins. Tu croises même les fameux poissons-clowns, héros du film *Le Monde de Nemo*. L'équipage du bateau vous en apprend beaucoup sur la vie sous-marine locale et vous sensibilise au fait que la barrière a subi de graves dommages. En effet, les recherches ont montré que le récif a perdu plus de la moitié de sa couverture corallienne au cours des trente-cinq dernières années. Cela est dû, entre autres, aux activités humaines comme la pêche et le tourisme mais aussi aux changements climatiques.

Tu débarques de ta croisière et passes une dernière nuit à Cairns avant de t'envoler pour l'Indonésie, en **189**.

313.

Tu as choisi le tour le moins cher, et cela implique de dormir à la belle étoile. Mais ça ne te dérange pas, au contraire, tu as hâte d'observer le ciel étoilé au milieu du désert, loin de toute pollution lumineuse. Cependant, tu n'es quand même pas très rassuré•e à l'idée de dormir directement par terre, compte tenu de la taille et de la venimosité des insectes et des serpents qui rôdent… Tu te sens mieux lorsque la guide vous montre comment installer les lits autour du feu de camp. Il s'agit de *swags*, qui sont des matelas recouverts d'une toile de tente permettant de se protéger jusqu'au cou pour garder la chaleur à l'intérieur, car les nuits peuvent être très froides dans le désert. Tu espères que ce dispositif te protégera des bestioles, parce que tu trouves quand même inquiétant d'avoir pour consigne de sécurité de dormir avec tes chaussures à l'intérieur du lit.

Demain, il est prévu que vous vous leviez tous tôt pour profiter du lever de soleil sur le rocher rouge d'Uluru. Tu passes une très agréable soirée au coin du feu, malgré les hurlements des dingos (les chiens sauvages australiens) qui rôdent autour du camp. La guide vous précise qu'ils n'osent généralement pas s'approcher trop près des humains… mais qu'il est possible qu'ils viennent renifler vos têtes pendant votre sommeil ! Pour le repas, elle fait réchauffer sur le feu des spaghettis aux boulettes de kangourou. Est-ce que tu goûtes cette viande, en **105**, ou est-ce que tu optes pour l'option végétarienne, des spaghettis à la sauce tomate, en **211** ?

314.

Cette deuxième journée avec Teavanui est encore plus magique que la première, et finalement vous passez aussi la nuit ensemble. Au petit matin, devant un lever de soleil incroyable, vous vous déclarez votre flamme. Tu ne comprends pas ce qui t'arrive, tu n'as jamais eu un tel coup de foudre. Tu commences par décaler ton vol de deux semaines. Puis d'un mois de plus. Et d'un mois encore… Au final, tu ne termineras jamais ton tour du monde car tu t'installes à Tahiti pour le reste de ta vie !

315.

Pour la suite de ton voyage en Égypte, tu as prévu de découvrir la mer Rouge. Située entre l'Afrique du Nord et le Moyen-Orient, elle est réputée notamment pour la richesse de ses fonds. Tu loges dans un *resort* à Hurghada. En effet, tu as eu la chance de trouver une offre de dernière minute très intéressante pour un hôtel de ce standing. C'est la première fois depuis le début de ton tour du monde que tu te retrouves dans un hébergement aussi luxueux ! Tu regrettes quand même un peu sa localisation car la ville est très touristique et tu aurais certainement pu trouver un logement plus authentique ailleurs sur la côte.

Après une nuit dans un lit incroyablement confortable, tu te lèves tôt pour une sortie en mer. Les plongeurs partent d'un côté, et les nageurs avec masques et tubas de l'autre. Tu suis ton groupe dans une eau chaude et transparente. Vous êtes entourés de milliers de poissons colorés. C'est la meilleure visibilité que tu aies jamais eue et tu fais une rencontre inoubliable… Un animal de près de 10 mètres de long, sombre et recouvert de pois blancs qui évoquent un ciel étoilé, nage lentement devant vous. Il s'agit d'un requin-baleine, l'un des plus grands poissons au monde, et tu sais qu'il ne représente pas un danger pour les humains. Tu l'observes donc sans appréhension, tout simplement subjugué•e.

Après cette belle excursion sous l'eau, tu t'accordes deux journées de repos dans ton bel hôtel, avec pour seul programme bronzer et nager. Le matin du troisième jour, tu rentres au Caire dans une voiture que tu partages avec un sympathique couple de touristes indiens. Un guide fait aussi le trajet avec vous et vous propose de visiter le désert que vous vous apprêtez à traverser. Si tu te laisses convaincre, pars en **18**. Si tu préfères rouler toute la journée sans faire de détour, va en **176**.

316.

Très satisfait•e d'avoir pris des snacks avec toi, tu grignotes face au paysage qui défile. Le soleil se couche rapidement et tu passes une très bonne nuit, bercé•e par les secousses du train. Le lendemain matin, tu te réveilles à l'aube pour pouvoir regarder les scènes de vie de l'Égypte qui s'éveille devant tes yeux. Tu vois des ânes dans les champs qui partent au travail avec leurs maîtres, des enfants qui jouent sur le chemin de l'école, des oiseaux sur les bords du Nil, des passagers qui attendent leur train sur les quais…

Depuis la gare d'Assouan, tu rejoins le port, d'où démarrera ta croisière de quelques jours sur le Nil. Après l'enregistrement et l'embarquement, tu découvres avec plaisir ta petite cabine dans laquelle tu déposes tes bagages (très compacts, comparés à ceux des autres touristes). Ton bateau va rester à quai pendant vingt-quatre heures, le temps que tous les passagers arrivent, ce qui va te permettre d'explorer la ville. Avant de partir, tu notes bien le nom de ton bateau, *Princesse du Nil*, pour le retrouver facilement à ton retour, car il y a des dizaines de bateaux à quai qui ressemblent tous au tien.

À bord, tu as accepté les services d'un guide qui t'emmène au *souk* (le « marché », en arabe) d'Assouan, où tu achètes des épices. Vous prenez ensuite un petit bateau traditionnel pour vous rendre sur une île toute proche et visiter le majestueux temple de Philae, dédié à la déesse Isis. Le fait d'arriver au temple en bateau ajoute beaucoup de charme à la visite. Après cette plongée dans l'Égypte ancienne, toi et ton guide regagnez l'Égypte moderne en vous rendant au barrage d'Assouan. Cette œuvre d'ingénierie colossale initiée par le président égyptien Gamal Abdel Nasser a été achevée en 1970. Ce projet ambitieux avait pour objectif de contrôler les inondations et la sécheresse, ainsi que de générer une grande partie de l'électricité nécessaire au pays. Sa construction a cependant été contestée en raison de son coût humain et écologique, et aussi de ses implications géopolitiques. Sa mise en eau a notamment entraîné la submersion des terres de la principale minorité ethnique du pays : les Nubiens. De plus, un grand nombre de monuments vieux de plus de trois mille ans se sont aussi retrouvés submergés. Heureusement, l'Unesco a pu en déplacer plusieurs dizaines, notamment le temple de Philae que tu as visité juste avant.

Le guide te raccompagne ensuite à ton bateau. Avant de te quitter, il te propose deux options de visites pour le lendemain. Si tu es plutôt lève-tôt, rends-toi en **127**. Si tu es plutôt lève-tard, rends-toi en **218**.

317.

La Nouvelle-Zélande est constituée de deux îles principales (et de quelques autres, plus petites). L'île du Sud est plus sauvage et moins habitée que celle du Nord. Tu trouves que les paysages y sont très impressionnants et tu comprends qu'ils aient inspiré Peter Jackson ! Tu traverses l'île avec le thème musical du *Seigneur des anneaux* dans la tête et, où que tu regardes, tu retrouves l'ambiance mystérieuse des films. En revanche, cela te demande de réels efforts d'imagination de visualiser un champ de bataille avec des elfes et des nains au pied d'un château fort, alors que tu fais face à une simple prairie. Quoi qu'il en soit, tu découvres plein de merveilles de la nature sur ta route : des plages, des montagnes, des lacs, des forêts… et même des fjords et des glaciers. Décidément, ce pays n'a pas fini de t'étonner. Par exemple, aujourd'hui, tu as appris qu'il est le troisième exportateur mondial de kiwis. À ton avis, est-ce pour cette raison que les Néo-Zélandais sont surnommés « les Kiwis » ? Si tu penses que oui, rends-toi en **257**. Si tu penses que non, rends-toi en **242**.

318.

La Thaïlande est une destination très attirante. Malheureusement, tu as juste le temps d'y passer quelques jours, mais tu te promets de revenir une autre fois pour visiter les îles paradisiaques, les parcs luxuriants et les cités historiques. Tu arrives à Bangkok, la capitale du pays. Tu te rends directement dans l'auberge de jeunesse que tu viens de réserver. L'ambiance y est très bonne et tu sympathises tout de suite avec un groupe de jeunes backpackeurs qui viennent de différents coins du monde. Ils boivent des bières dans le salon commun avant de sortir et te proposent de te joindre à eux.

Ils t'emmènent dans ce qu'ils appellent « la rue de la fête », Khao San Road. Le quartier mérite bien son nom ! Tout est poussé à l'extrême pour attirer les visiteurs. Tu as bien du mal à avancer entre les hordes de touristes éméchés et les étals de tatoueurs et de *street food* installés à même le sol devant les magasins de contrefaçons. Des vendeurs terriblement insistants te brandissent sous le nez des brochettes de scorpions et de tarentules, et tu aperçois même un crocodile sur un barbecue. Les membres du groupe avec lequel tu es venu•e semblent trouver tout cela très amusant, mais tu n'es pas du même avis… Tu décides finalement de rentrer te coucher et repars en direction de l'auberge.

Sur le trajet du retour, tu longes une succession de bars. Par leurs portes ouvertes, tu vois des jeunes femmes à moitié nues danser sur des estrades… Des rabatteurs t'invitent à entrer pour profiter du « spectacle », mais tu préférerais encore manger un scorpion… Tu t'éloignes rapidement en empruntant une petite rue perpendiculaire. Là, tu te retrouves face à des lignes de femmes visiblement exposées pour être choisies en tant que prostituées. Certaines, qui ont l'air très jeunes, tiennent des peluches dans leurs mains… Tu regardes avec dégoût les hommes qui viennent en toute impunité consommer ces « services ». Tu fais immédiatement demi-tour en cherchant un taxi pour te ramener à l'auberge.

En arrivant, tu tombes sur Emma, avec qui tu avais bu une bière en début de soirée, et tu lui racontes ta sordide mésaventure. Elle te confirme ce que tu soupçonnais déjà : beaucoup de gens viennent en Thaïlande pour faire du tourisme sexuel. Emma te fait prendre conscience à quel point cette pratique encourage les réseaux de pédophilie, le trafic d'humains et l'esclavagisme sexuel (de nombreux•ses travailleurs•euses sexuel•les, adultes et enfants, sont amené•es de force des pays voisins). Heureusement, Emma te parle aussi de sa passion pour Bangkok. Elle insiste sur le fait que tu ne devrais pas rester sur ta première impression, car la ville a énormément à offrir. Elle t'écrit même une liste de suggestions de choses à faire le lendemain. Parmi toutes ces idées, préfères-tu te joindre à un groupe pour déguster la délicieuse *street food* locale, en **291**, ou visiter de magnifiques temples, en **253** ?

319.

Tu rentres de ta visite avec plusieurs dizaines de boutons de moustiques sur les mains, le cou et même les bras alors que tu portais des manches longues ! Ce n'est pas la première fois que tu en fais l'expérience : les moustiques arrivent à piquer à travers les vêtements… Mei, qui utilise tous les jours sur sa peau un spray antimoustique, n'en a aucun. Même constat pour Klaus, qui, lui, a investi dans des chemises, des pantalons et des chaussettes traités contre les piqûres d'insectes.

Les deux jours suivants, tu te grattes un peu, mais cela ne t'empêche pas de profiter de Bali et de tes amis jusqu'à ce que tu commences à te sentir mal… Tu as d'abord des courbatures dans tout le corps, puis ta température se met à monter. Au bout de vingt-quatre heures d'une forte fièvre, tu te rends à l'hôpital. Le diagnostic est posé rapidement : tu as attrapé la dengue, une sorte de grippe causée par un virus transmis aux êtres humains par les moustiques. Le médecin décide de te garder un peu, le temps que tu ailles mieux. La facture pour tes deux jours d'hospitalisation est élevée, mais, heureusement, tu as souscrit une assurance santé avant ton départ, qui couvre tous tes frais. Cependant, ton état de fatigue t'oblige à rester au lit deux semaines supplémentaires dans une chambre d'hôtel proche de l'hôpital. Ce contretemps et les coûts qu'il engendre (notamment le fait de devoir utiliser le *room service* pour chacun de tes repas) ont des conséquences sur ton voyage. Tu ne peux plus te permettre de visiter le reste de l'Indonésie ni la Thaïlande et le Cambodge, comme tu l'avais initialement prévu. À la fin de ta convalescence, tu pars directement pour l'Inde, en **12**.

320.

Tu te dépêches de manger ; malheureusement, en revenant, tu découvres que ton sac à dos a disparu ! Si tu avais emporté un cadenas avec toi, tu aurais pu l'accrocher au pied de ton lit, mais tu n'as pas pris cette précaution… Il y a énormément de passage dans l'auberge et tu as beau demander autour de toi si quelqu'un a remarqué quelque chose, personne n'a rien vu. La réceptionniste considère que cela relève de ta responsabilité d'avoir laissé tes affaires sans surveillance. Cela te met très en colère, dans la mesure où l'auberge ne propose pas d'option pour mettre ses bagages en sécurité… Il faut dire aussi que, dans le cadre d'un voyage de cette ampleur, ton sac à dos devient purement et simplement ta maison, et te retrouver sans est un vrai bouleversement ! Enfin, ce n'est pas non plus la fin du monde. Par chance, tu as encore ton argent et tes papiers : l'essentiel pour continuer ton voyage, en définitive.

Ton budget ne te permet pas de tout racheter, tu te contentes donc du minimum : un change de vêtements et des affaires de toilette que tu trimballes pour l'instant dans un sac plastique. Tu n'as pas besoin de plus, après tout ! Par contre, tu vas devoir faire une lessive quasiment chaque soir ou accepter d'être un peu moins propre que tu ne l'as été jusqu'ici…

Tu as passé une journée entière à régler ton problème de bagage et, après avoir beaucoup râlé, tu continues ton périple en **268**. Attention, dorénavant et jusqu'à la fin du jeu, pour chaque question relative à ton sac, tu devras prendre en compte le fait que tu n'en possèdes plus !

321.

Grave erreur ! À peine mets-tu un pied dans la forêt que deux singes te sautent sur la tête pour t'arracher tes lunettes. Sans réfléchir, tu essaies de les repousser de la main, mais l'un d'eux n'apprécie pas ton geste et te mord le bras ! Klaus et Mei t'emmènent immédiatement au poste de secours. Le gardien vous sermonne car les consignes sont clairement indiquées :

il ne faut rien avoir sur soi qui puisse attirer l'attention des macaques.

Bien que tu sois déjà vacciné•e contre la rage, tu dois subir deux piqûres de rappel à plusieurs jours d'intervalle pour prévenir toute contamination. En effet, la maladie, qui peut être mortelle, sévit à nouveau à Bali depuis quelques années. Cela te contraint à changer tes plans et t'oblige à rester à côté de l'hôpital, à Denpasar. La capitale de Bali n'est pas une ville très plaisante, et le temps que tu y passes malgré toi grignote ton budget. Cela va t'empêcher de visiter le reste de l'Indonésie, à ton grand regret… Tu profites de cette étape forcée pour organiser le trajet vers ta prochaine destination. Pars-tu pour l'Inde, en **12**, ou pour la Thaïlande, en **307** ?

322.

Le train est trop bondé pour que tu puisses garder ton sac sur tes genoux ou à tes pieds. Tu le poses sur le porte-bagages en face de ton siège, avec la ferme intention de garder un œil dessus. Mais le paysage et les scènes de vie qui défilent par la fenêtre te captivent, et quand tu tournes de nouveau la tête vers ton sac à dos, il a disparu ! Tu essaies de le retrouver mais te rends vite à l'évidence que, parmi les centaines de personnes installées dans les wagons, tu n'as aucune chance d'attraper le voleur…

Tu aurais dû partir avec un cadenas pour pouvoir fixer ton sac au porte-bagages. Heureusement, grâce à ta pochette secrète, tu es toujours en possession de ton passeport, de ton portefeuille et de ton téléphone, qui étaient cachés sous ton tee-shirt. Une fois le choc passé, tu arrives à dédramatiser. Ne plus avoir tes affaires est contraignant, mais tes papiers et ton argent suffisent pour poursuivre ton voyage. Ton budget destiné aux imprévus est serré mais va quand même te permettre de racheter un petit sac en toile et des produits d'hygiène. Tu devras faire ta lessive tous les jours, mais tu vois le bon côté de la situation et te dis que cela va te permettre de tester le mode de vie minimaliste ! En revanche, à partir de maintenant et jusqu'à la fin du jeu, à chaque question sur ton sac à dos, tu devras te rappeler que tu n'en as plus. Tu profites de ce que tu n'as rien à porter pour te rendre d'un pas léger en **168** !

323.

En dépit du changement de chambre, tu t'es fait piquer toute la nuit par des punaises de lit et tu n'as pas fermé l'œil. L'immeuble entier doit être infesté, tout comme ton sac à dos, que tu as laissé ouvert à côté de ton lit… C'est seulement au petit matin que tu finis par t'endormir. Et quand le gérant de l'hôtel vient te réveiller pour te dire que l'heure du départ a sonné, tu réalises qu'il est déjà midi ! Tu n'as plus le temps de te rendre au mariage et tu te mets en route pour l'aéroport en **54**.

324.

Tu sors et demandes aux gens que tu croises dans la rue où trouver la meilleure roulotte du quartier. Ils t'en indiquent une à quelques centaines de mètres. Après quelques minutes de marche, tu repères un stand sur un bout de pelouse à l'avant d'une maison, où deux personnes sont en train de manger, installées sur des meubles de jardin en plastique. Le plat proposé ce soir est un mi-cuit de thon. Tu t'assois à la table et sympathises avec les autres clients. Une fois le repas terminé, ils te proposent d'aller voir le coucher de soleil avec eux et achètent des bières à emporter. Il s'agit bien sûr de la fameuse bière locale : la Hinano, dont le logo très reconnaissable représente une vahiné (femme tahitienne). Tu racontes à tes compagnons que, demain matin, tu as prévu une sortie en mer sur une planche de paddle, mais ils te suggèrent de plutôt te rendre sur une plage en kayak. Est-ce que tu vas suivre leur conseil, en **289**, ou respecter ton plan initial, en **151** ?

325.

Tu n'aurais pas dû pouvoir arriver jusque-là sans avoir perdu ton sac, or les objets qui se trouvaient dedans étaient indispensables pour boucler l'aventure. Ce qui veut dire que tu t'es trompé•e quelque part sur ta route ou que tu as triché… Ton voyage s'arrête donc ici, c'est perdu pour toi ! Mais tu peux retenter ta chance en repartant du point de départ, avec un autre sac à dos et en faisant un peu plus attention.

326.

Tu essaies de te retenir pendant une vingtaine de minutes. Mais tes intestins ne sont pas coopératifs, alors trouve une solution en **256**.

327.

Va te tordre de douleur en **198**.

328.

Tu pars explorer la ville en fin de matinée. Tu marches jusqu'au centre historique, qui est réputé charmant. Le soleil est de plomb et l'humidité étouffante : tout bien réfléchi, ce n'était peut-être pas le meilleur moment pour te balader. Au bout d'une heure à admirer les magnifiques maisons coloniales, tu es complètement en sueur. Tu entres dans un restaurant typique pour déjeuner en espérant fuir la fournaise, mais le ventilateur au plafond n'est pas assez puissant, et le bouillon que l'on te sert, bien que délicieux, ne t'aide pas vraiment à te rafraîchir.

Assommé•e par la chaleur, tu décides de retourner à l'auberge prendre une douche bien méritée. Une fois dans ta chambre, en enlevant tes vêtements, tu te rends compte qu'ils sont tellement trempés que tout ce que tu avais dans tes poches est mouillé aussi. Ton passeport, en particulier, en a pris un sacré coup. On dirait littéralement qu'un verre d'eau a été renversé dessus, et quelques pages se sont même déchirées. Avec une pièce d'identité abîmée, tu vas avoir du mal à passer les frontières, c'est sûr ! Tu n'as pas vraiment d'autre choix que de couper court à ton exploration de la côte caribéenne pour aller à l'ambassade de France à Bogotá voir si tu peux continuer à voyager avec un document en si piteux état… Tu fais donc quinze heures de bus pour t'entendre dire qu'il est effectivement inutilisable et qu'il va falloir le remplacer. Malheureusement, l'ambassade n'est pas en mesure de te délivrer un nouveau passeport, elle peut seulement t'en donner un temporaire pour te permettre de rentrer chez toi. Rends-toi en **41**.

329.

Évidemment, c'est risqué de mentir à un agent de l'immigration, ça pourrait t'attirer de gros problèmes juridiques si tu étais démasqué•e. L'homme te regarde longuement sans rien dire, pendant que tu pries intérieurement pour ne pas te mettre à suer à grosses gouttes. Soudain, il lève le bras… pour tamponner ton passeport. Ouf ! Franchir les douanes américaines n'est pas toujours une mince affaire. Les Américains sont terriblement inquiets à l'idée que les touristes dépassent la durée de validité de leur visa et ne laissent passer personne sans date ni billet de retour. Tu as désormais un petit mensonge sur la conscience, mais cette combine te permet de rentrer sur le territoire, en **124**.

330.

La monotonie du trajet finit par avoir raison de toi : tu as mal partout et, dès que le bus fait étape dans un terminal, tu en descends et fonces dans la première auberge que tu trouves. Il va falloir revoir tes plans de voyage. Si tu décides de reprendre le bus pour une dizaine d'heures afin d'aller découvrir les vins argentins, va en **252**. Si tu trouves que le pays est décidément trop grand pour toi et que tu en as marre du bus, pars pour le pays suivant en **200**.

331.

Tu te rinces tant bien que mal au robinet et détestes chaque minute des longues heures de trajet qui te restent, tellement tu te sens sale. À Singapour, ton calvaire n'est pas terminé, car, après le ferry, tu dois maintenant prendre un bus bondé pour traverser toute la Malaisie. Tu te sens horriblement mal à l'aise en voyant tes voisins essayer de s'écarter discrètement de toi. Une fois la frontière avec la Thaïlande passée, ta torture continue : cette fois, tu embarques dans un train de nuit qui t'emmène, tout•e dégoûtant•e, à Bangkok, en **318**.

Remerciements

Tout d'abord, merci à vous d'avoir lu notre livre. Nous espérons vous avoir donné envie de continuer le voyage, n'hésitez pas à nous contacter sur nos réseaux sociaux @voyagedemiel et @searchingeldorado. Vous pouvez aussi retrouver plus d'informations sur les pays visités sur nos blogs : voyagedemiel.com et searching-eldorado.eu.

Nous tenons à remercier tous nos amis aventuriers, qui ont accepté d'être nos testeurs à différents stades de la conception de notre jeu : Anaïs, Antoine, Audrey, Camille, Claire, Célia, Chloé, Édouard, Élisabeth, Éloi, Eugénie, Éva, Florence, Habiba, Hélène D., Hélène P., Jessica, Laura, Mathilde, Mélanie, Olga, Rémi, Thierry, Tom et Victor.

Merci à l'incroyable autrice Juliette Dantes, qui a corrigé chaque pays avec toujours plus d'enthousiasme pour ce projet.

Un merci tout particulier à ceux qui ont passé de longues heures à nous écouter parler de *Voyage Voyages*, pendant les quatre années de sa conception : Nicolas et Paolo (Zéphir et Daisy aussi). Merci d'avoir d'abord été nos compagnons de voyage, de nous avoir apporté un soutien sans faille et des encouragements pleins d'amour !

Nous n'oublions pas notre famille, sans laquelle nous ne serions évidemment pas des cousines aussi proches et prêtes à relever tous les défis ensemble ! Nos expéditions chez Papounet et Tante Milou ont vu naître nos premiers projets.

Enfin, merci à Julien et à Lorraine, des Éditions du Trésor, d'avoir cru en ce manuscrit hors du commun.

Cet ouvrage a été composé et mis en page
par FACOMPO, Montrouge

Imprimé en France par
CPI Brodard & Taupin
en mai 2025
N° d'impression : 3060843

Pour plus d'information :

www.lisez.com

Imprimé sur du papier issu de forêts gérées durablement.

Pocket – 92 avenue de France, 75013 PARIS

S35134/01